民航运输管理类专业系列教材

民航运输收益管理

汪瑜 等∥编著

西南交通大学出版社
·成都·

图书在版编目（ＣＩＰ）数据

民航运输收益管理 / 汪瑜等编著. —成都：西南
交通大学出版社，2018.8（2024.7 重印）
民航运输管理类专业系列教材
ISBN 978-7-5643-6302-4

Ⅰ. ①民… Ⅱ. ①汪… Ⅲ. ①民航运输 – 经济收益 –
经济管理 – 高等学校 – 教材 Ⅳ. ①F560.5

中国版本图书馆 CIP 数据核字（2018）第 170682 号

民航运输管理类专业系列教材

民航运输收益管理

汪瑜　等　编著

责任编辑　　周　杨
封面设计　　何东琳设计工作室

出版发行　　西南交通大学出版社
　　　　　　（四川省成都市二环路北一段 111 号
　　　　　　西南交通大学创新大厦 21 楼）
邮政编码　　610031
发行部电话　028-87600564　028-87600533
官网　　　　http://www.xnjdcbs.com
印刷　　　　四川煤田地质制图印务有限责任公司

成品尺寸　　185 mm × 260 mm
印张　　　　14
字数　　　　350 千
版次　　　　2018 年 8 月第 1 版
印次　　　　2024 年 7 月第 3 次
定价　　　　42.00 元
书号　　　　ISBN 978-7-5643-6302-4

前　言

　　激烈的航空运输市场竞争环境迫使航空公司在日常的销售活动中，常常需要解决航班座位/舱位产品销售的一系列收益管理问题。这些收益管理活动实质上就是实现航班上的座位/舱位产品在不同顾客需求之间分配的过程，即通过准确的预测和高效的收益优化技术，实现航班上座位/舱位产品销售收益的最大化。因此，收益管理的好坏不仅关系到航空公司运输再生产活动能否顺利进行，而且还直接决定了航空企业的市场竞争能力。航空运输业的市场化程度越高，竞争越激烈，收益管理工作的重要性就越突出。

　　航空公司收益管理一直是 MS/OR 领域研究的一个热点，其围绕着预测、需求缩水优化、超售、座位/舱位存量控制以及定价等技术问题。欧美的许多大型航空公司和学术界合作开展了大量的关于收益管理理论和方法的研究，并从 20 世纪 90 年代开始在航班座位/舱位产品销售中广泛运用收益管理决策支持系统来完成收益管理工作，取得了显著成效。近年来，随着我国航空运输业市场化程度的不断深入以及航班量的增长，特别是国际航班数量的不断增加，传统的以人工经验为主的收益管理方式已难以适应日趋激烈的市场竞争环境，因此提高收益管理水平的任务迫在眉睫。

　　本书在编写时吸收了 PROS 收益管理软件，IATA 关于收益管理实践者培训资料以及我国航空公司部分业务规则的成果。全书共分为 8 章：第 1 章主要对航空公司收益管理的关键技术和收益管理人员的主要工作进行了阐述；第 2 章介绍了与收益管理相关的优化理论与技术、随机变量和统计量等方面的基础知识；第 3~6 章分别从预测、超售、座位存量控制和定价等方面，系统分析了收益管理实施技术的基本思想、技术原理和运用技巧；第 7 章主要阐述了我国航空运输市场实施收益管理的平台、经验以及价格协调的基本方法；第 8 章主要对货运收益管理中的预测、超售、舱位分配等方面进行了讨论。汪瑜负责本书的第 1、2、3、4、5、6 章的编写，成都航空有限公司市场部座位控制中心负责第 7 章的编写，贺镜帆负责本书第 8 章的编写；全书由汪瑜统稿。

　　本书的一个重要特点是广泛应用现代管理数学理论和方法，紧紧扣住航空运输业的行业需求，采用了定性和定量相结合的方式，重点突出了航空公司收益管理中的量化决策技术，以讨论、解决收益管理实施过程中的一系列实际问题。

　　本书可作为民航高等院校经济管理类和交通运输类等专业的本科生、研究生教材，也可作为航空公司航线管理员、市场营销人员、收益管理人员和定价管理人员等的自学参考书。

　　由于作者水平有限，书中难免有不妥之处，恳请各位专家及广大读者批评指正。

汪　瑜

2018 年 3 月于中国民用航空飞行学院

目 录

1 概　述

收益管理（Revenue Management，RM）产生于美国航空运输业，是航空公司有效管理需求的手段和工具，也是航空公司提高收入的法宝。那么，什么是收益管理？收益管理系统是如何工作的？收益管理人员又是如何分析航空运输市场、准确而又及时地平衡供给与需求的呢？要掌握这一系列的问题，我们必须要从航空运输旅客的订票活动谈起。

1.1　航空旅客决策过程

旅客出行方式是多种多样的，公路、铁路、水路、航空运输是旅客出行选择的四大基本方式。航空运输与其他交通运输方式相比，具有快速、舒适、安全、方便等特点。旅客为实现航空运输出行的目的，需要进行一系列的决策活动。具体而言，我们可以将决策过程（图1-1）描述为以下四个阶段。

（1）预订机票阶段。旅客根据自身的出行目的与出行要求向航空公司预订合适的机票，航空公司根据市场需求情况对是否接受这样的订座请求进行科学决策。若旅客的订座请求被拒绝，那么旅客可以选择向上购买更高等级子舱的机票、变更航班日期、签转至其他航空公司航班上或者选择其他出行方式。如果旅客购买了其他航空公司机票或者选择了其他出行方式，那么航空公司收益必将遭到损失。

（2）确定机票阶段。订座成功仅仅意味着在计算机订座系统中已经存在了旅客的订座记录，即 PNR（Passenger Number Record）信息，但这并不意味着旅客的机票已经预定完毕。根据旅客机票所规定的限制条件，如果旅客选择的机票是有出票时限的，那么航空公司会要求旅客在出票时限前确定机票的票号，即"出票"，否则将在计算机订座系统中清除旅客的PNR 记录，即意味着订座被取消（Cancellation）。如果旅客选择的机票是没有出票时限的，那么旅客可以在航班离港之前的任意时刻"出票"；当然，"出票"后的旅客如果计划行程改变，则可以取消这样的订座，即订座取消（Cancellation）。

（3）旅客登机阶段。旅客机票出票后且又未取消订座，那么接下来就是办理登机手续。当然，旅客也可能会由于各种各样的原因（如未赶上航班起飞时刻）在航班离港时无法登机，即旅客 No-Show。所谓 No-Show，就是在计算机订座系统中有旅客的 PNR 记录，但旅客在航班离港时不登机的现象。No-Show 旅客的出现会导致航班座位虚耗，航空公司会通过超售（Overbooking）方式来避免座位虚耗造成的收益损失。所谓超售就是指航空公司出售的机票数目超出了航班上飞机实际可利用的座位数。

（4）未正常登机旅客决策阶段。航空公司虽然可以通过超售来避免航班座位虚耗造成的收益损失，但是超售也会带来旅客被拒载（Denied Boarding）的风险。对于被拒载的旅客，航空公司会给予旅客一定的补偿，如免费升舱（Upgrading）、代金券、免费食宿、现金补偿等。对于 No-Show 旅客，航空公司会根据旅客所购买机票的规定，为他们办理机票改签、签转、退票等手续。所谓机票改签是指在承运人不变的情况下，改变旅行的行程路线、乘机时间等。所谓签转是指旅客的旅行改变了承运人。

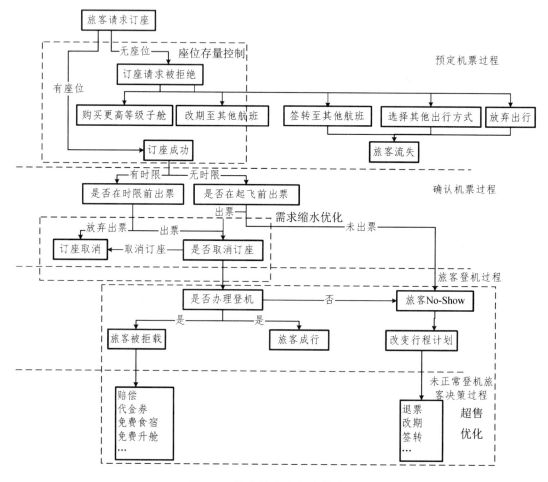

图 1-1　航空旅客出行决策流程

1.2　收益管理的内涵

航空运输旅客出行决策的选择过程很大程度上影响着航空公司座位的管理活动。由于航空旅客出行的目的、行为和要求具有多样性，如商务旅客在航班离港前会匆匆购票登机而不在乎票价；休闲旅客会早早地将行程确定，且总希望能够购买到低价的机票，因此航空公司必须要为不同类型的旅客合理分配航班上的座位资源。另一方面，部分旅客可以在几乎不支付任何罚金的情况下，在航班离港前取消订座或在航班离港时不来登机，航空公司为了减少这种损失而实施超售。

1.2.1　收益管理的定义

那么，如何准确定义收益管理，又应该如何正确理解收益管理的内涵呢？

美国航空公司（American Airlines，AA）在 1987 年将收益管理表述为：一套在正确的时间、正确的地点、把产品销售给正确的旅客的方法，是为了实现收入最大化而进行的有选择地接受和拒绝旅客订座的过程。

Pfiefer 在 1989 年提出收益管理是为了达到平衡旅客需求与增加收益目的而在计划航班上合理分配折扣票的过程。

Weatherford 和 Bodily 在 1992 年总结了航空运输收益管理的内涵，并将其提炼为：通过价格细分进而对"易逝性"产品进行最优化管理的过程。

可以发现，上述三种看似不同的收益管理定义，实则所阐述的收益管理内涵是一致的，即收益管理实质上是有效平衡需求与供给而实现收益最大化的过程。就航空运输业而言，我们可以将上述定义理解为：

（1）航班订座过程具有生命周期。航班到点起飞，此时无论航班上是否有空座，对航空公司而言已经没有任何意义，即座位的"易逝性"特点。

（2）旅客市场是可以细分的。休闲旅客由于出行的计划性强、且对价格比较敏感，因此会在航班离港前早早地预定机票；商务旅客出行的计划性相对较弱，且对价格不敏感，因此通常会在航班离港前匆忙订座。

（3）航班上的座位必须要进行有效的管理。从航班座位"易逝性"的角度考虑，航空公司应该尽可能早地将座位卖给休闲旅客，以提高航班的客座率；从提高航班整体收益水平的角度考虑，应该将座位保留给购买时间较晚的商务旅客。由于航班座位资源短期内相对固定的特点，因此航空公司必须对前来订座的旅客进行有选择地接受和拒绝。

从 AA 航空公司及 Weatherford 等人在不同时期对收益管理的定义可以发现，适合于收益管理特点的产品不仅仅是航空运输业，其还可以被进一步推广到其他相关领域之中。

1.2.2　适合收益管理的产品特点

收益管理起源于航空运输业，是航空公司在竞争中立于不败之地的强有力武器。收益管理发展至今已经不再是航空运输业特有的管理理念与手段，具有下列特性的产品/服务都可以使用收益管理的理念与方法。

（1）产品"易逝性"。产品一旦过了保质期或某一时间限制就没有任何价值。比如没有卖出的飞机座位在航班起飞后，没有卖出的假期宾馆床位在假期过后等，都不再具有任何剩余价值，这就是"零营业零库存"的概念。最具代表性的行业就是服务业，不可储存性是许多服务行业最重要的特性之一。

（2）需求随时间变化。需求曲线随时间、日期、季节的不同而呈现波动性。

（3）变动的需求和不变的生产能力。市场需求频繁波动，或低于或高于生产能力，但生产资源基本恒定，生产能力是刚性的，在短期内无法根据需求情况改变产品的产量。如果要调整生产能力，需要付出很大代价。

（4）固定成本高，变动成本低。最初的投资十分巨大，但是每额外销售一单位产品的边际成本却很小，甚至可以忽略不计。在这类行业，通常可以用在价格不变的前提下额外赠送的办法吸引客户，赠送的部分最高可达总值的 20%。这是由于产品或服务的成本受到销售数量的影响很小，比如酒店行业，额外奉送的房间所消耗的成本如房屋清洁和相关服务的成本占总成本的比例可以忽略不计，而总成本中的主要部分，如人员工资、房屋建筑的折旧是固定的，与销售数量几乎没有关系。

（5）价格是强有力的杠杆。经营者具有充分利用价格作用的空间，通过价格调控可以增加营业收入。通常价格 1% 的变化，就会放大成为总收入 10%～20% 的变化。多数情况是单价下降、总收入上升或单价上升、总收入下降。

（6）可以细分的市场。根据对产品特性的需要或价格敏感程度的不同，产品/服务的购买者可以被细分为不同的群体。

（7）产品或服务可以提前预订。产品或服务通常通过预订系统完成。一般预订系统综合了需求预测和需求控制技术。

许多服务产品都具有以上一些或全部特点，因此收益管理的方法也在这些领域得到了广泛的应用。目前在美国，收益管理不仅应用于航空运输业，还应用于旅游、酒店、电力、电视广播的广告时段、光纤通讯以及时尚产品与高科技产品制造等诸多行业。

1.2.3 有效实施收益管理的意义

我国航空运输业目前处于快速发展时期。据统计，中国旅客运输量从 2009 年的 23052 万人次增长至 2010 年的 26 769 万人次，增长率高达 16.1%；货邮运输量也从 2009 年的 44.6 万吨增长至 2010 年的 56.3 万吨，增长率达到 26.4%。面对如此具有前景的航空运输市场时，实施收益管理的意义是巨大的。

（1）有助于大大提高现有的落后管理水平。尽管我国民航机队是世界一流的，但是，国内航空运输业目前仍然处于"一流机队、二流设备、三流人才、四流管理"的状态，管理水平仍处于手工作坊的原始阶段，与世界先进航空公司的差距至少为 20～30 年。实施收益管理虽然不能解决目前我国航空公司存在的所有问题，但这是大力提高市场运营水平的关键步骤之一。

收益管理的意义不仅在于增加经济效益，还在于更新现有的市场营销观念，提高航空公司的运营管理水平。同时，在提高人员素质的基础上，可以通过建立一个合理的组织机构，形成一套高效运转的工作流程和具有明确责任的工作规范，从而提高现有的整体管理水平。

（2）有助于改善航空公司经济效益，企业提高管理水平的最终目的是为了增加收益。收益管理所追求的实际上就是通过预测和优化的科学手段实现收益最大化的目标。目前国内各航空公司的管理水平很低，因此通过提高管理水平所能带来的经济效益的潜力是十分巨大的。国内航空公司通过收益管理使收入增加 3%～4% 是很容易的。虽然这一百分比不算大，但对一个航空公司利润的影响却很大，因为通过实施收益管理使航空公司的收益提高 3%～4% 所付出的成本很小，所以这对提高企业可持续运营能力会产生相当大的影响。

（3）改变市场营销的思想，将重点放在散客上，而不是团体旅客。国内航空公司的国际航线团体旅客比例太大，除了这是亚洲市场的特点外，营销水平差也是另一个主要原因。由于对未来各航线上的旅客需求没有预测，因此只好让低价旅客团很早就占据大量座位，这使得晚订票的高票价散客常常没有座位。而外国航空公司因为有收益管理系统的预测，很早就将低价旅客团拒绝掉，而将一定数量的座位保留给高票价散客。从某种程度上来说，正是由于本身管理水平差，国内航空公司自己将高票价的散客推向了外国航空公司。

（4）为市场营销提供科学依据。收益管理最主要的作用在于指导销售的决策工作。外国航空公司由于内部操作规范、数据准确，收益管理系统可以实现全自动控制航班的座位销售工作。收益管理系统能够准确预测出整个市场未来一段时间内的旅客需求。系统使用人员的日常主要工作实际上是根据系统的预测调整运力，以获得最大利润。德国汉莎航空公司利用收益管理系统可以对所有航线进行为期一年的市场预测，其准确率达到99%，因此可以及时调整市场营销策略，从而在市场出现降价时，不会盲目决策。

1.3　收益管理决策支持系统

正是由于收益管理带来的一系列好处，目前排名美国前二十的航空公司都采用了收益管理决策支持系统。据美国航空公司统计，1989—1991年，收益管理系统的运用给该公司增加了14亿美元的收入，同期的税后利润增加了8.92亿美元。下面将详细介绍收益管理决策支持系统的发展阶段、工作流程等内容。

1.3.1　收益管理系统的发展历史

1. 第一代——数据库管理系统

第一代收益管理系统实质上仅仅是一个计算机数据库管理系统，其主要用于航班订座历史数据的采集与整理。计算机系统定期（通常是在晚上）将航空公司订座系统中的航班订座情况下载并存储到数据库中。这些数据一般包括航班各个舱位的订座数量、订座限额、物理舱座位数、候补人数及超售人数等。航班起飞后，系统还需要采集实际登机的旅客人数和名单，以确定No-Show及Go-Show旅客的人数。第一代收益管理系统最大的局限是被动地向管理人员提供各种图表和数据，座位管理人员需要依靠其经验对这些数据进行主观的分析和判断，然后手工调整舱位的订座限额。航班订座限额调整一般是定期进行的，有些航空公司甚至对座位预订限额根本不进行调整。

2. 第二代——订座监控系统

第二代收益管理计算机系统为订座监控系统，在第一代系统的基础上增加了航班座位预订监控功能。计算机系统自动将实际订座情况与该航班的历史订座数据进行比较，当系统发现订座情况与预先设定的条件不相符时，自动发出警报，提醒座位控制人员进行人工调整。这一类系统采用最多的是"极值"曲线法，用于识别航班的不正常订座情况。计算机系统根据航班的历史订座数据自动生成两条极值曲线，确定该航班未来的订座趋势范围。当实际订座情况在某一时期超出预定的极值，系统自动将订座情况提交给座位控制人员进行分析和处理。但是第二代系统不能向座位控制人员提出具体的处理意见，另外，这种"极值曲线"完全是依照历史数据生成，其对于市场未来发展情况未加任何考虑，正是因如此，航空公司失去了很多创利的机会。

3. 第三代——订座限额自动决策系统

第三代收益管理计算机系统在前两代系统发展的基础上增加了人工智能。除了数据库管理和订座监控外，又加入了预测、优化及超售数学模型等计算功能。计算机系统不仅能根据历史订座数据自动生成各折扣舱的订座限额，还能够根据对市场的预测，确定出各舱位的座位超售数量。第三代系统的预测过程不仅考虑了航班以往的历史订座情况，而且还考虑了该航班已接受的订座情况以及市场的季节性变化特征。依靠系统的自动监控功能，计算机系统随时会发现实际订座情况与预测结果的差异，并且对预测结果进行修改和调整。根据预测结果及运价数据，系统中的优化模块会依据每一运价等级的收益大小，自动优化计算出每一舱位等级的订座限额。

4. 第四代——O&D 收益管理系统

第四代收益管理计算机系统适用于航线网络环境下的航空公司，如德国的汉莎航空公司和美国的大陆航空公司等。O&D 管理着眼于整个航线网络，它考虑的是每一位旅客对全网络的实际价值。例如：假设某航空公司在一个北京—上海—广州的航班上，现在只剩下最后一张票了，有一位旅客要从北京去广州，但同时有一位旅客要从北京去上海，另一位旅客要从上海去广州，O&D 管理就是要决定该把这张票卖给谁。换句话说，O&D 系统要确定一个多航节旅客的价值是否高于网络中相应多个单航节旅客的价值，据此决定应该把票卖给谁。

1.3.2 收益管理系统工作流程

收益管理系统进行座位优化分配决策时需要一系列相关的基础数据（图 1-2），如子舱收益数据、旅客订座数据、航班计划数据、旅客离港数据等。当采集到上述数据后，收益管理系统就可以进行科学地预测，为各个子舱的座位分配提供决策信息。

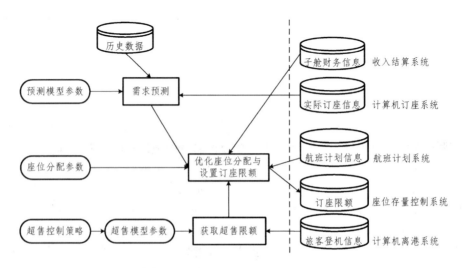

图 1-2　收益管理系统工作流程

1. 子舱收益信息

收益管理决策所需的有关价格和利润方面的数据主要来自于收入结算系统。目前，我国大部分航空公司使用民航局结算中心的计算机结算系统，而且各个航空公司的结算中心都有自己的前置处理机，收益管理系统可以从中获取收入数据。收入数据以文本文件或者可识别格式的数据文件，按照固定时间传送（批处理方式）。一般是每月传送一次上个月的结算数据，同时兼以实时查询方式补充、修改和更新（实时方式）。

2. 旅客订座信息

收益管理决策需要旅客的订座信息，收益管理系统以定时批量或随时传输两种方式采集离港航班不同时间点上的旅客订座数据，该数据从民航局计算机信息中心的订座系统中获得。取得订座系统数据的技术方案一般有主机批量采集和仿真终端实时采集两种方式。

（1）主机批量采集。在民航局计算机信息中心，主机批量采集是指将订座系统中的数据处理成文件来进行传送的数据采集方式。它一般是在夜间以批处理方式在主机系统中抽取所需要的数据形成一个数据文件，并存放于主机系统中，然后在固定的时间以文件传送方式一次性传送到收益管理系统中。这种方式传送效率高，采集的数据多而全。

（2）仿真终端实时采集。仿真终端采集方式是为了满足收益管理系统实时处理数据的需要，利用特定的指令获得收益管理所需的某类订座数据，并将数据存放于本地仿真终端的缓冲区中，然后再将这些数据整理写入收益管理的数据库中。这种方式的缺点是传送效率低，采集的数据量较少；优点是可以实时采集。

3. 航班计划信息

收益管理系统所需要的航班信息，如航线、航班时刻、航班号、机型、班期、班次等，可以通过航空公司航班计划系统、OAG 手册等渠道获取。

4. 旅客离港信息

收益管理系统需要每个航班起飞后的各种离港信息（如成行人数）。这些离港数据和订座数据一样，可以按照定时批量和随时获取两种方式取得。

航班起飞后，机场值机部门发送各种商务电报传达该航班的各种信息，其中旅客最终销售报（PFS, Passenger Final Sales Message）包含了收益管理所需的关于离港航班的各种类型的旅客数量信息，一般是由机场所使用的计算机离港系统按照标准格式（IATA 格式）自动发送，发送的地址主要有原订座系统和航班座位控制部门，其中订座系统根据报文修正该航班的订座信息。

通过对上述基础数据的采集、转换与整理，收益管理系统所进行的主要的优化决策工作可以描述如下：

（1）根据历史订座数据，选择合理的预测模型，结合未来离港航班的当前订座数据，确定预测模型的参数值，并利用预测模型对未来离港航班的最终旅客订座需求进行预测。

（2）根据离港系统中旅客的成行人数，明确超售的控制策略（成本最小化或期望利润最大化），确定超售过程中旅客虚耗和拒载的相关信息，启动超售优化模型进行超售优化，确定各物理舱的订座限额。

（3）根据各物理舱的订座限额、预测的旅客需求信息、航班计划相关信息等，启动座位分配优化模型，为每一个物理舱位中的各个子舱确定座位订座限额，并输入到航空公司的座位存量控制系统之中。

1.4 实施收益管理的关键技术

航空公司通过制订合理的座位分配策略来提高收益水平，因此座位存量控制是收益管理的核心。然而在实施座位存量控制之前，必须要设置符合市场特点的舱位产品，确定合理的票价组合，从不同层面估算航班的需求水平，因此航空公司必须要实施定价与预测。另外，由于 No-Show 旅客的存在，航空公司又必须要实施超售，以此确定各个物理舱位可销售的座位数目。综上所述，我们可以将航空公司实施收益管理的技术大致归纳为预测、超售、多等级票价与座位存量控制以及定价 4 种。

1.4.1 预 测

预测是在一系列表面上看起来繁杂而又无任何规律的数据中找到其内在的规律，以此对目标事物进行推测与估计的过程。航空公司的预测可以分为宏观预测与微观预测两种。一般而言，涉及到机队规划、航线网络、机场流量、运输需求等政策与容量方面的预测称为宏观预测，其作用是为系统投资、战略规划做参考，如新开辟航线、机型引进、机场新建和改扩建项目是否值得投资等。微观预测主要涉及到航线、航班、物理舱、子舱等层面的预测问题。收益管理中的预测主要以微观预测为主。

预测是收益管理的基础性工作，预测的准确性某种程度上直接决定了收益管理实施的效果。与收益管理相关的预测内容主要包括需求的分布模式、旅客的到达模式、历史订座数据的修复以及最终订座需求的预测等几个方面。在收益管理系统中，航班、物理舱、子舱三个层面上的旅客需求通常都被视为服从正态分布。不仅如此，在收益管理系统中旅客成行人数同样也被视为服从正态分布。旅客的到达过程往往被人们假设为服从泊松分布。历史订座数的修复过程实质上是将被抑制旅客需求还原的过程。另外，最终旅客订座需求预测一般包含了订座数据采集、需求修复以及需求预测三个过程。

（1）订座数据采集。航班历史订座数据是进行有效预测的基础。不同的预测对象所需要的数据是不一样的，例如对于 M 子舱的需求预测一般不会利用 N 子舱的历史订座数据。那么选择订座数据应该具体以什么为标准呢？一般而言，选取的数据必须同时满足如下 5 条准则：①同一条航线（Route）；②同一个航班（Flight）；③同一个航段（Segment）；④同一个子舱（Class）；⑤同一个周天（Day-of-Week）。

（2）需求修复。旅客的订座数会受到航班座位容量、物理舱座位容量等的制约，同时还会受到座位管理过程的影响，因此旅客的订座数实际上无法真实的反映出航班层面、物理舱位层面、子舱层面真实的需求水平，即旅客订座数是被截断（Truncation）了的需求，利用这样的数据对未来需求进行预测显然会造成预测精度的下降。为了能够真实的反映出旅客需求，我们必须要在订座数据的基础上对需求进行修复（Unconstraining）。需求修复的方法主要有两种：① EM 法（Expectation- Maximization）；② 基线法（Baseline）。这两种方法将在第 3 章中详细介绍。

（3）需求预测。将修复后的旅客需求划分为两部分：一部分用于估计需求预测模型中的参数值；另外一部分用于检验不同模型预测结果的精度。通过对各种模型预测值的比较分析，选择误差最小的模型进行需求预测。常用的预测模型有：加法模型、乘法模型、回归模型、半对数模型、指数平滑模型等。

需要说明的是，为了保证旅客需求预测的准确性，航空公司的收益管理系统会对未来离港航班进行定期的数据采集。通常情况下，收益管理系统固定的数据采集点（Data Collection Point）数目共 23 个，即上述的数据预测过程至少要进行 22 次。通过采集未来离港航班不断到来的订座数据，对旅客最终订座需求进行反复地预测，以此确保随着离港时间的推进，需求预测的准确性会越来越高。

1.4.2　超　售

美国是在航空运输业最早实施超售（Overbooking）的国家。上世纪 60 年代，虽然统计数据显示，当时美国民航业的 No-Show 人数接近十分之一，但是由于美国民众认为超售和拒载是不道德的做法而被政府禁止，因此航空公司不敢公开进行超售。直到 1978 年，一位经济学家成为美国民航局局长，鼓励超售，这才使之在美国民航业迅速推广开来。现在，美国 13 家大型航空公司每年共有一百多万人被拒载，平均每天拒载 3 000 人。每年这 13 家航空公司的乘客总数为 5 亿多人，相当于每一万名乘客中有 19 到 20 人被拒载。其中只有 0.56% 的人被动拒载，几乎没有人因拒载而提起投诉，媒体对这些事也很少报道。这是由于目前美国的航空公司都有一套合理的拒载处理流程和赔偿标准，并广而告知，因此超售和拒载的处理变得正常化，同时也被旅客所接受。

所谓超售是指客票销售的数目超过了航班实际可利用的座位数目。有些订了票的旅客由于计划行程的改变会在航班起飞前取消订座，又有一些旅客订了票而不来登机，这一系列的旅客行为会给航空公司带来座位虚耗。为了减少这样的损失，航空公司实施超售，然而实施超售的过程中又会存在旅客被拒载的风险。为了能够平衡座位虚耗与旅客拒载之间的矛盾，收益管理人员必须要确定合适的超售量，因此需要对旅客的 Cancellation 以及 No-Show 人数进行准确的预测，并确保超售的总成本最小或者期望的净收益最大。

对于旅客的 Cancellation 过程，收益管理人员将其看成为需求的缩水过程（Decrement）。根据需求缩水的类型，我们可以将其划分为线性缩水过程（Linear Decrement）和梯度缩水过程（Step Decrement）两类。线性缩水过程主要针对散客：航空公司通过准确预测相应子舱订座过程的变化曲线，寻找到旅客订座数的最高点，以此确定各个销售时间点上座位的存量控制策略。梯度缩水过程主要针对团队旅客：航空公司通过分析历史航班上团队取消订座的数据，估算梯度缩水的时间点以及缩水量，以此确定各个销售时间点上的座位存量控制策略。

对于旅客的 No-Show 过程，航空公司需要根据航班历史数据准确预测旅客的成行率，计算座位的期望虚耗数目以及旅客的期望拒载人数，确定拒载单位旅客的成本以及单位座位虚耗的收益损失，以此计算在不同可销售座位数下的超售成本，并找到最佳的超售量。

需要说明的是，超售在为航空公司带来利润增加的同时，也为旅客带来便利，而有效实施超售的关键在于能够制定完善的超售体系。准确预测 No-Show、Cancellation 人数，为各个物理舱位设置合理的可销售座位数、制定完善的销售策略、规定旅客拒载后的处理方法和赔偿标准、在旅客中广泛宣传航空公司所实施的超售工作，只有这样才能使得航空公司的超售变得顺畅起来。

1.4.3 多等级票价体系与座位存量控制

座位存量控制是实施收益管理的核心。多等级票价体系是航空公司实施座位存量控制的基础。如果航空公司在一个航班上只有一种票价，那么座位存量控制就失去了它本身的意义。

为什么能够在航班上实施多等级票价呢？这是由于航空旅客市场是可以细分的。在航空旅客的运输过程中，旅客出行的目的是多种多样的，如商务出行、探亲与访友、旅游、出国留学等。而不同的出行目的对于机票价格的敏感程度以及时间上的偏好是具有差异性的，如商务旅客通常情况下会在航班离港前匆匆来登机，且其对价格不甚敏感；相反地，休闲出行的旅客出行计划性很强，为了能够获取更多的折扣，往往会在航班离港前一个多月就早早地将机票预订好。正是由于旅客类别的差异性，才有了多等级票价体系生存的"土壤"。然而，多等级票价体系并不是意味着仅用不同的票价来划分航空公司航班上的"产品"——座位。仅仅用票价来区分不同的旅客市场是不科学的，因为这样旅客会认为航空公司是"奸商"，而且还会造成本应该购买高票价的商务旅客购买低价票而导致航空公司收益"稀释"的现象。为了避免这些现象的发生，航空公司会为每一种票价"产品"设置不同的限制条件，如最短停留期、退票限制、更改航班日期限制、签转限制等，以保证不同的座位"产品"对应不同的细分市场，我们将不同的限制条件和票价组合所形成的产品称之为"子舱或票价等级（Fare Class）"，航空公司用大写的英文字母表示，如 Y、B、M、N 等。一个典型的子舱划分如表1-1所示。最后通过确定不同子舱之间的逻辑关系，便形成了多等级票价体系。

航空公司运营航班的目的是保证利润最大化。根据 1.2.2 小节所阐述的收益管理产品的特点发现，航空公司在航班上多销售一个额外的座位所引起的变动成本是很小的，甚至可以忽略不计，因此对于航空客运收益管理而言，我们可以用收益最大化来驱动利润最大化。

表 1-1　典型的舱位产品

子舱	产品类型
Y	全价票，没有限制
B	单程无限制
M	提前 7 天购票，满足最短停留期限制
Q	提前 14 天买票，满足最短停留期限制
V	深度折扣，提前 21 天买票，满足最短停留期限制

由于航班上的座位是"易腐蚀"的，因此收益管理人员必须在航班起飞前尽可能早地将座位卖出去，但是为了保证航班收益的最大化，收益管理人员又必须要追求航班的平均

票价水平最高。表 1-2 给出了收益管理人员追求不同的座位存量控制目标而产生的不同的收益情况。

表 1-2 不同座位存量控制目标下的收益情况

航程 1 580 千米，飞机座位数 200 个				
子舱	票价（元）	重视客座率	重视票价	二者兼顾
Y	450	5	40	30
B	350	10	30	20
M	250	35	10	30
H	150	55	5	25
K	50	70	0	40
出售座位/个		175	85	145
客座率		88%	43%	73%
票价水平/元		150	374	233
总收入/元		26250	31750	33750
客公里收益/（元/客千米）		0.09	0.24	0.15
可用座公里收益/（元/座千米）		0.08	0.10	0.11

可以看出在兼顾客座率与票价水平两种指标的目标下，虽然其客座率水平低于仅以客座率为目标的情形，航班票价水平低于仅以票价水平最高为目标的情形，但是总收入是三种情形下最高的，因此收益管理的目标可以描述为：追求客座率与整体票价水平下的航班总收益最大化。

那么，什么叫座位存量控制（Seat Inventory Control）呢？图 1-3 给出了以 AB7181 航班为例，在相同的多等级票价体系结构下座位的分配情况。

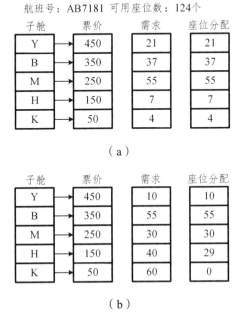

航班号：AB7181 可用座位数：124 个

（a）

（b）

图 1-3 不同需求下航班座位的分配策略

可以发现，图 1-3（a）与图 1-3（b）中各个子舱的需求是不同的。为了追求收益最大化，航空公司座位存量分配方案也完全不同。从这一案例，我们可以将座位存量控制策略简单地描述为：在多等级票价体系结构下，根据各个子舱预测的旅客需求、Cancellation 人数、No-Show 人数以及 Go-Show 人数等，以收益最大化为目标，在各个子舱之间合理分配座位的过程。事实上，由于旅客需求的随机性，座位存量控制过程实际上要远复杂于上述的定义。对于点对点航线，我们可以用"期望边际座位收益"理论来解决座位的分配问题；对于航线网络环境下的座位分配问题，我们可以借助"虚拟桶"技术或者"竞价"理论来对座位存量进行优化分配。具体方法我们将在第 5 章中详细阐述。

1.4.4　定　价

航空公司通过为座位指定不同的票价并配以不同的限制条件形成航班上一系列的"产品"组合，显然限制条件的设置主要是为了有效区分航空旅客类型，防止高票价旅客购买低票价而造成收益"稀释"，因此合理的票价组合是航空公司增加盈利能力的关键。通过应用市场营销学的价格理论和策略，制定出对旅客有吸引力、对同行有竞争力的产品价格是航空公司定价的根本目标。那么，如何准确而又有效的制定不同产品的票价呢？通常情况而言，航空公司制定票价的方法主要有成本导向定价法、需求导向定价法和服务导向定价法三种。

（1）成本导向定价法。微观经济学中所谓的边际成本定价法是指生产者将产品的价格设置为再生产一个额外的产品所增加的成本额。那么，航空公司的定价能够以边际成本为依据吗？从短期上看，航空公司所运营的计划性航班的成本是相对固定的，多销售一个旅客所增加的成本主要包括了餐食费用和燃油费用，而这一些费用的增加量几乎可以忽略不计，因此边际成本定价法实际上在航空公司定价过程中是不可行的。取而代之，我们可以采用基于平均成本的定价方法，即以航空公司整个航线网络环境为基础，为所有旅客 O&D 市场计算出平均单位可用座公里成本。这种方法的缺点在于忽视了运营不同 O&D 市场所产生的运营成本是不同的。

（2）需求导向定价法。需求导向定价法以消费者所愿意支付的意愿为基础。旅客所愿意支付的价格随着支付意愿的不同而不同，有些旅客为了旅行方便愿意支付高票价，而又有一些旅客出行只愿意支付低廉的票价。因此航空公司必须要根据旅客类型的不同进行"差别定价（价格歧视）"，即根据旅客对票价的敏感程度，为不同的 O&D 市场以及相同 O&D 市场下不同的旅客类型设置不同的价格，以实现收入的最大化。这种定价方法的依据并不是航空公司的运营成本，而是旅客对价格的敏感程度。

（3）服务导向定价法。服务导向定价法是指航空公司以服务特定 O&D 市场所需付出的服务成本为依据的一种定价方法。一方面，航空公司会根据 O&D 市场类型设置不同的单位旅客服务成本；另外一方面，航空公司也会根据物理舱位的差异性设置不同的单位旅客服务成本。总而言之，这种服务导向的定价方法是以服务成本为基础的。需要说明的是，由于不同的服务质量所产生的成本是不一样的，因此我们不能将服务导向定价等同于"价格歧视"。

在现实情况中，航空公司的定价方法更多的是上述三种策略的组合。这是由于票价很大程度上受到所服务的 O&D 市场竞争环境特点的影响，而其中低成本航空公司的影响可能是最为关键的。存在低成本航空公司的 O&D 市场，激烈的竞争会导致航空公司必须尽可能地匹配低成本航空公司的运营成本来满足旅客对票价的期望。

1.5　收益管理人员的主要工作

毋庸置疑，收益管理系统是航空公司面对竞争激烈的市场环境时处于不败之地的强有力武器，然而仅仅依靠收益管理系统是无法体现出航空公司实施收益管理优势所在的。准确把握航空运输市场环境、熟练掌握收益管理实践中的方法与技能是有效实施收益管理的关键所在，这也是目前国内航空公司收益管理人员无法有效利用收益管理系统的主要原因之一。优秀的收益管理人员能够在市场环境发生变化后及时准确地进行收益管理策略的调整，从而为航空公司减少收益损失或增加收入带来契机。

1.5.1　工作流程

那么，收益管理人员应该具体完成什么样的工作才能保证收益最大化，确保航空公司处于有利的竞争位置呢？图 1-4 给出了收益管理工作者主要的工作流程。

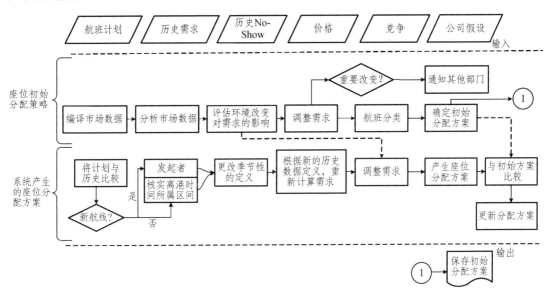

图 1-4　收益管理人员工作内容与工作流程

（1）编译并分析市场数据。编译的市场数据包括历史航班数据以及未来离港航班数据、历史航班的旅客需求类型及其组合、历史与未来离港航班的票价结构、公司的例外策略、指导方针以及公司对市场需求与价格前景的预测等。

（2）评估内外部环境变化对需求的影响，并给出绩效评估报告。评估内外部环境的变化，如航班可用座位数、离港时刻等对旅客需求的影响，给出订票生命周期内的订座数、订座曲线、旅客载运率等绩效报告。

（3）对航班进行分类，确定并保存座位的初始分配策略。根据航班的历史订座信息、各个子舱旅客的订座信息、成行旅客人数等，确定不同类型旅客（如商务旅客、休闲旅客）

所占的比重，以此判断航班的性质，如高客座率商务旅客航班、高客座率休闲旅客航班、低客座率休闲旅客航班等。根据不同的旅客需求信息，给出航班各个子舱座位的初始分配策略。

（4）进行数据校正。根据历史航班与未来离港航班的旅客需求情况，对时间区间进行有效的合并/分割，定义航班的季节性，明确节假日的日期等。

（5）预测。在时间维度（如每月、每周或每日等）和空间维度（如区域、航线或航班等）上确定收益管理所需预测的内容（如旅客需求、成行人数等），为待预测航班选择"有用"的历史航班数据，对订座数据进行有效修复，选择合理的预测模型等。

（6）实施超售与优化座位分配。选择不同的超售策略，根据旅客成行率信息，计算拒载人数和座位虚耗数目，确定最优的超售策略，在此基础上选择 EMSR 或 Bid Price 方法计算各个子舱的座位分配数目，并最终确定最优的座位分配策略。

1.5.2　工作目标与任务

通过对收益管理人员工作内容、工作流程的分析发现，收益管理人员的工作目标可以划分为绩效活动监控、培训与开发人员、座位存量管理、飞机机型管理以及预测五个方面。

1．绩效活动监控的目标

（1）确保座位控制目标关键性指标的实现，保证旅客拒载率在合理的范围之内。

（2）协助设计并实施 O&D 收益管理绩效衡量系统，做好包含旅客需求、票价水平预测效果在内的绩效衡量工作。

（3）协助完成销售点（区域）的收益目标，包括航线收益与利润目标。

（4）确保完成特定地区内关键性航班的收益目标，并持续的利用技术手段保证收益最大化目标的实现。

2．培训与开发人员的目标

（1）对航空公司主要岗位上的职员队伍进行收益管理培训，确保他们以最好的表现快速的成长。

（2）对所有地区经理、区域经理、销售经理、外站经理以及新员工进行收益管理培训，帮助他们培养收益管理的意识以及提高相关的技能水平。

3．座位存量管理的目标

（1）使用收益管理系统中的报告，保证每天与航班分析人员进行相互协调、相互沟通，并监控航班收益最大化是否完成。

（2）确保高客座率航班上的座位被优化利用。

（3）建议销售部门在建立临时航班时，为超售优化引擎给出初始控制值。

（4）根据历史航班数据以及当前航班的运营计划，对子舱的订座过程进行有效管理。

（5）根据当前航班的票价水平，为收益管理系统的收益订座窗口设置各个子舱的订座限额，并持续监视上述设置水平并保证收益最大化。

4. 飞机机型管理的目标

（1）在整个航线网络环境内正确实施收益策略并保证收益最大化。

（2）保证实际拒载人数不超过设置的拒载率。

（3）重点关注需求旺盛时期市场的收益机会，建议航班计划部门提供临时航班计划（如升舱、加班飞行、取消航班等）以及飞机交换的支持。

5. 预测的目标

（1）协助确立航空公司销售的收益目标，利用线性规划技术与市场数据对不同地区的市场情况进行预测，以确保销售过程中的注意力集中在特定的市场上。

（2）在地区、销售点（区域）、航班层面上，与收益管理系统进行交互，利用预测误差报告监控预测的过程。

（3）对于每一个物理舱而言，必须确保每一个销售点（区域）的O&D市场的预测水平在可容忍的范围内。

（4）重点关注收益机会，保证预测、票价水平、座位存量控制策略能够与未来需求高峰期相匹配，并在地区层面上识别需求旺盛的区域。

根据上述的工作目标，可以将收益管理人员的工作划分为每日、每周、每月、每季度、每航季的任务。

（1）每日任务。包括：检查电话留言以及传真机上的信息；检查昨天的运营情况；接受或拒绝计算机订座系统的超售问题；接受或拒绝中转联乘的订座请求；接受或拒绝普通的订座请求；处理座位存量阀值的系统信息；调整超售量和物理舱位的大小；接受或拒绝竞争票价匹配的请求以及检查系统的例外处理优化过程。

（2）每周任务。包括：评估航班计划调整的建议信息；更换飞机机型并从航班计划调整建议中处理座位保护水平的问题；调整需求的预测；监视绩效以及注意其他部门的重要活动对收益的影响。

（3）月度任务。包括：核查两个月内航班计划需求预测的结果；将历史数据与月度计划进行匹配；更新节假日与特殊节日的日期；更新季节性的定义；合并/分割离港时间区间的定义；分析独立子舱座位的利用情况；召开航线管理会议。

（4）季度任务。包括：建立季度预测；建立节假日与特殊节日的日期；定义季节性；合并/分割离港时间区间的定义；发起新航班。

（5）航季任务。包括编制计划和对各个站点进行调查与访问。

1.6　本章小结

航空运输旅客出行的一系列决策行为实质上决定了收益管理的关键技术内容。能够以收益管理实施的产品必须符合七大基本特点。有效实施收益管理对于航空公司而言作用是巨大的，其不仅能够改变航空公司市场人员营销的理念，为市场营销提供依据，而且还能够为航空公司带来收益的增加以及竞争力的提高，因此航空公司必须拥有一套包含收益管理理念、方法、流程等在内的决策支持系统。此外，还应该要求收益管理人员能够熟悉收益管理的内容和流程，明确收益管理的任务和目标，只有这样航空公司才能真正有效地开展收益管理。

练习题

1. 名词解释

（1）PNR

（2）Cancellation

（3）No-Show

（4）Overbooking

（5）航班改签

（6）航班签转

（7）Fare Class

（8）多等级票价体系

2. 简答题

（1）简述收益管理的定义与特点。

（2）简述实施收益管理的关键技术。

（3）简述收益管理中预测的流程。

（4）简述收益管理中常用的定价方法。

（5）收益管理中座位存量控制的常用方法有哪些？

（6）收益管理人员的工作内容和工作流程有哪些？

（7）收益管理人员的工作目标与任务主要有哪些？

2 预备知识

民航运输收益管理是融合概率论、统计学、运筹学、经济学以及计算机科学与技术等知识的一门边缘性交叉型学科。我们在学习收益管理之前，必须熟悉与收益管理相关的知识，从而为学习收益管理奠定基础。

2.1 随机变量与统计量

在本小节中，我们主要回顾随机变量的概念以及常用概率分布函数的特征，介绍统计学方法是如何确定常用分布函数的数字特征的。

2.1.1 随机变量的概念

什么是随机变量呢？随机变量是在试验的结果中能取得不同数值的量，它的数值随试验结果的变化而变化，由于试验结果是随机的，所以它的取值具有随机性。

如果对于试验的样本空间 Ω 中每一个样本点 ω，变量 ξ 都有一个确定的实数值与之对应，则称变量 ξ 是样本点 ω 的实函数，记作 $\xi = \xi(\omega)$。我们将这样的变量 ξ 称为随机变量。

其中：试验的结果中每一个可能发生的事件叫做试验的样本点，即 ω；试验的所有样本点 ω_1，ω_2，$\cdots$，ω_n，$\cdots$构成的集合叫作样本空间，即 Ω。

例题 2-1 从装有两个白球（记为 1，2 号）与两个黑球（记为 3，4 号）的袋中任取两个球。（1）若设随机变量 ξ 表示取出的两个球中白球的个数，那么，对于样本空间 $\Omega' = \{\omega_{00}$，ω_{01}，$\omega_{11}\} = \{$ "取出 2 个白球"，"取出一个白球与一个黑球"，"取出 2 个黑球"，$\}$ 来说，有

$$\xi = \begin{cases} 0, & \text{当}\omega=\omega_{11}; \\ 1, & \text{当}\omega=\omega_{01}; \\ 2, & \text{当}\omega=\omega_{00}; \end{cases}$$

（2）若设随机变量 ξ 表示取出的两个球的号码，那么，对于样本空间 $\Omega'' = \{\omega_{12}$，ω_{13}，ω_{14}，ω_{23}，ω_{24}，$\omega_{34}\}$ 来说，有

$$\xi = \begin{cases} 0, & \text{当}\omega=\omega_{34}; \\ 1, & \text{当}\omega=\omega_{13}，\omega_{14}，\omega_{23}\text{或}\omega_{24}; \\ 2, & \text{当}\omega=\omega_{12}; \end{cases}$$

随机变量虽然在试验之前是无法得知具体数值的，但是我们可以通过统计的方法得出随

机变量的分布特征。下面 2.1.2 ~ 2.1.4 我们将主要介绍常见的分布函数。

2.1.2　二项式分布函数

二项式分布是一种典型的离散型分布函数。假设随机变量 ξ 的可能值为 $m = 0，1，2，\cdots，n$，那么取得这些值的概率为

$$P(\xi = m) = P_n(m) = \mathrm{C}_n^m p^m q^{n-m} \tag{2-1}$$

其中 $0 < p < 1, p + q = 1$。这种分布叫作二项式分布，如图 2-1 所示。

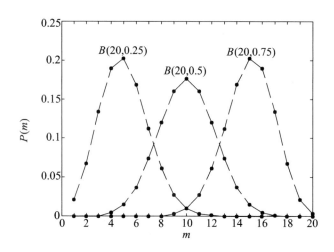

图 2-1　二项分布函数曲线

从图 2-1 中可以看出，当 $p = 0.5$ 时，二项式分布是对称的。二项式分布含有两个参数 n 及 p，因此通常把这种分布记作 $B(n, p)$。若事件 A 在每次试验中发生的概率为 p，则事件 A 在 n 次独立试验中发生的次数 ξ 服从二项分布 $B(n, p)$。

例题 2-2　设某航空公司在海口至北京的航班上，离港当天已经被乘客预定的 n 个座位中有 m 个被取消（含 No-Show 人数），如果不考虑旅客取消订座限制条件的影响，订座取消率可以写为 $p = m/n$，那么取消订座人数 ξ 服从二项分布，可记为

$$P(\xi = m) = P_n(m) = \mathrm{C}_n^m p^m q^{n-m} \tag{2-2}$$

2.1.3　泊松分布函数

泊松分布也是一种常见的离散型分布函数。假设随机变量 ξ 的可能值为 $m = 0，1，2，\cdots$，那么取得这些值的概率为

$$P(\xi = m) = P_\lambda(m) = \frac{\lambda^m}{m!} \mathrm{e}^{-\lambda} \tag{2-3}$$

其中，$\lambda > 0$，为常数。

显然，$\sum_{m=0}^{\infty} P_{\lambda}(m) = e^{-\lambda} \sum_{m=0}^{\infty} \frac{\lambda^m}{m!} = e^{-\lambda} e^{\lambda} = 1$。若随机变量 ξ 服从泊松分布 $P(\lambda)$，则记为 $\xi \sim P(\lambda)$。图 2-2 为 $\lambda = 2.5$，$\lambda = 5$，$\lambda = 10$ 时的函数值（从左往右）。

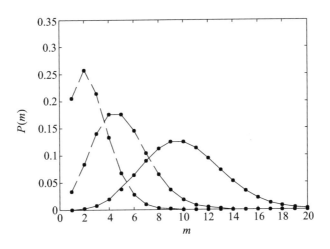

图 2-2　泊松分布函数曲线

泊松分布常见于稠密性的问题中，如航空运输市场中旅客在一段时间区间内到达的人数往往就是符合泊松分布的。

例题 2-3　假设某航空公司在广州至洛杉矶的航班上，对离港前 360 天内旅客的到达情况进行数据采集，对于 $n = 360$ 段时间区间（每段时间区间为 1 天）内旅客到达人数（单位：个）的记录如表 2-1 所示。

表 2-1　离港前 360 天内旅客到达人数情况

旅客到达人数 ξ	频数 m_i	频率 $\omega(x_i)$	概率值
0	105	0.291 7	0.269 8
1	119	0.330 6	0.353 5
2	80	0.222	0.231 5
3	36	0.100 0	0.101 1
4	16	0.044 4	0.033 1
5	2	0.005 6	0.008 7
6	2	0.005 6	0.001 9
总　计	360	1.000	1.000

其中：第一列表示每段时间区间（一天）内旅客的到达人数；第二列表示频数（单位：次）；第三列表示相应的频率，即观察次数 m_i 除以总次数 360 所得到的商；每段时间区间内

平均旅客到达人数为 $\lambda = 473 \div 360 = 1.31$，473 是 360 段时间区间内旅客到达的总人数。

$n = 360$ 段时间区间内旅客到达人数的统计规律服从泊松分布（如图 2-3 所示），其所形成的曲线与图 2-2 十分相似。

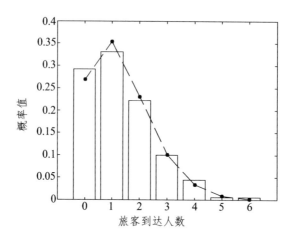

图 2-3　旅客到达人数分布规律

2.1.4　正态分布函数

正态分布是概率论中最为常见的连续型随机变量分布函数，所谓的连续型随机变量是指试验的结果可以取某一区间内的任何数值。正态分布的概率密度函数可以表示为

$$\varphi(x) = \frac{1}{\sqrt{2\pi}\delta} e^{-\frac{(x-\mu)^2}{2\delta^2}}$$
（2-4）

其中，μ、σ 都是常数。当 $\mu = 0$，$\sigma = 1$ 时，得到正态分布为 $N(0, 1)$，叫作标准正态分布，其概率密度函数为

$$\varphi(x) = \frac{1}{\sqrt{2\pi}} e^{-\frac{x^2}{2}}$$
（2-5）

正态分布曲线如图 2-4 所示。该曲线对称于直线 $x = \mu$，并在 $x = \mu$ 处到达最大值 $\frac{1}{\sqrt{2\pi}\delta}$；在 $x = \mu \pm \sigma$ 处有拐点；当 x 趋向于无穷大时，曲线以 x 轴为其渐近线；如果改变参数 μ 的值，则分布曲线沿着 x 轴平行移动而不改变其形状；当参数 σ 逐渐变大时，曲线趋于平坦，但是曲线下方的面积总保持不变（为 1）。

任意一个正态分布函数均可以变换为标准正态分布形式，例如随机变量落在区间 (x_1, x_2) 内的概率，我们就有

$$P(x_1 < \xi < x_2) = \frac{1}{\sqrt{2\pi}\sigma} \int_{x_1}^{x_2} e^{-\frac{(x-\mu)^2}{2\sigma^2}} dx$$
（2-6）

若令 $t = \dfrac{x - \mu}{\sigma}$ ，则有

$$P(x_1 < \xi < x_2) = \frac{1}{\sqrt{2\pi}} \int_{\frac{x_1 - \mu}{\sigma}}^{\frac{x_2 - \mu}{\sigma}} \mathrm{e}^{-\frac{t^2}{2}} \mathrm{d}t \qquad (2\text{-}7)$$

若记

$$\varPhi(x) = \frac{1}{\sqrt{2\pi}} \int_{-\infty}^{x} \mathrm{e}^{-\frac{t^2}{2}} \mathrm{d}t \qquad (2\text{-}8)$$

则有

$$P(x_1 < \xi < x_2) = \varPhi\left(\frac{x_2 - \mu}{\sigma}\right) - \varPhi\left(\frac{x_1 - \mu}{\sigma}\right) \qquad (2\text{-}9)$$

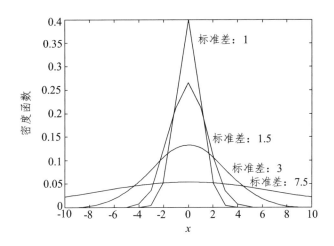

图 2-4　正态分布曲线

显然，函数 $\varPhi(x)$ 就是标准正态分布的分布函数，且具有如下性质：

（1） $\varPhi(0) = 0.5$ 。

（2） $\varPhi(+\infty) = 1$ 。

（3） $\varPhi(-x) = 1 - \varPhi(x)$ 。

根据 Z 值表（附表1），可以得出在区间（x_1, x_2）内的累计概率值。

例题 2-4　在某航空公司海口至北京的航班上，假设旅客需求 ξ 为随机变量且服从正态分布 $N(5, 1^2)$，求 ξ 落在区间（3, 8）内的概率。

$$P(x_1 < \xi < x_2) = \varPhi\left(\frac{x_2 - \mu}{\sigma}\right) - \varPhi\left(\frac{x_1 - \mu}{\sigma}\right) = \varPhi\left(\frac{8 - 5}{1}\right) - \varPhi\left(\frac{3 - 5}{1}\right) = \varPhi(3) - \varPhi(-2)$$

查找附表1中标准正态分布表，得出 ξ 落在区间（3, 8）内的概率为 0.998 65 - (1 - 0.977 2) = 0.975 85。

2.1.5 数学期望与方差

离散型随机变量 ξ 的一切可能值 x_i 与对应的概率 $P(\xi = x_i)$ 的乘积的和叫作随机变量 ξ 的数学期望，记为 $E(\xi)$。

$$E(\xi) = x_1 p(x_1) + x_2 p(x_2) + \cdots + x_n p(x_n) = \sum_{i=1}^{n} x_i p(x_i) \tag{2-10}$$

连续型随机变量的数学期望可以看作随机变量 ξ 在无穷小区间 $(x, x + \Delta x)$ 内的概率，且近似等于 $\varphi(x)\Delta x$，因此有

$$E\xi = \int_{-\infty}^{+\infty} x\varphi(x)\mathrm{d}x \tag{2-11}$$

显然，仅凭随机变量的数学期望是无法反映随机变量的分布特征的，因此在数学期望的基础上，概率论中还会利用方差来反映随机变量数学期望周围的分散程度。变量 $\eta = \xi - E\xi$ 叫作随机变量 ξ 的离差。通常情况下，用随机变量离差的平方的数学期望来描述随机变量分布的分散程度。随机变量的离散的平方的数学期望叫作随机变量 ξ 的方差，记作 $D\xi$。

$$D(\xi) = E(\xi - E(\xi))^2 \tag{2-12}$$

对于离散随机变量而言，有

$$D(\xi) = \sum_{i=1}^{+\infty} (x_i - E\xi)^2 p(x_i) \tag{2-13}$$

对于连续随机变量而言，有

$$D(\xi) = \int_{-\infty}^{+\infty} (x - E\xi)^2 \varphi(x)\mathrm{d}x \tag{2-14}$$

常见分布的期望与方差如下：

（1）二项式分布的数学期望等于参数 n 与 p 的乘积，方差为 npq。

（2）泊松分布的数学期望为参数 λ，方差为 λ。

（3）正态分布的数学期望为参数 μ，方差为 σ^2。

对于两个随机变量的和（差）的数学期望等于它们数学期望之和（差）。

$$E(\xi \pm \eta) = E(\xi) \pm E(\eta) \tag{2-15}$$

而对于独立的两个随机变量而言，其方差为

$$D(\xi \pm \eta) = D(\xi) + D(\eta) \tag{2-16}$$

对于常数与随机变量的乘积的数学期望，可表示为

$$E(C\xi) = C \times E(\xi) \tag{2-17}$$

而方差为

$$D(C\xi) = C^2 \times D(\xi) \tag{2-18}$$

对于常数与随机变量的和的数学期望，可表示为

$$E(\xi + C) = E(\xi) + C \tag{2-19}$$

而方差为

$$D(\xi + C) = D(\xi) \tag{2-20}$$

那么，当两个或多个随机变量之间不相互独立时又是如何反映出不同的随机变量之间的关系的呢？概率论中用相关系数来表示，即

$$r_{\xi\eta} = E(\xi^* \eta^*) = E\left(\frac{\xi - E\xi}{\sigma_\xi} \times \frac{\eta - E\eta}{\sigma_\eta}\right) = \frac{K_{\xi\eta}}{\sigma_\xi \sigma_\eta} \tag{2-21}$$

其中，$K_{\xi\eta}$ 为随机变量 ξ 和 η 的协方差。

随机变量的相关系数实质上反映了随机变量之间的线性相关性程度。随机变量之间的线性相关性就是：当一个变量增大时另一个变量有按线性关系增大或减小的趋势。当相关系数愈接近于 1 或 -1 时，这种趋势就愈明显。

例题 2-5 设某航空公司在海口至北京的 AB7181 航班上有 Y、Q、V 三个子舱，旅客成行率均服从正态分布且相互独立，三个子舱的旅客成行率均值、标准差，可用座位数（单位：个）表示，如表 2-2 所示。若 AB7181 航班的总可用座位数为 100 个，求此航班旅客成行率的期望与方差。

表 2-2　各个子舱的正态分布参数

子舱参数	Y	Q	V
成行率均值（μ）	0.798	0.886	0.750
成行率标准差（σ）	0.300	0.200	0.100
可用座位数（c）	47	37	16

航班旅客成行率与各个子舱成行率之间的数学关系为

$$\xi = \frac{c_Y \times \mu_Y + c_Q \times \mu_Q + c_V \times \mu_V}{C} \tag{2-22}$$

根据期望与方差的性质，航班旅客成行率 ξ 的期望为

$$E(\xi) = E\left(\frac{c_Y \times \mu_Y + c_Q \times \mu_Q + c_V \times \mu_V}{C}\right) = \frac{47 \times E(\mu_Y) + 37 \times E(\mu_Q) + 16 \times E(\mu_V)}{100} = 0.823$$

航班旅客成行率 ξ 的方差为

$$D(\xi) = D\left(\frac{c_Y \times \mu_Y + c_Q \times \mu_Q + c_V \times \mu_V}{C}\right) = \frac{47^2 \times D(\mu_Y) + 37^2 \times D(\mu_Q) + 16^2 \times D(\mu_V)}{100^2} = 0.026$$

2.1.6 统计量

在数理统计中，借助于对样本观测值的整理、分析与研究，来解决对总体的某些概率特征的推断问题，往往需要考虑使用样本的函数。设样本 ξ_1，ξ_2，$\cdots$，ξ_n 的函数 $f(\xi_1, \xi_2, \cdots, \xi_n)$ 中不含有任何的未知量，则称这样的函数为统计量。

1）样本均值

$$\bar{x} = \frac{1}{n}\sum_{i=1}^{n} x_i \tag{2-23}$$

2）样本方差（或修正样本方差）

$$s^2 = \frac{1}{n-1}\sum_{i=1}^{n}(x_i - \bar{x})^2 \tag{2-24}$$

3）标准差

$$s = \sqrt{\frac{1}{n-1}\sum_{i=1}^{n}(x_i - \bar{x})^2} \tag{2-25}$$

那么，如何利用采集到的历史数据找出随机变量的统计规律，又如何进一步确定随机变量的参数呢？

例题 2-6 假设某航空公司收益管理人员采集到了海口至北京航线上 2010 年 AB7181 航班的 365 条历史观测数据。根据表 2-3 所划分的数据区间（如第一列所示），将样本数据归入到各个区间内，得出每一个数据区间内样本的频数（如第二列所示，单位：次），发生的频率（如第三列所示）和单位区间长度上发生的频率（如第四列所示）。

表 2-3　历史观测数据整理与分析

旅客人数区间	频数 m_i	频率 $\omega(x_i)$	频率/区间长度
71 ~ 89	3	0.008 2	0.000 5
89 ~ 107	15	0.041 1	0.002 3
107 ~ 125	33	0.090 4	0.005 0
125 ~ 143	63	0.172 6	0.009 6
143 ~ 161	80	0.219 2	0.012 2
161 ~ 179	83	0.227 4	0.012 6
179 ~ 197	47	0.128 8	0.007 2
197 ~ 215	27	0.074 0	0.004 1
215 ~ 233	9	0.024 7	0.001 4
233 ~ 251	5	0.013 7	0.000 8
总　计	365	1.000	0.055 6

根据 AB7181 航班的 365 条历史观测数据值，利用样本均值与方差公式，得出旅客订座数的期望为 157.7，标准差为 30.5。进一步地，根据表 2-3 各个数据区间上，单位区间长度上发生的频率，可以绘制如图 2-5 柱形图所示的样本数据统计规律。图 2-5 所示的曲线，是根据旅客订座数期望和标准差所绘制的正态分布曲线。可以发现，两者显示出的数据分布规律基本一致，因此，我们可以简单认为这样的旅客订座数是符合正态分布的（严格意义上的判定请参考统计学教程）。

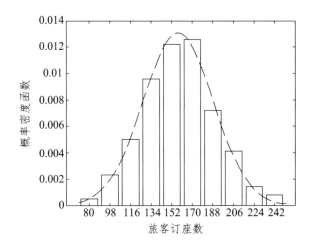

图 2-5　航班订座数分布规律

2.2　需求价格弹性与效用理论

世界上万事万物具有普遍的联系性，航空运输也不例外。航空公司的收益管理人员在市场处于淡季的时候会将航班上的座位以低价出售，而当处于旺季的时候会以高价出售座位，同样的座位为什么在不同的时间维度、不同的情景下采取不同的销售策略呢？另外，以一定价格出售第一个座位时所能获得的收益与再以相同的价格出售第二个座位时所能获得的收益是一样的吗？航空运输中的一系列问题都蕴藏存着丰富的经济学规律。本节中我们将回顾一下需求弹性理论以及效用理论的内容。

2.2.1　需求价格弹性

什么是弹性？弹性描述的是因变量对自变量变化的反应程度，具体地说，也就是要计算自变量变化 1 个百分点，因变量变化的百分点的量。或者说，弹性是指自变量的相对变化所带来的因变量的相对变化。

不同的商品需求量对价格变化的反应程度是不完全相同的，例如图 2-6（a）、（b）分别显示了盐和机票的需求曲线。

从盐的需求曲线可以看出，即使价格从 5 元降价到 2 元，需求量也仅从 60 上升到 70；

而机票从 500 元降价到 400 元会使需求量上升 50%。这种区别可用需求的价格弹性（E_D）来衡量，即

$$E_D = -\frac{需求量变动的百分比}{价格变动的百分比} = -\frac{\Delta Q/Q}{\Delta P/P} \qquad （2-26）$$

此时，盐的需求弹性为

$$E_D(盐) = -\frac{(70-60)/60}{(2-5)/5} = 0.278$$

机票的需求弹性为

$$E_D(机票) = -\frac{(100-50)/50}{(400-500)/500} = 5$$

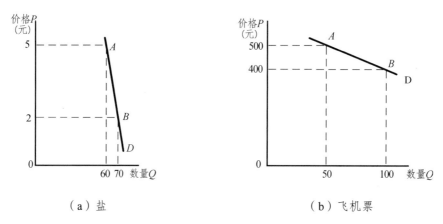

（a）盐　　　　　　　　　　　（b）飞机票

图 2-6　不同商品需求价格弹性曲线

　　一般来讲，需求价格曲线越陡峭，需求价格弹性就越小；需求价格曲线越平坦，需求价格弹性则越大。在图 2-6 中，盐的需求价格曲线比飞机票的需求价格曲线陡峭得多，反映了前者的需求价格弹性要小于后者。

　　通常而言，计算需求价格弹性有两种方法：第一种方法是中点公式，即计算公式中 P 和 Q 均用两点的平均值（中点），即

$$E_D = -\frac{Q_2 - Q_1}{P_2 - P_1} \cdot \frac{(P_1 + P_2)/2}{(Q_1 + Q_2)/2} \qquad （2-27）$$

这样，无论从 A 点到 B 点，还是从 B 点到 A 点，盐的需求价格弹性均为

$$E_D = \frac{10}{3} \times \frac{(5+2)/2}{(70+60)/2} = 0.179$$

然而，用中点公式计算的弹性抹煞了以不同价格基点变化的差异性，是单纯地平均且不合理。为什么不合理呢？假设在图 2-6（a）中 A 点的坐标为（Q_A, P_A），B 点的坐标为（Q_B, P_B），中

点公式消除了从 (Q_A, P_A) 变化到 (Q_B, P_B) 还是从 (Q_B, P_B) 变化到 (Q_A, P_A) 的弹性差异性问题。

第二种方法是计算"点弹性"，即

$$E_D = -\frac{\Delta Q_1 / Q_1}{\Delta P_1 / P_1} = -\frac{Q_2 - Q_1}{P_2 - P_1} \cdot \frac{P_1}{Q_1} \qquad (2\text{-}28)$$

此时，图 2-6（a）中从 (Q_A, P_A) 变化到 (Q_B, P_B) 的需求价格弹性为

$$E_D = -\frac{Q_2 - Q_1}{P_2 - P_1} \cdot \frac{P_1}{Q_1} = -\frac{70 - 60}{2 - 5} \cdot \frac{5}{60} = 0.278$$

而从 (Q_B, P_B) 变化到 (Q_A, P_A) 的需求价格弹性为

$$E_D = -\frac{Q_2 - Q_1}{P_2 - P_1} \cdot \frac{P_2}{Q_2} = -\frac{60 - 70}{5 - 2} \cdot \frac{2}{70} = 0.095$$

按照弹性值的大小，我们可以将需求价格弹性划分如下：
（1）$E_D > 1$，称为需求富于弹性。
（2）$E_D = 1$，称为单元弹性。
（3）$0 < E_D < 1$，称为需求缺乏弹性。
（4）$E_D = 0$，称为需求完全缺乏弹性。
（5）$E_D = \infty$，称为需求完全富于弹性。
最后两种是极端情况，在图 2-7 中，它们的需求曲线分别表示为垂直线和水平线。

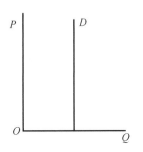 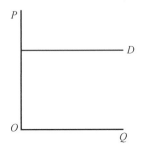

（a）完全缺乏弹性的需求曲线　　　　　（b）完全富于弹性的需求弹性

图 2-7　需求曲线的两种极端情况

需求完全缺乏弹性的商品无论价格高低，需求量都不会变化；而需求完全富于弹性的商品价格则在现行水平上稍微提高一点点（哪怕是无限小的变化），需求会立即下降至零。在现实生活中，极端情况很少见，一般都在 $0 \sim \infty$。

需求价格弹性对于航空公司市场人员来说是一个需要考虑的重要因素，因为它决定市场收入的变动对价格的反应。假定某一航班实施单一票价，如果航班以票价 P_1 进行销售且有 Q_1 的需求，则收入为 $P_1 Q_1$，现假定以票价 P_2 销售（$P_1 > P_2$），需求量在 Q_1 的基础上增加到 Q_2，那么新的收入与原来相比如何呢？我们用式（2-29）进行说明。

$$P_2Q_2 - P_1Q_1 = (P_1 - \Delta P)(Q_1 + \Delta Q) - P_1Q_1$$

$$= P_1\Delta Q - \Delta PQ_1 - \Delta P\Delta Q \quad (\Delta P\Delta Q \text{ 很小，可忽略不计})$$

$$= [(\Delta Q/\Delta P)(P_1/Q_1) - 1]\Delta PQ_1$$

$$= (E_D - 1)\Delta PQ_1 \begin{cases} < 0, \text{ 若} E_D < 1 \\ = 0, \text{ 若} E_D = 1 \\ > 0, \text{ 若} E_D > 1 \end{cases} \quad (2\text{-}29)$$

可见，如果需求是富有弹性的，降价后航空公司收入会上涨，因为需求量上升的速度要大于价格下降的速度；如果需求是缺乏弹性的，那么涨价可提高航空公司的收入，因为需求量下降的速度要小于价格上涨的速度；当然，如果弹性正好为 1，则航空公司的收入不变，因为需求量下降的损失正好抵消了价格上涨的收益。

2.2.2 效用理论

人们之所以要消费商品和服务，是因为从消费中他们的一些需要或爱好能得到满足，我们把这种从商品和服务的消费中得到的满足感称为效用（Utility）。衡量效用的指标通常有两个，即总效用（Total Utility，简写为 TU）和边际效用（Marginal Utility，简写为 MU）。总效用是指消费者从商品和服务的消费中得到满足的总量，边际效用是指每增加一个单位消费量所引起的总效用的增加量。表 2-4 以食品和衣服的消费为例，给出了与一定消费数量相对应的总效用和边际效用，TU_C 和 MU_C 分别表示消费衣服的总效用和边际效用，TU_F 和 MU_F 则分别表示消费食品的总效用和边际效用。

表 2-4　总效用（TU）和边际效用（MU）

衣服	TU_C	MU_C	食品	TU_F	MU_F
0	0	—	0	0	—
1	60	60	1	80	80
2	110	50	2	150	70
3	150	40	3	210	60
4	180	30	4	260	50
5	200	20	5	300	40
6	210	10	6	330	30
7	210	0	7	350	20
8	200	−10	8	360	10
9	180	−20	9	360	0

在消费者选择理论中，边际效用是一个极其重要的概念。在表 2-4 中，我们列举的衣服和食品的边际效用都是递减的，也就是说，随着衣服和食品消费的增加，消费者从消费中得

到的满足程度是不断减少的。图 2-8 直观地描述了边际效用的递减规律。

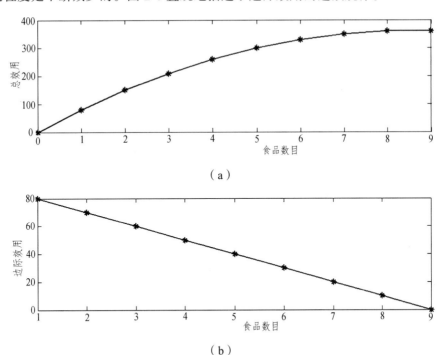

（a）

（b）

图 2-8　边际效用递减规律

在图 2-8 中，纵轴表示边际效用和总效用，横轴表示食品消费量。我们把表 2-4 中与每一单位食品消费量相对应的边际效用用一条线连接起来就得到了边际效用曲线。用同样的方法，我们也可以得到一条总效用曲线。一般情况而言，当边际效用为正时，意味着增加消费能带来总效用的增加；当边际效用为负时，理性的人会停止消费，因为此时消费提供的不是主观上的满足感，而是厌恶和痛苦。

边际效用递减规律，也可以用数学语言表达。设商品 X 的效用函数为

$$TU = U(X) \tag{2-30}$$

则边际效用为

$$MU = \frac{\mathrm{d}U(X)}{\mathrm{d}X} \tag{2-31}$$

边际效用递减规律可表达为

$$MU = \frac{\mathrm{d}U(X)}{\mathrm{d}X} > 0 \tag{2-32}$$

$$\frac{\mathrm{d}MU}{\mathrm{d}X} = \frac{\mathrm{d}^2 MU}{\mathrm{d}X^2} < 0 \tag{2-33}$$

效用函数的一阶导数，即边际效用大于零表示随着 X 的增加，总效用也相应增加；效用函数的二阶导数小于零则表示随着 X 的增加，边际效用是递减的。

2.3　数学规划与随机规划

数学规划与随机规划广泛应用现有的科学技术知识和数学方法，解决实际中提出的专门问题，为决策者选择最优决策提供定量依据。其中线性规划与对偶理论、整数规划理论以及随机规划理论是收益管理的重要基础知识。

2.3.1　线性规划模型及其标准型

线性规划是运筹学的一个重要分支。那么，什么是线性规划呢？可以说，如果问题的目标函数、约束条件均是线性的，我们就可以将该问题称之为线性规划问题。进一步地，如果决策变量要求全部是整数，我们则可以称之为纯线性整数规划问题；若部分要求为整数则称为混合线性整数规划问题；如果决策变量全部要求为 0-1 型变量，则该问题为 0-1 型线性整数规划；若部分决策变量要求为 0-1 型，则称为 0-1 型混合线性整数规划问题。以下首先介绍一般的线性规划问题，即目标函数与约束条件是线性的，且决策变量均满足非负条件。

例题 2-7　设某航空公司的一个子网络由两个航节构成，即北京—济南、济南—海口，有 3 个 O-D 流（旅客航段），即北京—济南、济南—海口、北京—海口。每个 O-D 流上有 1 个 ODF（Origin-Destination Fare）。需求与票价水平如表 2-5 所示。若两个航节上的可用座位总数均为 20 个，且假设需求是连续的，则为了收入最大化应该如何分配座位？

表 2-5　网络 O-D 的需求与价格

	济南（B）		海口（C）	
	票价水平（元）	需求（人次）	票价水平（元）	需求（人次）
北京（A）	2	8	3	24
济南（B）	—	—	2	16

设 x_1、x_2、x_3 分别表示北京—济南、济南—海口、北京—海口三个航段上各自放置的座位数，此时收入最大化可表示为

$$\max z = 2x_1 + 2x_2 + 3x_3$$

考虑到北京—济南、济南—海口两个航节上的旅客不超过各自最大可用座位数，用不等式可表示为

$$x_1 + x_3 \leq 20$$
$$x_2 + x_3 \leq 20$$

分配给旅客航段的座位数不超过其相应的旅客需求量，即

$$x_1 \leq 8$$
$$x_2 \leq 16$$
$$x_3 \leq 24$$

综合上述，该最优分配问题可用数学模型表示为

目标函数　　$\max z = 2x_1 + 2x_2 + 3x_3$

满足约束条件
$$\begin{cases} x_1 + & x_3 \leqslant 20 \\ & x_2 + x_3 \leqslant 20 \\ x_1 & \leqslant 8 \\ & x_2 \leqslant 16 \\ & x_3 \leqslant 24 \\ x_1, x_2, x_3 & \geqslant 0 \end{cases}$$

在各不等式中分别加上一个松弛变量 x_4，x_5，x_6，x_7，x_8，使不等式变为等式。则标准型为

$$\max z = 2x_1 + 2x_2 + 3x_3 + 0x_4 + 0x_5 + 0x_6 + 0x_7 + 0x_8$$

$$\begin{cases} x_1 + & x_3 + x_4 & = 20 \\ & x_2 + x_3 + & x_5 & = 20 \\ x_1 & & + x_6 & = 8 \\ & x_2 + & & + x_7 & = 16 \\ & x_3 + & & + x_8 & = 24 \\ x_1, & x_2, & x_3, & x_4, & x_5, & x_6, & x_7, & x_8 \geqslant 0 \end{cases}$$

所加松弛变量 x_4, x_5, x_6, x_7, x_8 表示没有被利用的资源，当然也没有收入，因此在目标函数中其系数应为零，即 $c_4, c_5, c_6, c_7, c_8 = 0$。

2.3.2　线性规划问题的单纯形法

根据例题 2-7 的标准型，取松弛变量 x_4，x_5，x_6，x_7，x_8 为基变量，它对应的单位矩阵为基。这就得到初始基可行解为

$$X^{(0)} = (0, 0, 0, 20, 20, 8, 16, 24)^{\mathrm{T}}$$

将有关数字填入表中，得到初始单纯形表（表 2-6）。

表 2-6　初始单纯形表

	$c_j \to$		2	2	3	0	0	0	0	0	θ_i
C_B	X_B	b	x_1	x_2	x_3	x_4	x_5	x_6	x_7	x_8	
0	x_4	20	1	0	1	1	0	0	0	0	20
0	x_5	20	0	1	[1]	0	1	0	0	0	20
0	x_6	8	1	0	0	0	0	1	0	0	-
0	x_7	16	0	1	0	0	0	0	1	0	-
0	x_8	24	0	0	1	0	0	0	0	1	24
$-z$		0	2	2	3	0	0	0	0	0	

表 2-6 中左上角的 c_j 表示目标函数中各变量的价值系数。在 C_B 列填入初始级变量的价值系数，它们都为零。各非基变量的检验数为

$$\sigma_1 = c_1 - z_1 = 2 - (0 \times 1 + 0 \times 0 + 0 \times 1 + 0 \times 0 + 0 \times 0) = 2$$
$$\sigma_2 = c_2 - z_2 = 2 - (0 \times 0 + 0 \times 1 + 0 \times 0 + 0 \times 1 + 0 \times 0) = 2$$
$$\sigma_3 = c_3 - z_3 = 3 - (0 \times 1 + 0 \times 1 + 0 \times 0 + 0 \times 0 + 0 \times 1) = 3$$

（1）因检验数都大于零，且 P_1,P_2,P_3 有正分量存在，转入下一步。

（2） $\max(\sigma_1,\sigma_2,\sigma_3)=\max(2,2,3)=3$ ，对应的变量 x_3 为转入变量，计算 θ 值。

$$\theta=\min_i\left(\frac{b_i}{a_{i2}}\bigg|a_{i2}>0\right)=\min(20/1,20/1,-,-,24/1)=20$$

选取基变量中下标大者 x_5 为换出变量。 x_3 所在列和 x_5 所在行的交叉处[1]称为主元素。

（3）以[1]为主元素进行旋转运算，即初等行变换，使 P_3 变换为 $(0,1,0,0,0)^T$ ，在 x_B 列中将 x_3 替换 x_5 ，于是得到新表2-7。

表 2-7 旋转后形成的单纯形表

C_B	X_B	b	$c_j\to$ 2 x_1	2 x_2	3 x_3	0 x_4	0 x_5	0 x_6	0 x_7	0 x_8	θ_i
0	x_4	0	[1]	-1	0	1	-1	0	0	0	0
3	x_3	20	0	1	1	0	1	0	0	0	-
0	x_6	8	1	0	0	0	0	1	0	0	8
0	x_7	16	0	1	0	0	0	0	1	0	-
0	x_8	4	0	-1	0	0	-1	0	0	1	-
-z		-60	2	-1	0	0	-3	0	0	0	

b 列的数字是 $x_3=20,x_4=0,x_6=8,x_7=16,x_8=4$ 。于是目标函数 $Z=60$ ，得到新的基可行解 $X^{(1)}=(0,0,20,0,0,8,16,4)^T$ 。

（4）检查表2-7所有的 c_j-z_j ，这时有 $c_1-z_1=2$ ；说明 x_1 应为换入变量。重复（1）~（3）的计算步骤，得到表2-8。

表 2-8 再次旋转后的单纯形表

C_B	X_B	b	$c_j\to$ 2 x_1	2 x_2	3 x_3	0 x_4	0 x_5	0 x_6	0 x_7	0 x_8	θ_i
2	x_1	0	1	-1	0	1	-1	0	0	0	-
3	x_3	20	0	1	1	0	1	0	0	0	20
0	x_6	8	0	[1]	0	-1	1	1	0	0	8
0	x_7	16	0	1	0	0	0	0	1	0	16
0	x_8	4	0	-1	0	0	-1	0	0	1	-
-z		-60	0	1	0	-2	-1	0	0	0	

（5）表2-9最后一行的所有检验数都已为负或零。这表示目标函数值已不可能再增大，于是得到最优解 $X^*=(8,8,12,0,0,0,8,12)^T$ ，目标函数值 $z^*=68$ 。

表 2-9 最优的单纯形表

C_B	X_B	b	$c_j\to$ 2 x_1	2 x_2	3 x_3	0 x_4	0 x_5	0 x_6	0 x_7	0 x_8	θ_i
2	x_1	8	1	0	0	0	0	1	0	0	
3	x_3	12	0	0	1	1	0	-1	0	0	
2	x_2	8	0	[1]	0	-1	1	1	0	0	
0	x_7	8	0	0	0	1	-1	-1	1	0	
0	x_8	12	0	0	0	-1	0	1	0	1	
-z		-68	0	0	0	-1	-2	-1	0	0	

2.3.3 线性规划的对偶问题及其经济学含义

例题 2-7 反映的是如何在一个具体的小型网络环境中对座位进行合理分配以求收入最大化。相反地，我们可以这么思考这一问题，即在上述小型航线网络中何种类型的旅客以多少的价格请求订座时决策者才应该接受。显然决策者如果接受一个北京—海口的订座就有可能同时放弃北京—济南航段旅客以及济南—海口航段旅客的订座请求，因此接受任意一个订座请求所获得的收入是存在机会成本的。如果这个收入大于机会成本，那么就是最优的决策，反之就不是最优决策。因此我们必须对航空公司的座位进行估价，而这种估价与影子价格的内涵是一致的。假设北京—济南航节上单位座位的价格为 y_1，济南—海口航节上单位座位的价格为 y_2，根据例 2-7 形成的线性规划问题，有

$$\min \omega = 20y_1 + 20y_2 + 8y_3 + 16y_4 + 24y_5$$

$$\begin{cases} y_1 + \quad\quad y_3 \quad\quad\quad\quad \geq 2 \\ \quad\quad y_2 \quad\quad + y_4 \quad\quad \geq 2 \\ y_1 + y_2 + \quad\quad\quad\quad y_5 \geq 3 \\ y_i \geq 0, \ i = 1, 2, \cdots, 5 \end{cases}$$

我们将这一规划问题称为例 2-7 线性规划问题（这里称原问题）的对偶问题。最优单纯形表 2-9 得出该问题的最优解为 $y_1^* = 1, y_2^* = 2, y_3^* = 1, y_4^* = 0, y_5^* = 0, \omega^* = 68$，即北京—济南旅客的订座请求至少为 1 元时决策者才应该接受，济南—海口旅客的订座请求至少为 2 元时决策者才应该接受，而北京—海口旅客的订座请求至少要达到 1+2 = 3 元时才应该接受。

2.3.4 整数规划模型及其分枝定界法

在前面讨论的线性规划问题中，我们要求决策变量为非负实数，而在现实问题中常常有一些问题要求解必须是整数（称为整数解）。例如，求解航线上不同机型运行的频次、完成工作的人数或装货的车数、装箱问题等，分数或小数的解答就不符合要求了。

例题 2-8 设某厂拟用集装箱托运甲、乙两种货物，每箱的体积、质量、可获得利润以及托运所受限制如表 2-10 所示。两种货物各托运多少箱，可使该厂获得的利润最大？

表 2-10 货物体积、质量、可获得利润以及托运限制

货物	体积 /（m³/箱）	质量 /（百千克/箱）	利润 /（百元/箱）
甲	6	1	15
乙	4	3	20
托运限制	25 m³	10 百千克	

上述问题可以用数学公式表达为

目标函数　　$\max z = 15x_1 + 20x_2$

约束条件　　$\begin{cases} 6x_1 + 4x_2 \leq 25 \\ x_1 + 3x_2 \leq 10 \\ x_1, x_2 \geq 0 \text{且为整数} \end{cases}$

该问题可以利用分枝定界法进行求解。首先松弛整数约束条件，将与它相应的线性规划问题称为问题 B，将要求解的整数规划问题称为问题 A。

（1）求解问题 B，可能得到以下情况之一：

① B 没有可行解，这时 A 也没有可行解，则停止。

② B 有最优解，并符合问题 A 的整数条件，B 的最优解即为 A 的最优解，则停止。

③ B 有最优解，但不符合问题 A 的整数条件，记它的目标函数值为 $\overline{z_0}$。

通过求解，得出上述松弛问题的解为 $x_1=2.5$，$x_2=2.5$，$z=87.5$。

（2）用观察法找到问题 A 的一个整数可行解，一般可取 $x_j=0, j=1,\cdots,n$，求得其目标函数值，并记作 $\underline{z}$。以 z^* 表示问题 A 的最优目标函数值，这时有

$$\underline{z} \leqslant z^* \leqslant \overline{z}$$

此时，上述问题的上下界为 $0 \leqslant z^* \leqslant 87.5$。

由于问题 B 没有满足问题 A 的整数条件，则进入下述迭代过程。

第一步：分枝，在 B 的最优解中任选一个不符合整数条件的变量 x_j，若其值为 b_j，则构造两个约束条件为

$$x_j \leqslant [b_j] \text{ 和 } x_j \geqslant [b_j]+1。$$

其中 $[b_j]$ 表示小于 b_j 的最大整数。

将上述两个约束条件，分别加入到问题 B 中，并求解两个后继规划问题 B_1 和 B_2。

根据上述步骤，对 x_1 进行分枝形成 $x_1 \leqslant 2$、$x_1 \geqslant 3$，分别加入到后继规划问题 B_1 和 B_2 中，并求解得出

$$B_1 \quad x_1=2，x_2=\frac{8}{3}，z=83\frac{1}{3}$$
$$B_2 \quad x_1=3，x_2=1.75，z=80$$

定界，以每个后继问题为一分枝标明求解的结果，结合其他问题的解的结果，找出最优目标函数值最大者作为新的上界 $\overline{z}$。从已符合整数条件的各分枝中，找出目标函数值为最大者作为新的下界 $\underline{z}$，若无可行解，$\underline{z}=0$。

根据 B_1 和 B_2 的求解结果得出的新的上下界为 $0 \leqslant z^* \leqslant 83\frac{1}{3}$。然后对 B_1 继续进行分枝，且分别加入约束条件 $x_2 \leqslant 2$、$x_2 \geqslant 3$ 形成 B_3 和 B_4，并求解得出

$$B_3 \quad x_1=2，x_2=2，z=70$$
$$B_4 \quad x_1=1，x_2=3，z=75$$

根据定界原则，此时确定的上下界为 $75 \leqslant z^* \leqslant 83\frac{1}{3}$。

第二步：比较与剪支，各分枝的最优目标函数中若有小于 $\underline{z}$ 者，则剪掉这支（可以用"×"表示），即以后不再考虑了。若大于 $\underline{z}$，且不符合整数条件，则重复第一步，直至最后满足 $z^*=\underline{z}$ 为止，即此时已经找到最优整数解 $x_j^*, j=1,\cdots,n$。

由于 B_3 不满足上下界要求，剪掉；而 B_2 符合上下界要求继续分枝，并分别加入约束条件 $x_2 \leqslant 1$、$x_2 \geqslant 2$ 形成 B_5 和 B_6，得

$$B_5 \quad x_1 = 3.5, \ x_2 = 1, \ z = 72.5$$
$$B_6 \quad 无解$$

考虑到分枝 B_5 已经不满足上下界要求，因此剪掉。最终的整数最优解为

$$x_1^* = 1, \ x_2^* = 3, \ z^* = 75$$

2.3.5 0-1 型整数规划模型及其隐枚举法

在现实生活中，常常会遇到要求模型解决"是、否"或者"有、无"等问题，这类问题可以借助解 0-1 型整数规划问题进行求解。

例题 2-9 目标函数 $\max z = x_1 + 2x_2 + 3x_3$

$$约束条件 \begin{cases} x_1 + 2x_2 + x_3 \leqslant 2 & ① \\ x_1 + 4x_2 + x_3 \leqslant 4 & ② \\ x_1 + x_2 \leqslant 3 & ③ \\ 4x_1 + x_3 \leqslant 6 & ④ \\ x_1, x_2, x_3 = 0 \ 或 \ 1 & ⑤ \end{cases}$$

如果用穷举法求解上述问题，那么需要检查变量取值为 0 或 1 的每一种组合，再通过比较目标函数值以求得最优解，这种方法需要检查变量取值的 2^n 个组合。对于变量个数 n 较大（例如 $n > 10$）时，这几乎是不可能的。为了解决这一问题，运筹学设计了一种方法，即通过检查变量取值组合的一部分来求得问题的最优解，这样的方法称为隐枚举法。

解题时先通过试探法找出一个可行解，容易看出（x_1, x_2, x_3）=（1，0，0）就是满足①~⑤条件的可行解，算出相应的目标函数值 $z = 1$。

对于极大化问题，我们当然希望 $z \geqslant 1$，于是增加一个约束条件

$$x_1 + 2x_2 + 3x_3 \geqslant 1 \qquad\qquad ⑥$$

后加的这一条件称为过滤条件。这样，原问题的线性约束条件就变成了 5 个。用全部枚举的方法，3 个变量共有 $2^3 = 8$ 个解，原来 4 个约束条件，共需 32 次运算。现在增加了过滤条件⑥，可以减少运算次数至 16 次。将 5 个约束条件按⑥、①、②、③、④的顺序排好，对每个解，依次代入约束条件左侧，求出数值，看是否适合不等式条件，如某一条件不适合，同行以下的约束条件就不必再检查，因而就可以减少运算次数。通过计算，例题 2-9 的最优解为 $z^* = 4, (x_1^*, x_2^*, x_3^*) = (1, 0, 1)$。

2.3.6 机会约束随机规划模型

机会约束规划（Chance Constrained Programming）是指约束条件中含有随机变量，且必须在观察到随机变量实现之前做出决策的情形。由于所做的决策在一定情形时是不满足约束

条件的，而通常解决这一问题的方法是允许决策在一定的水平上不满足约束条件，即使该约束条件成立的概率不小于某一置信水平。对于含有随机变量的规划模型

$$\max f(X,\xi), g_j(X,\xi) \leqslant 0, j=1,2,...,p \qquad (2\text{-}34)$$

其中：X 是一个 n 维决策向量；ξ 是一个随机向量；$f(X,\xi)$ 是目标函数；$g_j(X,\xi)$ 是随机约束函数，$j=1,2,...,p$。由于目标函数、约束条件中均含有随机变量，我们可以在求解之前给定置信度，即

$$目标函数 \quad z=\max \overline{f} \qquad (2\text{-}35)$$

$$约束条件 \quad \begin{cases} P\{f(X,\xi) \geqslant \overline{f}\} \geqslant 1-\beta \\ P\{g_j(X,\xi) \leqslant 0, \quad j=1,2,...,p\} \geqslant 1-\alpha \end{cases} \qquad (2\text{-}36)$$

其中 $1-\alpha$ 和 $1-\beta$ 分别是事先给定的置信度。

例题 2-10 据统计，某航空公司在北京—巴黎航线上半年内可用的最大舱位量数为 7 000 千克，运输的货物种类有快件、鲜活、普货三种。根据历史数据得出 3 种货物在这条航线上的长期客户需求（均值和方差）、短期客户需求（均值和方差）与单位利润水平如表 2-11 所示。此外上述公司长期客户需求与短期客户需求之间不互相独立，假定相关系数为 0.6，那么如何为不同种类的货物分配舱位才能保证收入最大化？

表 2-11 北京—巴黎航线上单位货物利润

	长期（$i=1$)		临 时（$i=2$)	
	利润/（元/公斤)	需求量/公斤	利润/（元/公斤)	需求量/公斤
快件（$j=1$)	12	（1 000，100)	10	（500，25)
鲜活（$j=2$)	8	（2 000，200)	6	（600，16)
普货（$j=3$)	4	（3 000，300)	6	（800，9)

上述问题的目标是利润最大，不妨设不同类型客户所运输的三种不同类型的货物的数量分别为 $X=(x_{11},x_{12},x_{13},x_{21},x_{22},x_{23})^{\mathrm{T}}$，其中 x_{ij} 为第 i 种客户的第 j 种类型货物所提供的舱位数目。此时目标函数可表示为

$$\max z=12x_{11}+8x_{12}+4x_{13}+10x_{21}+6x_{22}+6x_{23}$$

在这一航线上，航空公司所提供的舱位总量不超过可利用的最大舱位数量，即

$$x_{11}+x_{12}+x_{13}+x_{21}+x_{22}+x_{23} \leqslant 7\ 000$$

另外，为运输不同类型货物而提供给不同客户的舱位数不超过货物类型各自的需求量，即

$$x_{ij} \leqslant d_{ij} \qquad (2\text{-}37)$$

其中 d_{1j} 为长期客户的第 j 种类型货物的需求量。考虑到长期客户一般会签订销售合同，因此需求量变化不大，可以看成是一个确定值。公式表示为

$$x_{1j} \leqslant E(d_{1j}) \qquad (2\text{-}38)$$

而对于短期客户而言，有

$$x_{2j} \leqslant d'_{2j} \tag{2-39}$$

考虑到短期客户的需求量受到长期客户需求的影响，我们假定 d'_{2j} 为长期客户需求修正后的短期客户的随机需求，且有

$$d'_{2j} \sim N(\mu_{2j},(1-r^2)\sigma^2_{2j})$$

其中 μ_{2j}、σ^2_{2j} 分别为短期需求的均值与方差。我们设定满足 $x_{2j} \leqslant d'_{2j}$ 约束的置信度为 0.8，即有

$$P\{x_{2j} \leqslant d'_{2j}\} \geqslant 0.8$$
$$P\{d'_{2j} < x_{2j}\} \leqslant 1-0.8$$
$$P\left\{\frac{d'_{2j}-\mu_{2j}}{\delta_{2j}\sqrt{1-r^2}} < \frac{x_{2j}-\mu_{2j}}{\delta_{2j}\sqrt{1-r^2}}\right\} \leqslant 1-0.8$$
$$x_{2j} \leqslant \mu_{2j} + \sqrt{1-r^2}\delta_{2j}\Phi^{-1}(1-0.8)$$

其中 $\Phi^{-1}(\cdot)$ 为标准正态分布的累计概率函数。因此，该问题可描述为

目标函数　　$\max z = 12x_{11}+8x_{12}+4x_{13}+10x_{21}+6x_{22}+6x_{23}$

约束条件
$$\begin{cases}
x_{11}+x_{12}+x_{13}+x_{21}+x_{22}+x_{23} \leqslant 7\,000 \\
x_{11} \leqslant E(d_{11}) = 1\,000 \\
x_{12} \leqslant E(d_{12}) = 2\,000 \\
x_{13} \leqslant E(d_{13}) = 3\,000 \\
x_{21} \leqslant 500 + 5\sqrt{1-0.6^2}\Phi^{-1}(1-0.8) \\
x_{22} \leqslant 600 + 4\sqrt{1-0.6^2}\Phi^{-1}(1-0.8) \\
x_{23} \leqslant 800 + 3\sqrt{1-0.6^2}\Phi^{-1}(1-0.8) \\
x_{11},x_{12},\cdots,x_{23} \geqslant 0
\end{cases}$$

利用单纯形法进行求解，得出最优解如表 2-12 所示。

表 2-12　北京—巴黎航线上舱位最优分配结果

	长期客户（$i=1$）	短期客户（$i=2$）
快件（$j=1$）	1 000.0 千克	502.3 千克
鲜活（$j=2$）	2 000.0 千克	601.9 千克
普货（$j=3$）	2 094.4 千克	801.4 千克
最优利润	49 820.4 元	

2.4 计量经济学建模基础

航空运输市场中存在着大量的经济学规律（如航空旅客运输量与人均 GDP、机场吞吐量与区域经济等）。为了能够定量化地揭示航空运输活动中存在的种种规律性，并对其进行科学地预测与分析，我们需要掌握计量经济学理论与方法来选择目标问题的影响因素，完成确定各个因素与被解释变量之间的函数关系，采集与整理样本数据，估计模型参数并对模型进行检验等的工作。

2.4.1 确定目标问题的影响因素

合理的计量经济学模型是建立在深入剖析事物之间经济现象的基础上的，因此需要理解经济现象背后所隐藏的经济学规律。首先通过经济学理论选择可能对被解释变量产生影响的因素，然后利用采集到的样本数据画出影响因素与被解释变量之间的散点图。散点图可以清晰的反映事物之间的内在关系，因此可以较为直观地解决自变量的选取问题。值得注意的是，在为一元线性回归模型选择自变量时，可能不同的自变量与因变量之间都存在一定的经济关系，例如区域 GDP 值、人均 GDP 值、人均可支配收入实际上对旅客的运输量均有影响，此时应该如何选择自变量呢？我们仍然可以通过散点图直观地发现不同自变量对因变量的影响强度，以此为选择合适的变量提供科学的依据。

2.4.2 确定函数关系

通过数据之间的散点图，我们可以发现数据之间所呈现的规律性。对于一元线性回归模型而言，即有

$$Y = \beta_0 + \beta_1 X + \mu \qquad (2\text{-}40)$$

其中：Y 为被解释变量；X 为解释变量；β_0 与 β_1 为待估计参数；μ 为随机干扰项。

另外，必须要确定待估计参数可能的数值范围，一般都要理解解释变量（自变量）与被解释变量（应变量）之间的经济学内涵。例如，特定区域内的发电量与煤炭运输量之间一般呈现出正相关关系，即一元线性回归模型的解释变量的系数为正数。如果此时计算得出的参数估计值为负数，那么很有可能模型是不成立的。这需要决策者对所采用数据的质量进行检查，并进一步分析产生问题的原因。

对于一元线性回归模型而言，有时决策者根据解释变量与被解释变量数据间的散点关系，会采用对数数学模型。用数学公式可以表达为

$$\ln(Y) = \beta_0 + \beta_1 \ln(X) + \mu \qquad (2\text{-}41)$$

或者半对数数学模型，用数学公式可以表达为

$$Y = \beta_0 + \beta_1 \ln(X) + \mu \qquad (2\text{-}42)$$

与简单的一元线性回归模型相比较，上述模型的经济学内涵更加丰富。我们可以对上述模型进行变换，得

$$\frac{\mathrm{d}\ln(Y)}{\mathrm{d}\ln(X)} = \frac{\dfrac{\mathrm{d}Y}{Y}}{\dfrac{\mathrm{d}X}{X}} = \beta_1 = E_D \tag{2-43}$$

式（2-43）说明对数模型中的系数 β_1 为 X 对 Y 的弹性。对于半对数模型而言，有

$$\frac{\mathrm{d}Y}{\mathrm{d}\ln(X)} = \frac{\mathrm{d}Y}{\mathrm{d}X} \cdot \frac{\mathrm{d}X}{\mathrm{d}\ln(X)} = \frac{\mathrm{d}Y}{\mathrm{d}X} \cdot \frac{1}{\dfrac{\mathrm{d}\ln(X)}{\mathrm{d}X}} = \frac{\mathrm{d}Y}{\mathrm{d}X} \cdot X = \frac{\mathrm{d}Y}{\dfrac{\mathrm{d}X}{X}} = \beta_1 \tag{2-44}$$

式（2-44）说明半对数模型中系数 β_1 表示 X 的单位变化量所引起的 Y 绝对量的变化程度。

2.4.3　采集与整理数据

数据的采集工作是一件费时费力而又至关重要的事情，如果采集到的数据不能够反映出事物的变化规律，那么这样的数据就是无效数据。数据的类型主要包括了时间序列数据、横截面数据以及虚拟数据。时间序列数据是一类随着时间的变化而变化的数据；横截面数据是指在某一个特定的时间点上的数据值；而虚拟数据一般指的是二进制数据，即以 0、1 来表示。

用于计量经济学模型的数据必须是完整的、可比较的、一致且准确的。数据的完整性在于解释变量与被解释变量之间的数据必须是匹配的，不能出现只有解释变量数据而缺乏被解释变量数据，或者只有被解释变量数据而无相应的解释变量数据的情况。当然我们可以通过将不完整的数据对剔除来解决数据完整性问题，但这样很有可能会由于样本量减少而降低拟合的质量。数据的可比较性是指样本数据必须要在相同的量纲或者同样的时间基准上，否则拟合的结果会出现不一致的情形。就算是相同的样本数据集、相同的拟合方法也有可能由于数据基准上的差异性而得出完全不同结果，因此数据必须在同一基准上。计量经济学模型的实质是通过样本数据的拟合来反映事物之间的规律性，因此所采集的数据必须要保证与事物总体规律的一致性，即数据的一致性问题。数据的准确性有两层含义：① 所得到的数据必须准确反映它所描述的经济因素的状态，即样本数据本身是准确的；② 数据是模型研究中所准确需要的，即要准确地知道解释变量与被解释变量各自的内涵，避免出现所采集的样本数据无法准确反映变量内涵的缺陷。

2.4.4　估计参数的估计值

在确定了函数关系以及选定了观测样本数据以后，就可以估计一元线性回归模型的参数值了。最为常用的参数估计方法有两种，即普通最小二乘法（OLS）和最大似然估计法。普通最小二乘法要求样本回归线上的点 $\hat{Y}_i$ 与真实观测点 Y_i 的"总体误差"尽可能地小，即有

$$Q = \sum_{i=1}^{n}(Y_i - \hat{Y}_i)^2 = \sum_{i=1}^{n}\left[Y_i - \left(\hat{\beta}_0 + \hat{\beta}_1 X_i\right)\right]^2 \tag{2-45}$$

Q 对 $\hat{\beta}_0$，$\hat{\beta}_1$ 的一阶偏导数为 0 时，Q 达到最小。用数学公式可以表述为

$$\begin{cases} \dfrac{\partial Q}{\partial \hat{\beta}_0} = 0 \\[2mm] \dfrac{\partial Q}{\partial \hat{\beta}_1} = 0 \end{cases}$$

解得

$$\begin{cases} \hat{\beta}_0 = \dfrac{\sum X_i^2 \sum Y_i - \sum X_i \sum Y_i X_i}{n \sum X_i^2 - \left(\sum X_i\right)^2} \\[4mm] \hat{\beta}_1 = \dfrac{n \sum Y_i X_i - \sum Y_i \sum X_i}{n \sum X_i^2 - \left(\sum X_i\right)^2} \end{cases} \tag{2-46}$$

最大似然估计法是指在已经取得样本观测值的情况下，使似然函数取极大值的总体分布参数所代表的总体具有最大的概率取得这些样本观测值，该总体参数即为所要求的参数。通过似然函数极大化以求得总体参数估计量的方法被称为最大似然法。对于 n 组样本观测值 $(X_i, Y_i)\,(i=1,2,\cdots,n)$ ，假如模型的参数估计量已经求得，为 $\hat{\beta}_0$ 和 $\hat{\beta}_1$ ，那么 $Y_i \sim N(\hat{\beta}_0 + \hat{\beta}_1 X_i, \sigma^2)$ 。于是 Y_i 的概率函数为

$$P(Y_i) = \frac{1}{\sigma\sqrt{2\pi}} e^{\frac{1}{2\sigma^2}(Y_i - \hat{\beta}_0 - \hat{\beta}_1 X_i)^2} , \quad i=1,2,\cdots,n \tag{2-47}$$

因为 Y_i 是相互独立的，所以 Y 的所有样本观测值的联合概率，即似然函数为

$$L(\hat{\beta}_0, \hat{\beta}_1, \sigma^2) = P(Y_1, Y_2, \cdots, Y_n) = \frac{1}{(2\pi)^{\frac{n}{2}} \sigma^n} e^{\frac{1}{2\sigma^2}\sum(Y_i - \hat{\beta}_0 - \hat{\beta}_1 X_i)^2} \tag{2-48}$$

两边取自然对数得

$$L^*(\hat{\beta}_0, \hat{\beta}_1) = \ln L = -n\ln(\sqrt{2\pi}\sigma) - \frac{1}{2\sigma^2}\sum(Y_i - \hat{\beta}_0 - \hat{\beta}_1 X_i)^2 \tag{2-49}$$

对 $\hat{\beta}_0$ 、$\hat{\beta}_1$ 求偏导数，得

$$\begin{cases} \dfrac{\partial}{\partial \hat{\beta}_0} \sum (Y_i - \hat{\beta}_0 - \hat{\beta}_1 X_i)^2 = 0 \\[2mm] \dfrac{\partial}{\partial \hat{\beta}_1} \sum (Y_i - \hat{\beta}_0 - \hat{\beta}_1 X_i)^2 = 0 \end{cases}$$

解得

$$\begin{cases} \hat{\beta}_0 = \dfrac{\sum X_i^2 \sum Y_i - \sum X_i \sum Y_i X_i}{n \sum X_i^2 - \left(\sum X_i\right)^2} \\[4mm] \hat{\beta}_1 = \dfrac{n \sum Y_i X_i - \sum Y_i \sum X_i}{n \sum X_i^2 - \left(\sum X_i\right)^2} \end{cases} \tag{2-50}$$

2.4.5 检验模型

在得出模型参数估计量之后，计量经济学模型就已经基本确定了。接下来要对所构建模型进行检验：首先，利用经济学知识对模型所反映的经济学现象进行验证，判断模型参数是否能够正确反映实际问题的经济学内涵；其次，判断模型的拟合优度；然后对变量进行显著性检验，判断解释变量与被解释变量的线性关系是否成立；最后判断参数的置信区间。

经济意义检验是为了检验模型参数估计量在经济意义上的合理性。其主要方法是将模型参数的估计量与预先拟定的理论期望值进行比较，包括参数估计量的符号、大小、相互之间的关系，判断合理性。例如，利用一元线性回归模型得出的煤炭产量与电力消耗量模型的参数估计量应该是正数，因为在通常情况下，煤炭产量与电力消耗量应该呈现正相关关系。如果此时的参数估计量为负值，那么模型在经济行为上就无法通过检验，此时必须要找出原因并重新构建模型。

拟合优度检验，是检验模型对样本观测值的拟合程度。检验的方法是构造一个可以表征拟合程度的指标，在这里称为统计量，它是样本的函数。从检验对象中计算出该统计量的数值，然后与某一标准进行比较，得出检验结论。这样的统计量公式可以描述为

$$R^2 = \frac{ESS}{TSS} = 1 - \frac{RSS}{TSS} = 1 - \frac{\sum(Y_i - \hat{Y}_i)^2}{\sum(Y_i - \overline{Y})^2} \tag{2-51}$$

其中：$Y_i - \hat{Y}_i$ 是实际观测值与回归拟合值之差；$Y_i - \overline{Y}$ 是实际观测值与实际观测值的平均值之差。

变量的显著性检验，旨在对模型中被解释变量与解释变量之间的线性关系是否显著成立作出推断，或者说考察所选择的解释变量是否对被解释变量有显著的线性影响。拟合优度检验仅仅模糊地推测了解释变量与被解释变量之间的线性关系程度，并没有给出统计学上严格的结论，因此还必须进行变量的显著性检验。变量的显著性检验所采用的方法是数理统计学中的假设检验。

用以进行变量显著性检验的方法主要有三种：F 检验，t 检验，z 检验。它们的区别在于构造的统计量不同。应用最为普遍的是 t 检验。几乎所有的计量经济学软件包中，都有关于 t 统计量的计算结果，因此我们在此重点介绍 t 检验。

对于一元线性回归方程中的 $\hat{\beta}_1$，我们已经知道它服从正态分布，即

$$\hat{\beta}_1 \sim N\left(\beta_1, \frac{\sigma^2}{\sum x_i^2}\right)$$

进一步根据数理统计学中的定义，如果真实的 σ^2 未知，而用它的无偏估计量 $\hat{\sigma}^2 = \frac{\sum e_i^2}{n-2}$ 替代时，可构造的统计量为

$$t = \frac{\hat{\beta}_1 - \beta_1}{\sqrt{\frac{\hat{\sigma}^2}{\sum x_i^2}}} = \frac{\hat{\beta}_1 - \beta_1}{S_{\hat{\beta}_1}} \tag{2-52}$$

该统计量服从自由度为 $n-2$ 的 t 分布。因此，可用该统计量作为 β_1 显著性检验的 t 统计量。

如果变量 X 是显著的，那么参数 β_1 应该显著地不为 0。于是，在变量显著性检验中设计的原假设与备择假设分别为

$$H_0 : \beta_1 = 0, \qquad H_1 : \beta_1 \neq 0 \; 。$$

给定一个显著性水平 α，比如 0.05，查 t 分布表（见附录 2），得到一个临界值 $t_{\frac{\alpha}{2}}(n-2)$，则 $|t| > t_{\frac{\alpha}{2}}(n-2)$ 为原假设 H_0 下的一个小概率事件。

在参数估计完成后，可以很容易计算 t 的数值。如果发生了 $|t| > t_{\frac{\alpha}{2}}(n-2)$，则在 $1-\alpha$ 的置信度下拒绝原假设 H_0，即变量 X 是显著的，通过变量显著性检验；如果未发生 $|t| > t_{\frac{\alpha}{2}}(n-2)$，则在 $1-\alpha$ 置信度下接受原假设 H_0，即变量 X 是不显著的，未通过变量显著性检验。

对于一元线性回归方程中的 β_0，可构造如式（2-53）的 t 统计量进行显著性检验。

$$t = \frac{\hat{\beta}_0 - \beta_0}{\sqrt{\dfrac{\hat{\sigma}^2 \sum X_i^2}{n \sum x_i^2}}} = \frac{\hat{\beta}_0 - \beta_0}{S_{\hat{\beta}_0}} \tag{2-53}$$

同样地，该统计量服从自由度为 $n-2$ 的 t 分布，检验的原假设一般仍为 $\beta_0 = 0$。

假设检验可以通过一次抽样的结果检验总体参数可能值的范围，但它并没有指出在一次抽样中样本参数值到底距离总体参数的真值有多"近"。要判断样本参数的估计值在多大程度上可以"近似"地替代总体参数的真值，往往需要通过构造一个以样本参数的估计值为中心的"区间"，来考察它以多大的可能性（概率）包含着真实的参数值。这种方法就是参数检验的置信区间估计。

要判断估计的参数值 $\hat{\beta}_i$ 离真实的参数值 β_i 有多"近"（ $i=0,1$ ），可预先选择一个概率 $\alpha(0 < \alpha < 1)$，并求一个正数 δ，使得随机区间 $(\hat{\beta}_i - \delta, \hat{\beta}_i + \delta)$ 包含参数 β_i 的真值的概率为 $1-\alpha$，即

$$P(\hat{\beta}_i - \delta \leqslant \hat{\beta}_i \leqslant \hat{\beta}_i + \delta) = 1 - \alpha \tag{2-54}$$

如果存在这样一个区间，称之为置信区间；$1-\alpha$ 称为置信系数（置信度），α 称为显著性水平；置信区间的端点称为置信限或临界值。

在变量的显著性检验中已经知道

$$t = \frac{\hat{\beta}_i - \beta_i}{S_{\hat{\beta}_i}} \sim t(n-2), \quad i = 0,1$$

这就是说，如果给定置信度 $1-\alpha$，从 t 分布表中查得自由度为 $n-2$ 的临界值 $t_{\frac{\alpha}{2}}$，那么 t 值处在 $(-t_{\frac{\alpha}{2}}, t_{\frac{\alpha}{2}})$ 的概率是 $1-\alpha$，公式表示为

$$P\left(-t_{\frac{\alpha}{2}} < t < t_{\frac{\alpha}{2}}\right) = 1-\alpha \tag{2-55}$$

即

$$P\left(-t_{\frac{\alpha}{2}} < \frac{\hat{\beta}_i - \beta_i}{S_{\hat{\beta}_i}} < t_{\frac{\alpha}{2}}\right) = 1-\alpha \tag{2-56}$$

$$P\left(\hat{\beta}_i - t_{\frac{\alpha}{2}} \times S_{\hat{\beta}_i} < \beta_i < \hat{\beta}_i + t_{\frac{\alpha}{2}} \times S_{\hat{\beta}_i}\right) = 1-\alpha \tag{2-57}$$

于是得到 $1-\alpha$ 置信度下 β_i 的置信区间为

$$\left(\hat{\beta}_i - t_{\frac{\alpha}{2}} \times S_{\hat{\beta}_i}, \hat{\beta}_i + t_{\frac{\alpha}{2}} \times S_{\hat{\beta}_i}\right)$$

上述步骤给出了计量经济学构建模型的一般步骤,通过上述步骤所构建的模型就可以应用于具体目标问题的分析过程。需要注意的是,上述所介绍的计量经济学模型主要针对的是一元线性模型,对于多元线性模型的构建与验证,步骤要比一元线性问题复杂,比如需要考虑解释变量间的多重共线性、序列相关性等问题。有兴趣的读者可参考相关的计量经济学书籍。

2.4.6　案例分析

考察中国民航企业运输收入与人均国民生产总值(GDP)之间的关系。表 2-13 给出了1960—2008 年民航企业运输收入与人均 GDP 的两组数据。请根据上述步骤确立计量经济学模型,并对模型进行验证。

表 2-13　1960—2008 年民航企业运输收入与人均 GDP 值

年份	人均 GDP /(元/人)	运输收入/亿元	年份	人均 GDP /(元/人)	运输收入/亿元
1960	218	0.458 5	2000	7 858	528.128 5
1965	240	0.514 6	2001	8 622	566.668 3
1970	276	0.426 4	2002	9 398	836.805 8
1975	329	1.608 7	2003	10 542	815.102 8
1978	381	2.979 7	2004	12 336	1 168.109 2
1980	463	3.702 6	2005	14 185	1 333.756 8
1985	858	18.516 0	2006	16 500	1 633.432 5
1990	1 644	77.641 8	2007	20 169	1 910.680 6
1995	5 046	385.600 6	2008	23 708	2 000.053 7

资料来源:根据《2011 年从统计看民航》和国家统计局网站。

根据计量经济学建模的一般步骤,利用 MATLAB 软件的数据拟合工具箱,得出在 95%的置信度下,参数估计量的置信区间分别为(0.086 15,0.098 68)、(−120.1,10.57),得出

的一元线性回归模型可写为

$$Y = 0.092\ 41X - 54.76$$

其中可决系数 $R^2 = 0.984$。事实上，2009 年人均 GDP 值为 25 608 元/人。根据上述公式，预测得出的 2009 年民航运输企业运输收入为 2 312.0 亿元，而实际上的民航运输企业运输收入为 2 042.1 亿元。

2.5　MATLAB 软件使用基础

在实施航空运输收益管理的过程中，旅客的需求通常会被视为随机变量。在实施预测过程中，收益管理人员往往又会涉及到大量的数据处理。在进行超售和座位存量控制过程中，收益管理人员又会涉及到优化理论的应用。更为重要的是，由于航空公司航班量大、不同物理舱中逻辑子舱数目众多，因此所涉及到的运算规模是巨大的，如何提高计算效率、快速准确地应对市场变化是摆在收益管理人员面前的一个难题。鉴于此，高效的、功能集成化的计算机软件就成为了解决问题的关键。MATLAB 是集概率论、优化技术以及数据拟合方法等在内的集成化软件。下面我们介绍一下 MATLAB 软件的运行平台以及与收益管理有关的主要运算内容。

2.5.1　MATLAB 环境

MATLAB 软件界面主要由命令窗口、工作空间窗口以及历史命令记录窗口组成，如图 2-9 所示。

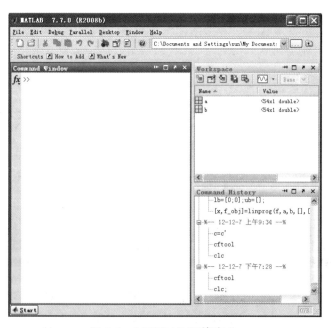

图 2-9　MATLAB 环境窗口

在命令窗口中，通过键入相应的命令代码来要求 MATLAB 软件进行科学计算、图形绘制等工作。工作空间窗口主要是对计算过程中所涉及到的变量进行存储，并显示变量的数据属性。历史命令窗口是对用户所键入的命令代码进行记忆，以此为用户重复运算或者运算出现差错时提供方便。

2.5.2 常用的随机函数

在 MATLAB 中，二项式分布的密度函数为 $binopdf(x, n, p)$。$bincdf(x, n, p)$ 为二项式分布的累计概率值。参数 n, p 分别为独立事件的次数和事件在试验中发生的概率。

泊松分布的密度函数为 $poisspdf(k, Lamda)$。$poisscdf(k, Lamda)$ 为二项式分布的累计概率值。参数 k 为随机变量，$Lamda$ 为泊松分布的参数值。

正态分布的密度函数为 $normpdf(x, mu, sigma)$。$bincdf(x, mu, sigma)$ 为正态分布的累计概率值。参数 $mu, sigma$ 分别为均值与标准差。

样本均值在 MATLAB 中的求解用 $Y = mean(X)$。样本方差的求解用 $D = var(X)$，X 为向量。

相关系数的求解用 $corrcoef(X, Y)$，X, Y 分别为列向量。对于矩阵 A 本身的相关系数则用函数 $corrcoef(A)$。

2.5.3 线性规划问题的计算

在 MATLAB 平台上，线性规划问题可以利用 $linprog$ 函数进行求解。对于例题 2-7，可以在 MATLAB 命令窗口键入如下代码进行求解：

f = [-2,-2,-3];　　　　　　　　　%目标函数系数行向量,转化为求解最小值问题
a = [1,0,1;0,1,1;1,0,0;0,1,0;0,0,1];　%不等式约束的系数矩阵
b = [20;20;8;16;24];　　　　　　　%不等式约束的右端系数列向量
lb = [0;0;0];ub = [];　　　　　　　%决策变量的上下界
$[X,f\_obj]$ = $linprog(f,a,b,[],[],lb,ub)$ %利用线性规划函数求解决策变量列向量 X、目标函数值 f_obj

具体结果如图 2-10 所示。

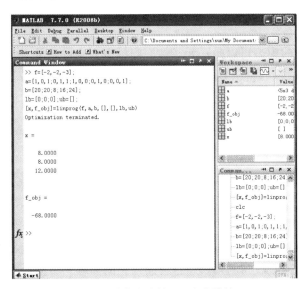

图 2-10　线性规划问题的计算结果

2.5.4 数据拟合

在 MATLAB 中可以利用 *cftool* 函数打开数据拟合的 GUI 界面。通过设置样本数据、选定计量模型，可以对数据进行拟合，如图 2-11 所示。

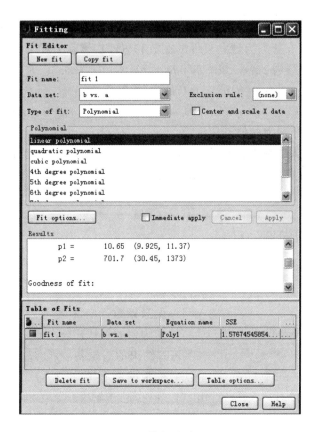

图 2-11　数据拟合界面

拟合过程中所采用的模型可以是一元线性回归模型，也可以是一元多次函数的形式，还可以是自定义的函数形式，这使得利用 MATLAB 进行数据拟合具有很大的灵活性。模型拟合完成后，可以得出参数估计量的估计值、拟合优度、参数的区间估计值等。

2.6　本章小结

民航运输收益管理是一门交叉性边缘型的新兴学科，其包含了概率论与数理统计、经济学、运筹学、计算机科学与技术等多方面的知识。读者在学习收益管理之前必须要掌握上述基本的知识与技能。当然，随着收益管理的迅速发展，博弈论、消费者行为学等知识同样被收益管理的理论研究迅速吸收与利用。通过上述知识的回顾，希望为阅读本书籍的读者奠定一定的理论基础。

练习题

1. 某航空公司在海口到北京的航班上，假设旅客的需求 ξ 为随机变量且服从正态分布 N（10，8^2），求 ξ 落在区间 (0, 2)、(3, 8)、(1, 5) 内的概率。

2. 设某航空公司在海口到北京的 AB3161 航班上有 Y、M、Q、V 四个子舱，且旅客成行率均服从正态分布且相互独立，四个子舱的旅客成行率均值、标准差，可用座位数如表 2-14 所示。若 AB3161 航班的总可用座位数为 150 个，求此航班旅客成行率的期望与方差。

表 2-14　各个子舱的正态分布参数

子 舱 参 数	Y	M	Q	V
成行率均值（μ）	0.700	0.650	0.900	0.800
成行率标准差（σ）	0.500	0.400	0.300	0.200
可用座位数（c）/个	37	43	24	46

3. 设某航空公司的一个子网络由两个航节构成，即北京—济南、济南—海口，有 3 个 O-D 流（旅客航段），北京—济南、济南—海口、北京—海口。每个 O-D 流上有 1 个 ODF（Origin-Destination Fare）。需求与票价水平如表 2-15 所示。若两个航节上的可用座位总数均为 40 个，且假设需求是连续的，则为了收入最大化应该如何分配座位。（假设分配给各个子舱的座位数不小于相应的需求量。）

表 2-15　网络 O-D 的需求与价格

	济南（B）		海口（C）	
	票价水平/元	需求/人次	票价水平/元	需求/人次
北京（A）	10	8	15	24
济南（B）	—	—	8	16

4. 在第 3 题的基础上给出座位的影子价格，并判断当有一个北京—海口的旅客票价为 12 元时是否应该接受？若有北京至济南的旅客票价为 9 元时，是否应该接受呢？

5. 设某厂拟用集装箱托运甲、乙两种货物，每箱的体积、质量、可获得利润以及托运所受限制如表 2-16 所示。问：两种货物各托运多少箱，可使获得利润最大？

表 2-16　货物体积、质量、可获得利润以及托运限制

货物	体积 /（m³/箱）	质量 /（百千克/箱）	利润 /（百元/箱）
甲	8	2	20
乙	6	4	35
托运限制	20 m³	20 百千克	

6. 据统计，某航空公司在北京—巴黎的航线上半年内可用的最大舱位量为 200 000 千克，运输的货物种类有快件、鲜活、普货三种。根据历史数据得出 3 种货物在这条航线上的

长期客户需求（均值和方差）、短期客户需求（均值和方差）与单位利润水平，如表 2-17 所示。此外上述公司长期客户需求与短期客户需求不是互相独立的，假定相关系数为 0.6，那么如何为不同种类的货物分配舱位才能保证收入最大化？（假设置信度为 0.9。）

表 2-17 北京—巴黎航线上单位货物利润

	长期（$i=1$）		临时（$i=2$）	
	利润 /（元/千克）	需求量/千克	利润 /（元/千克）	需求量/千克
快件（$j=1$）	10	（800, 100）	12	（400, 25）
鲜活（$j=2$）	6	（1 200, 200）	3	（600, 16）
普货（$j=3$）	2	（2 800, 300）	2	（800, 9）

7. 为了考察航线空中飞行时间与飞行距离的关系，表 2-18 给出了 2010 年某航空公司 7、8 月 18 条航线上飞行航距与 B737-700 机型执飞的空中飞行时间的两组数据。请根据 2.4 节的建模步骤确立该问题的计量经济学模型，并利用 MATLAB 软件对模型进行参数检验。

表 2-18 2010 年某航空公司 7-8 月 20 条航线航距与 B737-700 机型执飞的飞行时间

航线	航距/km	空中飞行时间/h	航线	航距/km	空中飞行时间/h
1	579	0.93	10	1 462	2.10
2	1 774	2.33	11	1 305	1.68
3	1 167	1.42	12	1 537	1.95
4	1 290	1.68	13	2 552	2.92
5	1 516	2.03	14	1 887	2.50
6	1 323	2.18	15	2 039	2.70
7	1 640	2.17	16	1 356	1.90
8	1 910	2.67	17	1 563	2.15
9	2 007	2.53	18	1 398	1.87

8. 利用隐枚举法求解下列 0-1 整数规划问题：

目标函数　$\max z = x_1 - x_2 + 2x_3$

约束条件
$$\begin{cases} x_1 + 2x_2 + x_3 \leqslant 3 \\ x_1 + 4x_2 + x_3 \leqslant 2 \\ x_1 + x_2 \leqslant 4 \\ 3x_1 + x_3 \leqslant 5 \\ x_1, x_2, x_3 = 0 \text{ 或 } 1 \end{cases}$$

附表 1 标准正态分布函数数值表

标准正态分布概率密度函数：$f(z) = \dfrac{1}{\sqrt{2\pi}} e^{-\frac{z^2}{2}}$

标准正态分布概率值：$\Phi(z) = \int_0^z f(z)\mathrm{d}z$

z	.00	.01	.02	.03	.04	.05	.06	.07	.08	.09
0.0	0.0000	0.0040	0.0080	0.0120	0.0160	0.0199	0.0239	0.0279	0.0319	0.0359
0.1	0.0398	0.0438	0.0478	0.0517	0.0557	0.0596	0.0636	0.0675	0.0714	0.0753
0.2	0.0793	0.0832	0.0871	0.0910	0.0948	0.0987	0.1026	0.1064	0.1103	0.1141
0.3	0.1179	0.1217	0.1255	0.1293	0.1331	0.1368	0.1406	0.1443	0.1480	0.1517
0.4	0.1554	0.1591	0.1628	0.1664	0.1700	0.1736	0.1772	0.1808	0.1844	0.1879
0.5	0.1915	0.1950	0.1985	0.2019	0.2054	0.2088	0.2123	0.2157	0.2190	0.2224
0.6	0.2257	0.2291	0.2324	0.2357	0.2389	0.2422	0.2454	0.2486	0.2517	0.2549
0.7	0.2580	0.2611	0.2642	0.2673	0.2703	0.2734	0.2764	0.2794	0.2823	0.2852
0.8	0.2881	0.2910	0.2939	0.2967	0.2995	0.3023	0.3051	0.3078	0.3106	0.3133
0.9	0.3159	0.3186	0.3212	0.3238	0.3264	0.3289	0.3315	0.3340	0.3365	0.3389
1.0	0.3413	0.3438	0.3461	0.3485	0.3508	0.3531	0.3554	0.3577	0.3599	0.3621
1.1	0.3643	0.3665	0.3686	0.3708	0.3729	0.3749	0.3770	0.3790	0.3810	0.3830
1.2	0.3849	0.3869	0.3888	0.3907	0.3925	0.3944	0.3962	0.3980	0.3997	0.4015
1.3	0.4032	0.4049	0.4066	0.4082	0.4099	0.4115	0.4131	0.4147	0.4162	0.4177
1.4	0.4192	0.4207	0.4222	0.4236	0.4251	0.4265	0.4278	0.4292	0.4306	0.4319
1.5	0.4332	0.4345	0.4357	0.4370	0.4382	0.4394	0.4406	0.4418	0.4430	0.4441
1.6	0.4452	0.4463	0.4474	0.4484	0.4495	0.4505	0.4515	0.4525	0.4535	0.4545
1.7	0.4554	0.4564	0.4573	0.4582	0.4591	0.4599	0.4608	0.4616	0.4625	0.4633
1.8	0.4641	0.4648	0.4656	0.4664	0.4671	0.4678	0.4686	0.4693	0.4700	0.4706
1.9	0.4713	0.4719	0.4726	0.4732	0.4738	0.4744	0.4750	0.4756	0.4762	0.4767
2.0	0.4772	0.4778	0.4783	0.4788	0.4793	0.4798	0.4803	0.4808	0.4812	0.4817
2.1	0.4821	0.4826	0.4830	0.4834	0.4838	0.4842	0.4846	0.4850	0.4854	0.4857
2.2	0.4861	0.4864	0.4868	0.4871	0.4874	0.4878	0.4881	0.4884	0.4887	0.4890
2.3	0.4893	0.4896	0.4898	0.4901	0.4904	0.4906	0.4909	0.4911	0.4913	0.4916
2.4	0.4918	0.4920	0.4922	0.4925	0.4927	0.4929	0.4931	0.4932	0.4934	0.4936
2.5	0.4938	0.4940	0.4941	0.4943	0.4945	0.4946	0.4948	0.4949	0.4951	0.4952
2.6	0.4953	0.4955	0.4956	0.4957	0.4959	0.4960	0.4961	0.4962	0.4963	0.4964
2.7	0.4965	0.4966	0.4967	0.4968	0.4969	0.4970	0.4971	0.4972	0.4973	0.4974
2.8	0.4974	0.4975	0.4976	0.4977	0.4977	0.4978	0.4979	0.4979	0.4980	0.4981
2.9	0.4981	0.4982	0.4982	0.4983	0.4984	0.4984	0.4985	0.4985	0.4986	0.4986
3.0	0.4987	0.4990	0.4993	0.4995	0.4997	0.4998	0.4998	0.4999	0.4999	0.5000

附表 2 t 分布表

n	0.25	0.2	0.15	0.1	0.05	0.025	0.01	0.005	0.0025	0.001	0.0005
1	1.000	1.376	1.963	3.078	6.314	12.71	31.82	63.66	127.3	318.3	636.6
2	0.816	1.061	1.386	1.886	2.920	4.303	6.965	9.925	14.09	22.33	31.60
3	0.765	0.978	1.250	1.638	2.353	3.182	4.541	5.841	7.453	10.21	12.92
4	0.741	0.941	1.190	1.533	2.132	2.776	3.747	4.604	5.598	7.173	8.610
5	0.727	0.920	1.156	1.476	2.015	2.571	3.365	4.032	4.773	5.893	6.869
6	0.718	0.906	1.134	1.440	1.943	2.447	3.143	3.707	4.317	5.208	5.959
7	0.711	0.896	1.119	1.415	1.895	2.365	2.998	3.499	4.029	4.785	5.408
8	0.706	0.889	1.108	1.397	1.860	2.306	2.896	3.355	3.833	4.501	5.041
9	0.703	0.883	1.100	1.383	1.833	2.262	2.821	3.250	3.690	4.297	4.781
10	0.700	0.879	1.093	1.372	1.812	2.228	2.764	3.169	3.581	4.144	4.587
11	0.697	0.876	1.088	1.363	1.796	2.201	2.718	3.106	3.497	4.025	4.437
12	0.695	0.873	1.083	1.356	1.782	2.179	2.681	3.055	3.428	3.930	4.318
13	0.694	0.870	1.079	1.350	1.771	2.160	2.650	3.012	3.372	3.852	4.221
14	0.692	0.868	1.076	1.345	1.761	2.145	2.624	2.977	3.326	3.787	4.140
15	0.691	0.866	1.074	1.341	1.753	2.131	2.602	2.947	3.286	3.733	4.073
16	0.690	0.865	1.071	1.337	1.746	2.120	2.583	2.921	3.252	3.686	4.015
17	0.689	0.863	1.069	1.333	1.740	2.110	2.567	2.898	3.222	3.646	3.965
18	0.688	0.862	1.067	1.330	1.734	2.101	2.552	2.878	3.197	3.610	3.922
19	0.688	0.861	1.066	1.328	1.729	2.093	2.539	2.861	3.174	3.579	3.883
20	0.687	0.860	1.064	1.325	1.725	2.086	2.528	2.845	3.153	3.552	3.850
21	0.686	0.859	1.063	1.323	1.721	2.080	2.518	2.831	3.135	3.527	3.819
22	0.686	0.858	1.061	1.321	1.717	2.074	2.508	2.819	3.119	3.505	3.792
23	0.685	0.858	1.060	1.319	1.714	2.069	2.500	2.807	3.104	3.485	3.767
24	0.685	0.857	1.059	1.318	1.711	2.064	2.492	2.797	3.091	3.467	3.745
25	0.684	0.856	1.058	1.316	1.708	2.060	2.485	2.787	3.078	3.450	3.725
26	0.684	0.856	1.058	1.315	1.706	2.056	2.479	2.779	3.067	3.435	3.707
27	0.684	0.855	1.057	1.314	1.703	2.052	2.473	2.771	3.057	3.421	3.690
28	0.683	0.855	1.056	1.313	1.701	2.048	2.467	2.763	3.047	3.408	3.674
29	0.683	0.854	1.055	1.311	1.699	2.045	2.462	2.756	3.038	3.396	3.659
30	0.683	0.854	1.055	1.310	1.697	2.042	2.457	2.750	3.030	3.385	3.646
40	0.681	0.851	1.050	1.303	1.684	2.021	2.423	2.704	2.971	3.307	3.551
50	0.679	0.849	1.047	1.299	1.676	2.009	2.403	2.678	2.937	3.261	3.496
60	0.679	0.848	1.045	1.296	1.671	2.000	2.390	2.660	2.915	3.232	3.460
80	0.678	0.846	1.043	1.292	1.664	1.990	2.374	2.639	2.887	3.195	3.416
100	0.677	0.845	1.042	1.290	1.660	1.984	2.364	2.626	2.871	3.174	3.390
120	0.677	0.845	1.041	1.289	1.658	1.980	2.358	2.617	2.860	3.160	3.373
∞	0.674	0.842	1.036	1.282	1.645	1.960	2.326	2.576	2.807	3.090	3.291

3 预 测

预测是收益管理的基础性工作，为航空公司合理超售提供了旅客 No-Show 率、取消订座率信息，为座位存量控制提供了子舱的需求信息、票价水平信息等，某种程度上而言，预测的好坏直接决定了收益管理实施的效果。收益管理中的预测是对数据进行采集、整理、修复、预测模型评价与选择的过程。因此，为了能够正确把握收益管理中的预测工作，我们必须要熟练掌握收益管理中预测的程序与方法。

3.1 预测框架与流程

由于机票的预售性特点，旅客的订座数会随着离港时间的临近而逐渐到来，仅仅利用未来离港航班的历史数据进行预测，显然无法准确把握未来离港航班当前订座信息对未来订座数的影响，因此，收益管理中预测工作的框架结构应该是一种由历史航班订座数据与目标航班当前订座数据相结合的预测模式，如图 3-1 所示。

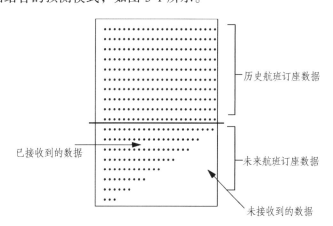

图 3-1 收益管理系统数据采集过程

上述预测模式很好地将未来离港航班当前旅客的订座信息与历史航班旅客的订座信息结合在一起，倘若未来离港航班出现预期外的订座变化情况，收益管理人员便可以及时地做出具有针对性的响应，从而提高预测的精度。

收益管理中的预测以历史数据为基础，因此首先应该采集历史航班的订座数、旅客成行人数等数据，以此为航班的最终旅客需求进行准确地预测。由于收益管理受到航班座位数、物理舱容量的限制、收益管理人员收放舱决策以及子舱逻辑结构等因素的制约，订座数据往往并不能够真实地反映出旅客需求量，仅仅利用订座数据进行预测工作往往会导致需求预测精度的降低，因此管理人员必须要对所采集到的订座数据进行需求的修复工作，以便能够准确地反映出旅客的最终需求量。旅客需求的变化规律受到市场特点、不同类型旅客消费行为特征等因素的影响。因此，为了能够准确把握不同类别市场需求的波动特征，收益管理人员必须要对历史航班的旅客需求进行分析，选择合适的预测模型，采集未来离港航班（目标航班）当前已经接受到的订座数据并进行需求的修复工作，进而预测未来离港航班在 DCP 23 上可实现的需求量。具体的预测流程可以描述为图 3-2。

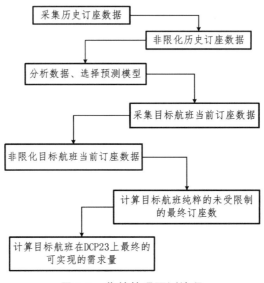

图 3-2　收益管理预测流程

需要说明的是，纯粹未受限需求（Pure Unconstrained Demand，以下简称"未受限需求量"）是指没有受到航班可用座位数、物理舱可用座位数、子舱可用座位数等因素的制约，所估算的旅客真实的需求量。而可实现需求量（Achievable Demand）是指未来到来的纯粹未受限需求（Pure Unconstrained Demand-to-Come）加上未来离港航班当前订座数，作为此未来离港航班的最终预测需求量。其中未来到来的纯粹未受限需求是指采集到的历史目标航班未受限的当前订座数（Current Bookings）与历史目标航班纯粹未受限的最终需求量之间的差额。

例题 3-1　某个未来离港航班 Y 舱显示其在 DCP 18 上纯粹未受限需求量为 40 个，而在 DCP 23 上为 90 个。那么未来到来的纯粹未受限需求为 90-40 = 50 个。而对于此未来离港航班而言，Y 子舱在当前 DCP 点的实际订座数为 30 个，那么我们认为：此未来离港航班在 DCP 23 上可实现需求量为 50+30 = 80 个。

3.2　数据采集与整理

通过上述分析可以发现，数据是收益管理预测的生命源泉，采集数据是预测的前提，因此，我们必须要弄清楚预测所需的数据从何处进行采集（即数据源问题）、如何采集数据、又是如何进行正确划分的。

3.2.1 数据源

旅客需求预测、取消订座数预测与成行人数预测是收益管理预测的重要内容。然而准确的预测工作有赖于旅客的订座数据，而旅客的历史订座数据主要来源于计算机订座系统（CRS）、航空公司的座位控制系统（ICS）以及全球分销系统（GDS）。这三个系统主要存储了旅客订座记录（PNR）数据、BIDT（Bill Information Data Type）数据以及 MIDT（Market Information Data Type）数据。这三种数据类型详细地记录了各个旅客的订座情况，包括旅客的姓名、订座舱位、航班号、O&D 航段、价格、订座日期、时间、销售地点、联系方式等详细信息，还包括了旅客订座、支付、出票的整个过程，这些数据是收益管理系统最主要的数据来源。

另外，还有航空公司常旅客系统、呼叫中心系统、网上交易系统等，存储了常旅客档案、呼叫记录、网上交易记录，这些数据同样对于收益管理系统具有重要的作用。

通过旅客的订座记录，我们可以汇总得到每个航班每个物理舱位每个子舱的销售情况、取消订座情况、团体销售情况等。这些数据同样也是收益管理系统的主要数据来源。

旅客的离港数据主要来源于计算机离港控制系统（DCS）。离港系统首先通过向计算机订座系统申请旅客名单报（RQL）、订座系统在收到 RQL 后向离港系统传送旅客名单报（PNL）和旅客名单增减报（ADL）。在航班关闭后，离港系统向订座系统传送最后销售报 PFS（含有 GO-Show、No-Show 旅客），提供详细的最后登机人数、头等舱旅客名单、候补旅客人数、订座未值机人数等。

收入结算数据主要来源于计算机收入结算系统。计算机收入结算系统主要为收益管理系统提供每个航班、每个物理舱位、每个子舱的平均票价数据、结算分摊数据等，这些数据是收益管理系统进行座位存量控制的重要数据。

辅助数据主要来源于航班计划系统以及其他外在的信息渠道，辅助数据包括了航班时刻表、舱位信息、机型座位信息、航段长度、货币、汇率等。OAG 数据是各大航空公司发布航班时刻表的主要渠道，从而初步决定自己能在哪些市场上发展。

未来离港航班订座数据是指未来离港航班起飞前 N 天的订座数据（如图 3-3 所示）。

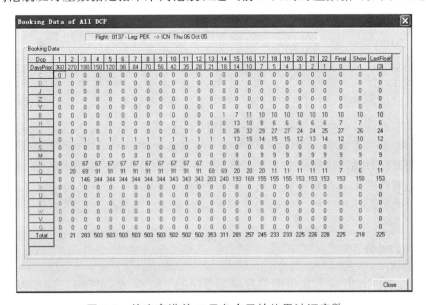

图 3-3　航班离港前 N 天各个子舱的累计订座数

航空公司的收益管理系统会在航班离港前的+1、+2、+3…、+N、…、+360 天采集计算机订座系统中的订座数据，及时了解该航班的订座情况。这样的数据采集点我们称之为 DCP（Data Collection Point）点，每一次固定的数据采集点一般在当天的 0:00 点进行，而 DCP 23 的数据采集时间是在航班离港前 2 个小时。DCP 24 的数据采集时间是在航班离港后进行的，所采集的数据是航班实际成行的旅客人数。通过与 DCP 23 上最终旅客订座人数的对比，可以确定航班的 No-Show 旅客人数。

3.2.2　数据采集过程

为了能够准确把握旅客市场的变化，航空公司会在不同的销售时间点进行固定的订座数据采集工作，常见的数据采集点（DCP）如图 3-3 所示。可以发现，在距离航班离港时间较远处，数据采集点之间的时间间隔很大，如 DCP 1 至 DCP 2 之间时间间隔为 90 天，而随着航班离港时间的临近，数据采集点的时间间隔越来越小，在离港前的最后 5 天，每天进行一次固定的数据采集工作。我们将这样的订座过程定义为订座生命周期（Bookings Cycle），即在航班座位可以销售开始至订座结束为止的一段连续的时间段。通常情况下，在订座生命周期内，累计的旅客订座数包括了净订座数上升、到达顶点以及净订座数下降三个不同的阶段，如图 3-4 所示。

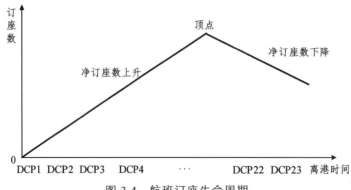

图 3-4　航班订座生命周期

在净订座数上升阶段，由于旅客订座速度超过旅客订座取消的速度，因此在这一阶段净订座数不断上升；随着离港时间的临近，订座取消的速度会不断增加，而旅客订座的速度趋缓，直至取消订座的速度等于订座的速度，即到达净订座数最高点；随后旅客取消订座的速度会超过订座的速度，这一阶段净订座数会不断下降。

需要说明的是，上述 23 个数据采集点在时间点上是相对固定的，即到达规定的时间点，收益管理系统便会自动进行数据的采集工作。若在实施收益管理时发现两个临近的 DCP 点之间需求的波动规律发生了预期外的变化，收益管理人员可以在它们之间增加浮动的 DCP 点，以便进行实时的数据采集工作，以此为及时准确的预测工作提供必要的数据支持。

3.2.3　数据分割

毫无疑问，不同的预测对象需要的数据是不同的。例如，预测 2012 年 12 月 26 日、星期三、北京—济南—海口航线上 AB7181 航班、北京—海口旅客航段 Y 子舱的旅客最终需求量。

通常情况下而言，收益管理人员不会利用北京—上海航班上的旅客订座数据，也不会利用 AB7181 航班上北京—济南旅客航段上的订座数据，同样也不会利用 AB7181 航班上北京—海口旅客航段中非 Y 子舱的旅客订座数据。这是由于不同航班上、不同航段上、相同航段上不同子舱的旅客需求的波动具有差异性。因此，为了准确把握不同 O&D 市场上旅客需求波动的特点，我们必须要对旅客的订座数据进行分割。进行数据分割之前，我们首先来介绍一下收益管理的管理层次，如图 3-5 所示。

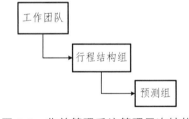

图 3-5　收益管理系统管理层次结构

（1）工作团队（Work Team）。是管理层次的最高级别。航空公司通过设置工作组来区分不同用户的责任，一个工作团队可能包含一个或者多个行程结构组。一般而言，工作团队总是以地理区域命名，如负责东南亚市场的命名为东南亚工作团队。

（2）行程路线组（Itinerary Group）。在相同的工作团队下，航空公司对于同一个 O&D 市场，将行程结构一致的命名为一个行程结构组。例如，对于北京—洛杉矶市场而言，行走路线为北京—大阪—洛杉矶的旅客与行走路线为北京—洛杉矶的旅客就是两个不同的行程结构。当然，上述两种不同的行程结构一般不会被归入到同一个行程结构组中。

（3）预测组（Forecast Group）。在同一周天和同一天的相同时间区间内，将行程结构一致的航班归入到同一个预测组。显然，一个预测组可以包含一个或者多个航班。

通过划分收益管理的管理层次结构可以将旅客订座规律一致的航班归入同一个集合体中，并且由相同的人员或一组人员进行管理，这对于收益管理人员把握特定 O&D 市场旅客的行为特点是有重要意义的。航空公司常见的层次划分如图 3-6 所示。

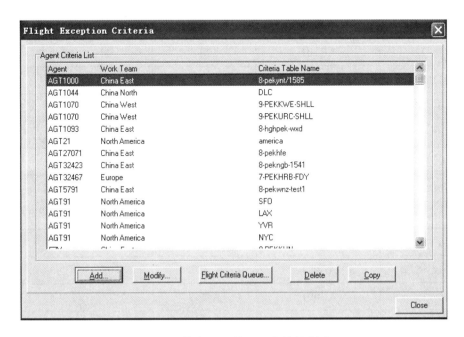

图 3-6　航空公司管理层次结构划分

在上述管理层次结构划分的基础上，我们可以将从属同一个预测组的航班订座数据形成一个历史数据池（Data Pool）。因此，常见的历史数据池可以描述成"北美工作团队、北京—大阪—洛杉矶路线、时间区间为8:00—10:00、星期四"的航班订座数。

为了改善预测的精度，航空公司可以根据旅客订座规律将上述数据池进一步分割为若干个小型历史数据池（Split History Pools）。具体如何分割呢？首先，按照从小到大的排序顺序将某历史数据池中航班订座数显示在表3-1中。

表3-1　对数据池中需求淡旺季划分

日　期	航班编号	DOW	航班订座数/个
2012-09-13	AB001	星期四	139
2012-08-16	AB001	星期四	156
2012-09-27	AB001	星期四	159
2012-10-04	AB001	星期四	180
2012-10-11	AB001	星期四	185
2012-10-18	AB001	星期四	189
2012-08-09	AB001	星期四	189
2012-10-25	AB001	星期四	200
2012-11-01	AB001	星期四	200
2012-11-08	AB001	星期四	218
2012-07-05	AB001	星期四	229
2012-11-22	AB001	星期四	234
2012-11-29	AB001	星期四	235
2012-07-26	AB001	星期四	238
2012-08-02	AB001	星期四	250
2012-09-20	AB001	星期四	265
2012-08-23	AB001	星期四	267
2012-08-30	AB001	星期四	272
2012-09-06	AB001	星期四	288
2012-11-15	AB001	星期四	290
2012-07-12	AB001	星期四	295
2012-07-19	AB001	星期四	300

然后，根据表3-1历史数据池中的航班订座数，将数据池中的历史航班按照一定的比例

（国际航空运输协会推荐比例为 3:4:3）进一步划入旺季池（Peak Pool）、平季池（Shoulder Pool）和淡季池（Off-Peak Pool）。按照推荐比例 3:4:3 的原则，表 3-1 中航班订座数为前 7 个和后 7 个的历史航班分别被划入淡季池和旺季池，而剩余的历史航班则被划入为平季池。历史数据池进一步分割后所形成的小型历史数据池如表 3-2 所示。

表 3-2 划分后三个小型数据池相应的时间范围

旺季池	平季池	淡季池
2012-09-20 2012-08-23 2012-08-30 2012-09-06 2012-11-15 2012-07-12 2012-07-19	2012-10-25 2012-11-01 2012-11-08 2012-07-05 2012-11-22 2012-11-29 2012-07-26 2012-08-02	2012-09-13 2012-08-16 2012-09-27 2012-10-04 2012-10-11 2012-10-18 2012-08-09

图 3-7、3-8 描述了航空公司收益管理系统数据池中数据的分析与创建工作。

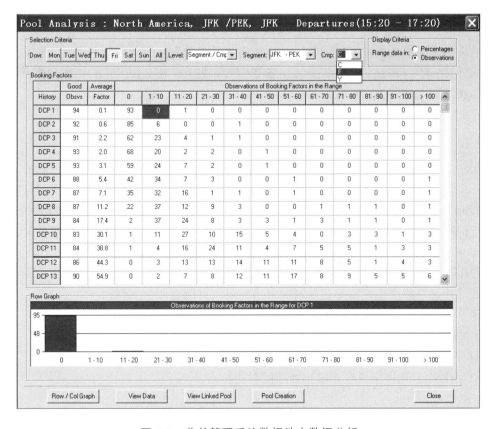

图 3-7 收益管理系统数据池中数据分析

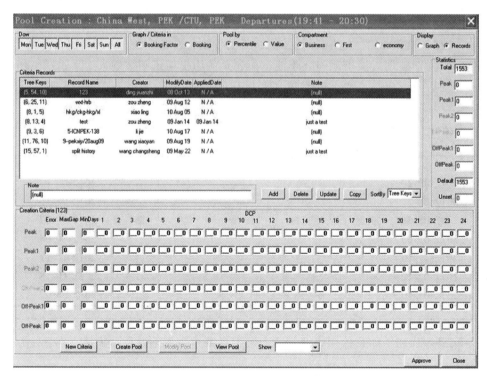

图 3-8　收益管理系统数据池创建

最后需要说明的是，数据进行有效分割还必须要考虑到特殊节假日的影响，如中国的春节、"十一"黄金周，欧美国家的圣诞节、感恩节等。另外，还必须考虑到以农历来计算的中国春节期在阳历上日期非固定性的特点。

3.3　订座数据还原

当一个子舱的订座数达到了订座上限 AU 时，此时这个子舱就无法再接受任何订座。AU（Authorized booking Level）值是指授权给一个子舱、物理舱或者航班所能销售的最大座位数。在嵌套舱位逻辑结构下，AU 值还包含了父亲子舱（Parent Class）能够进入孩子子舱（Child Class）的座位数。我们将无法再接受任何订座的情形称为订座被 AU "抑制（Constrained）"了，或者称子舱被"挂起（Posted）"了，又或者称子舱被"关闭（Closed）"了。正是由于存在子舱被"挂起"的现象，因此在预测需求的时候很可能会产生实际需求大于旅客订座数的情形。如果利用受限制的旅客订座数来预测未来离港航班的最终旅客需求量，显然会过于保守。为了解决这一问题，我们必须利用需求的非限化技术（Unconstraining），将被"挂起"子舱的订座数据进行还原。期望最大化法（Expectation Maximization Method）与基线法（Baseline Method）是订座数据非限化处理的常用技术。

3.3.1　期望最大化法

期望最大化法（EM）认为：当数据采集点上的状态是"Open"时，那么旅客的订座数就是旅客的需求量；当在数据采集点上的状态是"Closed"时，旅客的需求就被截断了。此时就需要进行需求的修复工作。期望最大法步骤如下。

（1）检查数据采集点的状态：

① 如果子舱的状态是"Open"，那么此时订座数即为需求量。

② 如果子舱的状态是"Closed"，那么旅客的需求被截断，需要利用 EM 法进行需求的修复。首先，EM 法根据式（3-1）计算相邻两个数据采集点上增量需求 $IB(r+1, k)$。

$$IB(r+1, k) = CB(r+1, k) - CB(r, k) \tag{3-1}$$

其中：$IB(r+1, k)$ 表示所采集的样本数据 k 在 DCP $r+1$ 上订座数的增量；$CB(r+1, k)$ 表示所采集的样本数据 k 在 DCP $r+1$ 上的旅客订座数；$CB(r, k)$ 表示所采集的样本数据 k 在 DCP r 上的旅客订座数。然后，按式（3-2）对数据采集点 DCP $r+1$ 上的旅客需求量 $UD(r+1, k)$ 进行计算。

$$UD(r+1, k) = \begin{cases} IB(r+1, k) + UD(r, k), & \text{当 } I(r+1, k) = 1; \\ ID(r+1, k) + UD(r, k), & \text{当 } I(r+1, k) = 0; \end{cases} \tag{3-2}$$

其中：$UD(r, k)$ 表示所采集的样本数据 k 在 DCP r 上的旅客需求量；$I(r+1, k) = 1$ 表示所采集的样本数据 k 在 DCP $r+1$ 上的状态为"Open"，此时样本数据 k 在 DCP $r+1$ 上订座数的增量 $IB(r+1, k)$ 即为旅客需求的增量；$I(r+1, k) = 0$ 则表示所采集的样本数据 k 在 DCP $r+1$ 上的状态为"Closed"，此时样本数据 k 在 DCP $r+1$ 上订座数的增量 $IB(r+1, k)$ 仅表示截断了的旅客需求增量，且旅客需求增量 $ID(r+1, k) = E(x \mid x > IB(r+1, k))$。

（2）获取初始的样本均值与方差。

① 当所采集到的样本数据集的状态不完全是"Closed"时，根据 n 个样本航班在数据采集点 DCP $r+1$ 上各自的状态，按式（3-3）、（3-4）分别计算初始的样本均值与方差。

$$\mu(r+1)^{(0)} = \frac{\sum_{k=1}^{n} \left[IB(r+1, k) I(r+1, k) \right]}{\sum_{k=1}^{n} I(r+1, k)} \tag{3-3}$$

$$\delta^2(r+1)^{(0)} = \frac{\sum_{k=1}^{n} \left[(IB(r+1, k) - \mu(r+1)^{(0)}) I(r+1, k) \right]^2}{\sum_{k=1}^{n} I(r+1, k) - 1} \tag{3-4}$$

② 当所采集到的样本数据集状态全部是"Closed"，即 $\sum_{k=1}^{n} I(r+1, k) = 0$ 时，我们假设

$$UD(r+1, k) = IB(r+1, k) + UD(r, k) \tag{3-5}$$

（3）按式（3-6）计算样本数据的期望值，以此代替掉截断的需求量，即 E-步骤。

$$E\left[x \mid x > IB(r+1, k) \right] = \frac{\int_{IB(r+1, k)}^{+\infty} x f(x) \mathrm{d}x}{\int_{IB(r+1, k)}^{+\infty} f(x) \mathrm{d}x} \tag{3-6}$$

其中：$f(x)$ 为需求服从正态分布的概率密度函数。

（4）利用修复后的需求，按式（3-7）、（3-8）分别计算第 t 次迭代中样本的均值 $\mu(r+1)^{(t)}$ 和方差 $\delta^2(r+1)^{(t)}$。

$$\mu(r+1)^{(t)} = \frac{\sum_{k=1}^{n}\left[IB(r+1,k)I(r+1,k)+ID(r+1,k)^{(t-1)}(1-I(r+1,k))\right]}{n} \tag{3-7}$$

$$\delta^2(r+1)^{(t)} = \frac{\sum_{k=1}^{n}\left[(IB(r+1,k)-\mu(r)^{(t)})I(r+1,k)\right]^2}{n-1} +$$

$$\frac{\sum_{k=1}^{n}\left[(ID(r+1,k)^{(t-1)}-\mu(r)^{(t)})(1-I(r+1,k))\right]^2}{n-1} \tag{3-8}$$

（5）重复上述步骤（3）、（4），直至满足式（3-9）为止。那么，此时 E-步骤的计算结果即为旅客需求增量 $ID^*(r+1,k)$。

$$\left|\mu(r+1)^{(t)} - \mu(r+1)^{(t-1)}\right| < \varepsilon \tag{3-9}$$

其中：ε 为收敛准则值。

例题 3-2 假设采集到 6 条 AB7181 在 DCP r 上的历史航班样本数据（如表 3-3 所示），请利用 EM 法对截断的数据进行修复（设 ε 为 0.000 000 01）。

表 3-3　AB7181 航班样本数据

k	IB（r,k）	I（r,k）
1	5	1
2	4	1
3	6	1
4	4	1
5	3	0
6	7	1

第一步，按式（3-3）计算得出的截断需求初始均值为

$$\mu(r)^{(0)} = \frac{\sum_{k=1}^{n} IB(r,k)I(r,k)}{\sum_{k=1}^{n} I(r,k)} = 5.200\ 000$$

按式（3-4）计算得出的截断需求初始方差为

$$\delta(r)^{(0)} = \sqrt{\frac{\sum\limits_{k=1}^{n}\left[\left(IB(r,k) - \mu(r)^{(0)}\right)I(r,k)\right]^2}{\sum\limits_{k=1}^{n}I(r,k) - 1}} = 1.303\,840$$

第二步，利用 E-步骤，计算截断需求的期望值为

$$E[x \mid x > 3] = \frac{\int_{3}^{+\infty} xf(x)\mathrm{d}x}{\int_{3}^{+\infty} f(x)\mathrm{d}x} = 5.331\,296$$

第三步，期望需求代替截断需求，利用 M-步骤重新计算均值为

$$\mu(r)^{(1)} = 5.216\,708$$

方差为

$$\delta(r)^{(1)} = 1.166\,908$$

第四步，计算 $\left|\mu(r)^{(t)} - \mu(r)^{(t-1)}\right| = \left|5.216\,708 - 5.200\,000\right| > 0.000\,000\,01$，重复第二、三步。直至满足 $\left|\mu(r)^{(t)} - \mu(r)^{(t-1)}\right| \leq 0.000\,000\,01$ 为止。

修复后的 $IB(r, 5)$ 为 5.294 781，详细的迭代计算过程如表 3-4 所示。

表 3-4　EM 法迭代计算过程

迭代次数	$\mu(r)^{(t)}$	$\delta(r)^{(t)}$	$E[x \mid x > 3]$	$\left\|\mu(r)^{(t)} - \mu(r)^{(t-1)}\right\|$
0	5.200 000	1.303 840	5.331 296	—
1	5.216 708	1.166 908	5.300 247	0.021 883
2	5.215 932	1.166 843	5.295 595	0.005 175
3	5.215 817	1.166 834	5.294 902	0.000 775
4	5.215 800	1.166 832	5.294 799	0.000 116
5	5.215 797	1.166 832	5.294 783	0.000 017
6	5.215 797	1.166 832	5.294 781	0.000 003
7	5.215 797	1.166 832	5.294 781	0.000 000

3.3.2　基线法

另外一种常用的需求修复方法是基线法。所谓基线法就是以历史数据池中子舱在各个 DCP 点上的平均订座数为基准，按照由远及近的顺序，修复该子舱在各个 DCP 点上旅客需求量的一种方法。根据待修复子舱在相邻 DCP 点上订座数据的状态，基线法按照表 3-5 所示的计算逻辑，为待修复子舱选择订座数据的非限化方法，以此实现各个 DCP 点上订座数的非限化处理。

表 3-5　不同数据状态下非限化计算逻辑

DCP r	DCP $(r+1)$	订座数增加	订座数减少
open	open	实计算法	
open	closed	非限化逻辑	
closed	closed	非限化逻辑	
closed	open	非限化逻辑	实计算法

具体而言，我们可以将订座数的非限化方法分为"实"计算法（Actual Method）和非限化逻辑（Unconstraining Logic）两种。

（1）"实"计算法。利用待修复航班特定子舱订座数据的实际改变量来进行非限化处理。

$$UncBkgs\ DCP\ (r+1) = UncBkgs\ DCP\ r + ActChg \tag{3-10}$$

（2）非限化逻辑。比较实际订座数的改变量与历史订座数的改变量，取其中大者。

$$UncBkgs\ DCP\ (r+1) = UncBkgs\ DCP\ r + \max\ (ActChg,\ HistChg) \tag{3-11}$$

其中：$UncBkgs\ DCP\ (r+1)$ 表示 DCP $(r+1)$ 上非限化后的订座数；$UncBkgs\ DCP\ r$ 表示 DCP r 上非限化后的订座数；$ActChg$ 为实际改变量，表示在 DCP $(r+1)$ 至 DCP r 上特定子舱订座数的差额；$HistChg$ 为历史改变量，表示历史航班在 DCP $(r+1)$ 至 DCP r 上特定子舱订座数的差额。

无论是上述哪一种计算方法，实际订座数的改变量和历史订座数的改变量的计算都依赖于从 DCP r 至 DCP $(r+1)$ 上实际订座数以及历史平均订座数的增减趋势。

（1）若实际订座数增加，那么

$$ActChg = ActBkgs\ DCP\ (r+1) - ActBkgs\ DCP\ r \tag{3-12}$$

（2）若历史订座数增加，那么

$$HistChg = HistBkgs\ DCP\ (r+1) - HistBkgs\ DCP\ r \tag{3-13}$$

（3）若实际订座数减少，那么

$$ActChg = ActBkgs\ DCP\ (r+1) \times \frac{UncBkgs\ DCP\ r}{ActBkgs\ DCP\ r} - UncBkgs\ DCP\ r \tag{3-14}$$

（4）若历史订座数减少，那么

$$HisChg = HisBkgs\ DCP\ (r+1) \times \frac{UncBkgs\ DCP\ r}{HisBkgs\ DCP\ r} - UncBkgs\ DCP\ r \tag{3-15}$$

其中：$UncBkgs\ DCP\ r$ 表示在 DCP r 上非限化后的订座数；$ActBkgs\ DCP\ r$ 表示在 DCP r 上实际的订座数；$HistBkgs\ DCP\ r$ 表示在 DCP r 上历史的订座数。

例题 3-3　假设在某个历史数据池中，待修复航班某个子舱的实际订座数与历史平均订座数如表 3-6 所示。请利用基线法修复订座数据。其中：表 3-6 中的"O"代表订座舱位是开放的；"C"代表订座舱位是关闭的。

表 3-6 不同数据采集点的订座数及其数据状态

DCP	1	2	3	4	5	6	7	8	…	24
实际订座数（个）	4 O	8 O	12 C	10 C	16 O	18 O	19 C	22 O	…	61
历史平均订座数（个）	5	9	14	12	16	21	24	25	…	67

在 DCP 1 上，子舱有 4 个订座数，且状态是"O"，那么此时未受限制的订座数与实际订座数相等。

由于在 DCP 1 至 DCP 2 之间订座数是增加的，在 DCP 2 上子舱有 8 个订座数且状态是"O"，因此使用式（3-10）、（3-12）计算未受限制的订座数。

$$ActChg = ActBkgs\ DCP\ 2 - ActBkgs\ DCP\ 1 = 8 - 4 = 4$$

$$UncBkgs\ DCP\ 2 = UncBkgs\ DCP\ 1 + ActChg = 4+4 = 8$$

在 DCP 3 上子舱有 12 个订座数，且状态是"C"。由于子舱在 DCP 2 上的状态是"O"，而在 DCP 3 上的状态是"C"，且在 DCP 2 至 DCP 3 之间订座数增加，因此使用式（3-11）、（3-12）、（3-13）计算未受限制的订座数。

$$ActChg = ActBkgs\ DCP\ 3 - ActBkgs\ DCP\ 2 = 12 - 8 = 4$$

$$HistChg = HistBkgs\ DCP\ 3 - HistBkgs\ DCP\ 2 = 14 - 9 = 5$$

$$UncBkgs\ DCP\ 3 = UncBkgs\ DCP\ 2 + \max(ActChg, HistChg) = 13$$

在 DCP 4 上子舱有 10 个订座数，且状态为"C"，因此使用非限化逻辑进行计算。考虑到待修复航班子舱的实际订座数与历史订座数都减少，因此使用式（3-11）、（3-14）、（3-15）计算未受限制的订座数。

$$ActChg = ActBkgs\ DCP\ 4 * UncBkgs\ DCP\ 3 / ActBkgs\ DCP3 - UncBkgs\ DCP\ 3 = -2.2$$

$$HistChg = HistBkgs\ DCP\ 4 * UncBkgs\ DCP\ 3 / HistBkgs\ DCP\ 3 - UncBkgs\ DCP\ 3 = -1.9$$

$$UncBkgs\ DCP\ 4 = UncBkgs\ DCP\ 3 + \max(ActChg, HistChg) = 11.1$$

在 DCP 5 上子舱有 16 个订座数，且状态为"O"。考虑到待修复航班子舱的实际订座数与历史订座数都增加，因此使用式（3-11）、（3-12）、（3-13）计算未受限制的订座数。

$$ActChg = ActBkgs\ DCP\ 5 - ActBkgs\ DCP\ 4 = 16 - 10 = 6$$

$$HistChg = HistBkgs\ DCP\ 5 - HistBkgs\ DCP\ 4 = 16 - 12 = 4$$

$$UncBkgs\ DCP\ 5 = UncBkgs\ DCP\ 4 + \max(ActChg, HistChg) = 17.1$$

依此类推，可以计算得出各个 DCP 点上非限化后的旅客订座数。

3.4 预测模型

利用 EM 法或者基线法可以对航班各个子舱的历史订座数进行修复，从而准确把握旅客在订座生命周期内各个时期的旅客需求信息。在此基础上通过利用下面 8 种不同的预测模型，来完成估算未来离港航班子舱最终需求量的任务。

（1）线性模型。

（2）半对数模型。

（3）加法模型。

（4）乘法模型。

（5）Zero 模型。

（6）Last Year 模型。

（7）平均（Mean）模型。

（8）指数平移模型（ESP）。

对于一个未来离港航班而言，获取特定航段（Segment）-子舱上旅客最终的纯粹未受限需求量，最简单的方式就是对该未来离港航班数据池中旅客最终的纯粹未受限需求量进行平均，即采用 Mean 模型。然而，简单地平均并没有考虑到数据池中该航班上特定航段-子舱在各个数据采集点上的旅客订座情况对航段-子舱未来旅客最终的纯粹未受限需求量的影响。另外，也没有考虑到未来离港航班当前航段-子舱实际订座数对未来旅客最终的纯粹未受限需求量的影响。因此，Mean 模型是一种十分粗糙的预测方法。

在预测模型中，我们应该首先考虑采用线性模型、半对数模型、加法模型、乘法模型以及指数平移模型。这些预测模型通过分析历史航班上特定航段-子舱离港前各个 DCP 点上的旅客需求量与最终的纯粹未受限需求量之间的统计规律，将这种规律应用到当前未来离港航班航段-子舱的订座数上，以此预测未来旅客最终的纯粹未受限需求量。

在下列预测模型的描述中，Y 是指在历史数据池中，特定子舱的旅客最终的纯粹未受限需求量所形成的列向量 $[y_1\ y_2\ ...y_n]^T$。X 是指在历史数据池中，各个 DCP 点上旅客纯粹未受限需求量所形成的列向量 $[x_1\ x_2\ ...x_n]^T$。x 是指采集未来离港航班特定子舱当前 DCP 点上的订座数后，对其进行非限化处理得出的纯粹的未受限旅客需求量。

假设有下列符号定义：

n——历史数据池中观测到的样本数目；

$Pure\ X$——历史数据池中在特定 DCP 点上航段-子舱纯粹未受限旅客需求的累积和；

$Pure\ Y$——历史数据池中航段-子舱最终纯粹未受限旅客需求的累积和；

$Pure\ XX$——列向量 X 中每个元素平方后的累加值；

$Pure\ XY$——列向量 X、Y 中对应位置元素相乘后的累加值。

例题 3-4 在历史数据池中，子舱 Y 在 DCP 6 上的旅客需求量与在 DCP 23 上的旅客需求量的对应关系如表 3-7 所示。

表 3-7　DCP 6 与 DCP 23 上未受限旅客需求量

DCP 6	9	10	9	13	11	8	11	14
DCP 23	81	86	88	76	91	97	79	81

利用上述未受限的旅客需求量数据，计算得出的 *Pure X*、*Pure Y*、*Pure XX*、*Pure XY* 分别为

$$Pure\ X = \sum_{i=1}^{n} x_i = 85$$

$$Pure\ Y = \sum_{i=1}^{n} y_i = 679$$

$$Pure\ XX = \sum_{i=1}^{n} x_i^2 = 933$$

$$Pure\ XY = \sum_{i=1}^{n} x_i y_i = 7149$$

3.4.1 线性模型

线性模型利用标准化的一元线性回归模型预测纯粹未受限的旅客需求量，用公式表示为

$$y = a+bx \tag{3-16}$$

其中：a、b 是一元线性回归模型中的两个待估计参数。线性模型使用式（3-17）、（3-18）计算 a 和 b 的值。

$$b = \frac{Pure\ XY - \dfrac{1}{n}(Pure\ X)(Pure\ Y)}{Pure\ XX - \dfrac{1}{n}(Pure\ X)^2} \tag{3-17}$$

$$a = \frac{Pure\ Y - b(Pure\ X)}{n} \tag{3-18}$$

例题 3-5 根据表 3-7 中 Y 子舱的历史数据池，计算得到的 a 和 b 值为

$$b = \frac{Pure\ XY - \dfrac{1}{n}(Pure\ X)(Pure\ Y)}{Pure\ XX - \dfrac{1}{n}(Pure\ X)^2} = \frac{7149 - \dfrac{1}{8} \times 85 \times 679}{933 - \dfrac{1}{8} \times 85^2} = -2.2$$

$$a = \frac{Pure\ Y - b(Pure\ X)}{n} = \frac{679 + 2.2 \times 85}{8} = 108.3$$

若未来离港航班当前未受限旅客需求量为 10 个，那么预测得出的旅客最终未受限需求量为 $y = 108.3 - 2.2 \times 10 = 86.3$ 个。

3.4.2 半对数模型

半对数模型是指对 x 取自然对数（ln）后的线性模型，用公式表示为

$$y = a+b\ln x \tag{3-19}$$

将线性模型中的 x 用 $\ln x$ 来代替后，a 与 b 值的计算方法为

$$b = \frac{Pure(\ln X)Y - \dfrac{1}{n}(Pure\ln X)(PureY)}{Pure(\ln X)^2 - \dfrac{1}{n}(Pure\ln X)^2} \tag{3-20}$$

$$a = \frac{PureY - b(Pure\ln X)}{n} \tag{3-21}$$

例题 3-6　根据表 3-7 中 Y 子舱的历史数据池，计算得出的 lnx 的值如表 3-8 所示。

表 3-8　DCP 6 上对旅客未受限需求取自然对数

x	9	10	9	13	11	8	11	14
$\ln x$	2.2	2.3	2.2	2.6	2.4	2.1	2.4	2.6

因此，有

$$Pure\ln X = 18.8$$

$$Pure(\ln X)^2 = 44.4$$

$$Pure(\ln X)Y = 1\,589.5$$

计算得出的 a、b 值为

$$b = \frac{Pure(\ln X)Y - \dfrac{1}{n}(Pure\ln X)(PureY)}{Pure(\ln X)^2 - \dfrac{1}{n}(Pure\ln X)^2} = \frac{1589.5 - \dfrac{1}{8}\times18.8\times679}{44.4 - \dfrac{1}{8}\times18.8^2} = -28.0$$

$$a = \frac{PureY - b(Pure\ln X)}{n} = \frac{679 + 28.0\times18.8}{8} = 150.7$$

若未来离港航班当前未受限旅客需求量为 10 个，那么预测得出的旅客最终未受限需求量为 $y = 150.7 - 28x = 150.7 - 28.0 \times \ln10 = 86.2$ 个。

3.4.3　加法模型

加法模型主要是通过判定历史数据池中某个子舱在航班离港前特定 DCP 点上的旅客平均未受限需求量与最终旅客平均未受限需求量之间的差距，以此来确定待预测子舱旅客最终未受限的需求量。式（3-16）中 $b = 1$ 时即为加法模型。

$$y = a + x \tag{3-22}$$

加法模型中 a 值的计算方法为

$$a = \frac{PureY - PureX}{n} \tag{3-23}$$

例题 3-7　使用表 3-7 中子舱 Y 的历史数据池，计算得出的 a 值为

$$a = \frac{PureY - PureX}{n} = \frac{679 - 85}{8} = 74.3$$

若未来离港航班当前未受限旅客需求量为 10 个，那么预测得出的旅客最终未受限需求量为 y = 74.3+10 = 84.3 个。

3.4.4 乘法模型

乘法模型主要是通过判定历史数据池中某个子舱在航班离港前特定 DCP 点上的旅客平均未受限需求量与最终旅客平均未受限需求量之间的比例关系，以此来确定待预测子舱旅客最终未受限的需求量。式（3-16）中 $a = 0$ 时即为乘法模型。

$$y = bx \tag{3-24}$$

其中，乘法模型 b 值的计算方法为

$$b = \frac{PureY}{PureX} \tag{3-25}$$

例题 3-8 针对表 3-7 中 Y 子舱的历史数据池，计算得出 b = 679/85 = 8.0。若未来离港航班当前未受限需求量为 10 个，那么预测得出的旅客最终未受限需求量为 y = 8.0 × 10 = 80.00 个。

3.4.5 Zero 模型

Zero 模型是当离港航段-子舱在当前 DCP 点上没有任何订座数时才会被使用。Zero 模型通过采集特定子舱在 DCP 点上都为 0 的记录来计算纯粹未受限的旅客需求量。式（3-16）中 $x = 0$ 时即为 Zero 模型。

$$y = a \tag{3-26}$$

例题 3-9 若未来离港航班子舱 Y 在 DCP 6 上没有任何的旅客订座数，而且在历史数据池中，Y 子舱在 DCP 6 上订座数为 0 的情况下，旅客最终的平均未受限需求量为 82 个，那么 Zero 模型预测的 Y 子舱旅客的最终未受限需求量为 82.0 个。

3.4.6 Last Year 模型

当一个未来离港航班几乎没有任何订座数据时，我们可以采用去年模型（Last Year）进行预测。去年模型计算旅客最终未受限需求量的依据如下：

（1）子舱的最终订座数日期与去年在日历上很接近，且有相同的周天（Day of Week）。

（2）上述的前一/二个星期，相同周天的数据。

（3）后一/二个星期，相同周天的数据。

去年模型使用的数据可以是下列任何离港数据的组合：

（1）与离港航班在前一年相同周天的前一周或者后一周的数据（权重为 2），以及前两周或者后两周的数据（权重为 1）。

（2）去年相同时期离港航班相应的数据（权重为3），以及与离港航班在前一年相同周天的前一周或者后一周的数据（权重为2）。

（3）去年相同时期离港航班相应的数据（权重为3），与离港航班在前一年相同周天的前一周或者后一周中的任意一个数据权重，以及与离港航班在前一年相同周天的前两周或者后两周中的任意一个数据权重。

例题 3-10　假设未来某离港航班在 2004 年 10 月 13 日周三离港，那么预测将会使用 2003 年 10 月 15 日周三的数据。去年模型给予的 2003 年 10 月 15 日周三的数据的权重为 3，2003 年 10 月 8 日周三的数据的权重为 2，2003 年 10 月 1 日周三的数据的权重为 1，2003 年 10 月 22 日周三的数据的权重为 2，2003 年 10 月 29 日周三的数据的权重为 1，如表 3-9 所示。

表 3-9　历史航班离港日期及其权重

离港日期	权重
2003 年 10 月 1 日周三	1
2003 年 10 月 8 日周三	2
2003 年 10 月 15 日周三	3
2003 年 10 月 22 日周三	2
2003 年 10 月 29 日周三	1

为了计算旅客最终未受限的需求量，去年模型：

（1）将每一个符合上述要求的最终未受限需求量与其相应的权重相乘。

（2）将选中的航班数据的权重全部累加起来。

（3）用（1）的结果除以（2）的结果。

例题 3-11　假设有一个航班，其具体信息为：2004 年 10 月 13 日，周三，Y 子舱。请利用去年模型计算 Y 子舱的旅客最终未受限需求量。

根据去年模型的计算方法，采集 2003 年该航班 Y 子舱周三且在离港日期上距离 10 月 13 日最近的数据，并向前提取两个周三 Y 子舱的数据，向后提取两个周三 Y 子舱的数据，分配不同的权重，如表 3-10 所示。

表 3-10　各历史航班在 DCP 23 上旅客需求的加权之和

离港日期	最终旅客需求	权重	小计
2003 年 10 月 1 日星期三	13	1	13
2003 年 10 月 8 日星期三	11	2	22
2003 年 10 月 15 日星期三	15	3	45
2003 年 10 月 22 日星期三	10	2	20
2003 年 10 月 29 日星期三	11	1	11
合　计			111

预测的 Y 子舱旅客的最终未受限需求量为 $y = 111/9 = 12.3$ 个。

3.4.7 Mean 模型

当其他模型均不能被使用的时候，就可以利用 Mean 模型进行需求预测。Mean 模型是将在 DCP 23 上所得到的旅客最终未受限需求量进行平均来作为预测值。使用该方法必须要保证至少有 1 个 DCP 23 上的观测值。

$$y = Pure\ Y/n \tag{3-27}$$

例题 3-12 利用表 3-7 中的数据得出的 *Pure Y*，Mean 模型计算得出的 Y 子舱旅客的最终未受限需求量为 $y = 679/8 = 84.9$ 个。

3.4.8 指数平滑法（ESP）

指数平滑法（Exponentially Smoothed Pickup Model）采用的是式（3-22）所示的加法模型的数学形式。与加法模型所不同的是，ESP 方法给每一个记录赋予一个权值。在这个过程中，距离待预测未来离港航班越近的历史记录所拥有的权重 a 越大。a 值的计算公式为

$$a = \frac{C\sum_{i=1}^{n}\left[(1-C)^{n-i}(y_i - x_i)\right]}{1-(1-C)^n} \tag{3-28}$$

其中：i 为观测样本数；C 为一个指数平移常数，$0 < C < 1$。C 值越大，预测的响应性就越强；反之，则预测结果越趋于平滑。

例题 3-13 考虑一个离港航班的 Y 子舱，其在历史数据池中有 10 条记录（观测样本数）。$C = 0.25$，且假设任意记录均存在 $y_i - x_i = 1$ 的关系。那么

$$a = \frac{C\sum_{i=1}^{n}\left[(1-C)^{n-i}(y_i - x_i)\right]}{1-(1-C)^n} = \frac{0.25\sum_{i=1}^{n}0.75^{n-i}}{1-0.75^n}$$

根据与待预测未来离港航班时间上的远近关系，各个历史记录所拥有的权重分别如下：

第 1 条历史记录（$i = 1$） $0.75^9 = 0.075\ 1$
第 2 条历史记录（$i = 2$） $0.75^8 = 0.100\ 1$
第 3 条历史记录（$i = 3$） $0.75^7 = 0.133\ 5$
第 4 条历史记录（$i = 4$） $0.75^6 = 0.178\ 0$
第 5 条历史记录（$i = 5$） $0.75^5 = 0.237\ 3$
第 6 条历史记录（$i = 6$） $0.75^4 = 0.316\ 4$
第 7 条历史记录（$i = 7$） $0.75^3 = 0.421\ 9$
第 8 条历史记录（$i = 8$） $0.75^2 = 0.562\ 5$
第 9 条历史记录（$i = 9$） $0.75^1 = 0.750\ 0$
第 10 条历史记录（$i = 10$）$0.75^0 = 1.000\ 0$

可以发现，第 1 条历史记录为时间上距离待预测未来离港航班最远的历史记录，因此分配的权重最小。以此类推，得出的 $\sum_{i=1}^{n} 0.75^{n-i} = 3.7748$，计算得出 $a = 0.25 \times (3.7748/0.9437) = 1$。若未来离港航班当前未受限旅客需求量为 10 个，那么得出的旅客最终未受限需求量为 $y = 1+10 = 11$ 个。

例题 3-14 对于表 3-7 中的数据，请利用 ESP 模型进行预测。

首先用 DCP 23 上的最终旅客未受限需求量 – 在 DCP 6 上的旅客未受限需求量，有

$81 - 9 = 72$

$86 - 10 = 76$

$88 - 9 = 79$

$76 - 13 = 63$

$91 - 11 = 80$

$97 - 8 = 89$

$79 - 11 = 68$

$81 - 14 = 67$

根据式（3-28），得出 $a = 0.25 \times [263.63/(1 – 0.100\ 1)] = 73.3$，若未来离港航班当前未受限需求量为 10 个，那么最后得出的 Y 子舱旅客的最终未受限需求量为 $y = 73.3+10 = 83.3$ 个。

3.4.9 预测模型选择顺序

上述 8 种基本模型是收益管理预测的基础。根据旅客订座过程的一般性规律，在距离未来离港航班起飞前很远时（如 DCP 1、DCP 2…），旅客的订座数一般为零，因此，此时应该首先应用 Zero 模型。所谓 Zero 模型，是指在历史数据池中，存在大量的当前历史订座数为"0"的记录，此时仅将这些航班在 DCP 23 上的旅客未受限需求量进行平均作为一种预测方法。

随着离港时间的推移，收益管理人员应该更多地重视在历史数据池中与未来离港航班时间上相接近的历史航班记录，因此需要根据距离未来离港航班时间上的远近为不同的历史记录赋予不同的权重，即采用 ESP 模型进行预测。

随着离港时间进一步的临近，旅客的订座数会越来越多，数据也会越来越充分，此时收益管理人员需要利用加法模型、乘法模型、线性模型等进行交叉检查。其基本思想为：将历史数据池中的数据分为拟合估计值的基础数据与进行交叉检查用的循环数据，利用基础数据进行各个预测模型参数值的估计，然后利用循环数据在各个 DCP 点上进行误差的检查工作，选择误差最小的预测模型对未来离港航班进行预测。常用的误差计算指标如式（3-29）至（3-32）所示。

（1）平均绝对偏差。预测期内每一次预测值与实际值的绝对偏差的平均值。

$$MAD = \frac{1}{n}\sum_{i=1}^{n}\left|z_i - \hat{z}_i\right| \tag{3-29}$$

（2）平均平方误差。预测期内对误差的平方和取平均值。

$$MSE = \frac{1}{n}\sum_{i=1}^{n}(z_i - \hat{z}_i)^2 \tag{3-30}$$

（3）平均绝对百分误差。预测期内真实值与预测值之差的绝对值与真实值相比，再进行平均。

$$MAPE = \frac{1}{n}\sum_{i=1}^{n}\frac{\left|z_i - \hat{z}_i\right|}{z_i} \tag{3-31}$$

（4）平均百分误差。与 MAPE 所不同的是，平均百分误差考虑了"正偏"与"负偏"的差别。

$$MPE = \frac{1}{n}\sum_{i=1}^{n}\frac{(z_i - \hat{z}_i)}{z_i} \tag{3-32}$$

其中：式（3-29）~（3-32）中的 z_i 为预测期内的真实值；$\hat{z}_i$ 为在预测期内 z_i 的预测值；n 为循环数据中样本的数目。

需要说明的是，当上述模型预测精度均没有达到理想值时，收益管理人员应该选用 Mean 模型进行需求的预测。可以说，Mean 模型是收益管理预测过程中"没有办法的办法"。具体的预测模型的选择顺序如图 3-9 所示。

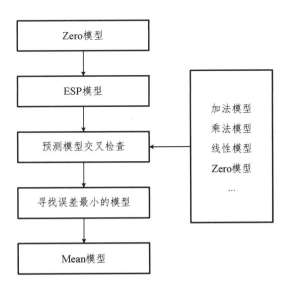

图 3-9　预测模型的选择流程

在航空公司收益管理系统中，针对不同的 DCP 数据采集点，系统可以给出预测误差的均值与标准差的趋势，也可以对预测模型所预测的误差信息进行描述，并给出预测的详细信息，如图 3-10 ~ 3-12 所示。

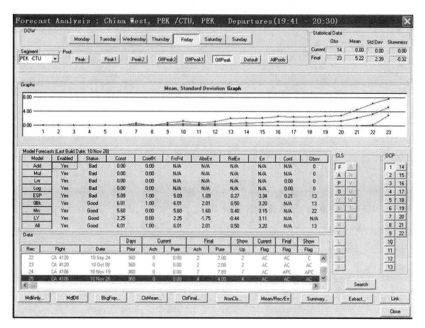

图 3-10　收益管理系统预测分析

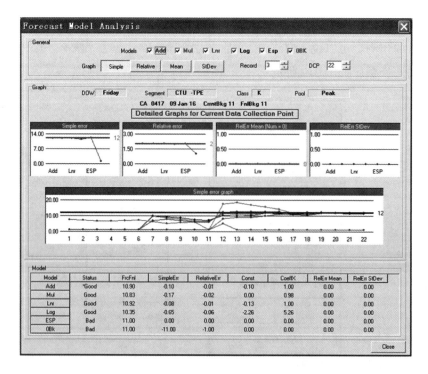

图 3-11　收益管理系统预测模型分析

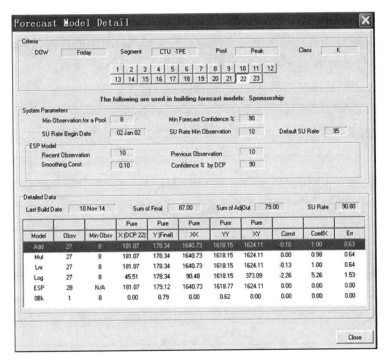

图 3-12 收益管理系统预测模型详细分析

3.5 No-Show 率预测

为了设置最佳的物理舱 AU 值，收益管理人员必须对 No-Show 率进行准确预测。所谓 No-Show 率，是指 No-Show 人数除以航班实际销售机票数（订座数）。必须注意的是，No-Show 率并不等于超售率，所谓的超售率（Overbooking Rate）是指航班实际销售机票数除以航班成行人数。例如，某未来离港航班实际销售机票数为 100 张，历史数据显示该航班的平均 No-Show 率为 10%，那么此时的超售率为 $100/(100-100 \times 10\%) = 111\%$。

预测 No-Show 率的方法有很多种，其中 M-移动平均法和指数平滑法是最为常见的 No-Show 率预测方法。

1. M-移动平均法

M-移动平均法是指通过计算过去 M 个观测值的平均数来作为未来时间点的预测值。对于时间点 $t+1$ 的预测值，可以表示为

$$\hat{z}_{t+1} = \frac{z_t + z_{t-1} + \cdots z_{t-M+1}}{M} \tag{3-33}$$

其中：$\hat{z}_{t+1}$ 表示在时间点 $t+1$ 上的预测值；z_t 表示在时间点 t 上的观测值。根据移动平均的思想，近期观测值要比旧数据更加有价值，因此在预测时并不需要把所有数据都取平均值，只要使用最新的 M 个数据就可以了。M 的取值越小，预测的响应性越强；取值越大，预测的稳定性越强。通常情况下，M 的取值在 3 ~ 15。需要注意的是，如果数据具有明显的趋势特征，

那么 M-移动平均法预测的结果就不会很理想。

例题 3-15 表 3-11 给出了一个未来离港航班某物理舱相应的订座、离港以及 No-Show 率历史记录，请利用 M-移动平均法对此航班物理舱 No-Show 率进行预测。

表 3-11　物理舱 No-Show 率

日期	订座数/个	离港数/个	No-Show 数/个	No-Show 率
1	20	18	2	0.10
2	20	17	3	0.15
3	20	18	2	0.10
4	20	19	1	0.05
5	20	17	3	0.15
6	20	16	4	0.20
7	20	17	3	0.15
8	20	19	1	0.05
9	20	18	2	0.10
10	20	17	3	0.15

利用 M-移动平均法的关键之一就是要选取合适的 M 值，表 3-12 给出了在不同 M 值下预测的结果。

表 3-12　No-Show 率的移动平均

日期	No-Show 率实际值	$M=2$ 的平均移动值	$M=3$ 的平均移动值	$M=5$ 的平均移动值
1	0.100			
2	0.150			
3	0.100	0.125		
4	0.050	0.125	0.117	
5	0.150	0.075	0.100	
6	0.200	0.100	0.100	0.110
7	0.150	0.175	0.133	0.130
8	0.050	0.175	0.167	0.130
9	0.100	0.100	0.133	0.120
10	0.150	0.075	0.100	0.130
预测值		0.125	0.100	0.130
MAPE		0.740	0.754	0.503

从表 3-12 中可以看到，就 MAPE 值而言，当 $M=5$ 时预测效果要好些。

2. 指数平滑法

我们在 3.4.8 节中利用指数平滑法对旅客未受限需求量进行预测，同样，指数平滑法还可以用于预测 No-Show 率。一次指数平滑法的预测公式为

$$\hat{z}_{t+1} = \alpha z_t + (1-\alpha)\hat{z}_t \qquad (3\text{-}34)$$

其中：$\hat{z}_{t+1}$ 表示在时间点 $t+1$ 上的预测值；z_t 表示在时间点 t 上的观测值；$\hat{z}_t$ 表示在时间点 t 上的预测值；α 表示平滑因子，一般在 $0.1 \sim 0.3$ 之间。

利用一次指数平滑法对例题 3-15 中的 No-Show 率进行预测，计算结果如表 3-13 所示。

表 3-13 No-Show 率指数平滑

日 期	No-Show 率实际值	$\alpha = 0.2$	$\alpha = 0.4$	$\alpha = 0.6$
1	0.100	—	—	—
2	0.150	0.100	0.100	0.100
3	0.100	0.110	0.120	0.130
4	0.050	0.108	0.112	0.112
5	0.150	0.096	0.087	0.075
6	0.200	0.107	0.112	0.120
7	0.150	0.126	0.147	0.168
8	0.050	0.131	0.148	0.157
9	0.100	0.114	0.109	0.093
10	0.150	0.112	0.105	0.097
预测值		0.120	0.123	0.129
MAPE		0.510	0.556	0.607

从表 3-13 中可以看到，就 MAPE 值而言，$\alpha = 0.2$ 时预测效果要好些。

3.6 数据的去季节化

为了减少不同星期间的"季节性"差异所造成的旅客需求预测精度的降低，在收益管理预测过程中，需要用相对应的季节性因子将每一个未来离港航班的数据进行划分，这一过程称为去季节化（De-Seasonalizing）。预测过程可以描述如下：

（1）确定历史数据池中数据所属的季节性因子区间，并除以相应的季节性因子进行去季节化。

（2）采用合适的预测模型进行参数的估计，并根据第（1）步将未来离港航班特定子舱的数据进行去季节化。

（3）利用拟合后的预测模型预测旅客未受限需求量，再进行季节化后得出最终的旅客未受限需求量。

例题 3-16 考虑到一个周三离港航班的 Y 子舱，其离港日期为 2010 年 9 月 8 日，在历史数据池中有 3 个历史记录，其季节性因子如表 3-14 所示。

表 3-14 季节性因子记录表

日期	季节性因子
2009-09-08	1.1
2009-09-15	1.3
2009-09-22	1.2
...	...
2010-09-06	1.2

对于 Y 子舱，其在历史数据池中 DCP 10 上的旅客未受限需求量与最终未受限需求量的关系如表 3-15 所示。

表 3-15 历史航班在 DCP 10 与 DCP 23 的需求

离港日期	DCP 10	最终旅客需求/个
2009-09-10	10	20
2009-09-17	12	22
2009-09-24	11	23

表 3-16 为应用季节性因子以后的数据。

表 3-16 DCP 10 与 DCP 23 去季节化后的需求

离港日期	DCP 10	最终旅客需求/个
2009-09-10	10/1.1 = 9.09	20/1.1 = 18.18
2009-09-17	12/1.3 = 9.23	22/1.3 = 16.92
2009-09-24	11/1.2 = 9.17	23/1.2 = 19.17

以采用加法模型为例，计算得出的 a 为

$$a = [(18.18+16.92+19.17) - (9.09+9.23+9.17)]/3 = 8.93$$

在 DCP 10 上，未来离港航班在 Y 子舱上有 10 个未受限旅客需求量，去季节化后得出的值为

$$10 \div 1.2 = 8.33 \text{ 个}$$

因此，求得最终未受限旅客需求量 y 为

$$y = 8.93+8.33 = 17.26 \text{ 个}$$

然后再季节化后，得出

$$y = 17.26 \times 1.2 = 20.71 \text{ 个}$$

3.7 本章小结

预测是收益管理的基础性工作，是实施收益管理的前提。准确把握旅客在订座生命周期内订座的规律是预测的关键。定期对旅客订座数据进行采集，结合历史航段-子舱在不同时期的订座信息，给出预测的框架模式。另外，数据是预测的基础，预测所需要的数据主要来源于计算机订座系统（CRS）、航空公司的座位控制系统（ICS）以及全球分销系统（GDS）。在预测过程中，首先按照 4 条数据采集的基本原则以及划分历史数据池的方法对数据进行有效分割，以保证数据的一致性。其次，利用 EM 法或基线法对需求进行修复，解决旅客订座数无法真实地反映旅客需求而导致预测精度降低的问题。然后，利用常用的预测模型，即线性模型、加法模型、乘法模型等，通过定期或不定期地循环预测检查来提高预测的精度。最后，考虑到旅客需求波动的周期性特点，预测时需要利用季节性因子区分不同周与周之间的需求波动差异，从而实现提高需求预测精度的目的。

练习题

1. 名词解释
（1）纯粹未受限需求
（2）未来到来的纯粹未受限需求
（3）可实现需求
（4）航班订座生命周期
2. 简答题
（1）收益管理系统管理的层次结构与数据划分的原则。
（2）需求修复的原因。
（3）常用的误差衡量指标及其内涵。
（4）常用的预测模型及其选择顺序。
3. 计算题
（1）假设采集到 5 条 AB7181 在 DCP r 上的历史航班样本数据，如表 3-17 所示，请利用 EM 法对截断的数据进行修复。

表 3-17　AB7181 航班样本数据

k	1	2	3	4	5
$IB(r, k)$	4	3	7	5	3
$I(r, k)$	1	1	1	1	0

其中：$IB(r+1, k)$ 表示所采集的样本数据 k 在 DCP $r+1$ 上订座数增量。而当 $I(r+1, k) = 1$ 时表示所采集的样本数据 k 在 DCP $r+1$ 上为"Open"状态，当 $I(r+1, k) = 0$ 时则为"Closed"状态。

（2）假设在某个历史数据池中，实际订座记录以及历史平均订座数如表 3-18 所示。请利用基线法修复 DCP 1~DCP 8 的订座数据。其中："O"代表订座舱位是开放的；"C"代表订座舱位关闭；历史平均订座数代表每一个 DCP 的平均订座数。

表 3-18　不同数据采集点的订座数及其数据状态

DCP	1	2	3	4	5	6	7	8	...	24
实际订座量/个	3 O	7 O	10 C	9 C	14 C	11 O	11 C	12 O	...	57
历史的平均订座量/个	4	8	12	10	18	20	22	24	...	64

（3）在历史数据池中，子舱 Y 在 DCP 6 上的旅客需求量与在 DCP 23 上的旅客需求量的关系如表 3-19 所示。

表 3-19　历史数据池中在 DCP 6 与 DCP 23 上的未受限旅客需求量

DCP 6	8	9	8	10	12	7	13	10
DCP 23	80	85	75	87	90	78	95	80

若未来离港航班子舱 Y 在 DCP 6 上的旅客未受限需求为 10 个，请利用加法模型、乘法模型、线性模型、半对数模型、ESP 模型（$C=0.25$）预测 DCP 23 上旅客最终未受限需求量。

（4）表 3-20 给出了一个未来离港航班某物理舱相应的订座、离港以及 No-Show 率历史记录，请利用 M-移动平均法、一次指数平滑移动法（$\alpha=0.3$）对此航班物理舱的 No-Show 率进行预测。

表 3-20　物理舱 No-Show 率

日期	订座数/个	离港数/个	No-Show 数/个	No-Show 率
1	10	8	2	0.20
2	10	7	3	0.30
3	10	8	2	0.20
4	10	9	1	0.10
5	10	7	3	0.30
6	10	6	4	0.40
7	10	7	3	0.30
8	10	9	1	0.10
9	10	8	2	0.20
10	10	7	3	0.30

4 超　售

毫无疑问，超售是航空公司减少航班座位虚耗、增加收入的强有力武器。然而，超售的实施往往会出现这样的情形：旅客前往机场登机，却被告知航班上的座位已经被坐满了，该旅客只能等待下一班航班。面对这一情形，旅客所持的态度不尽相同：① 航空公司的超售是"欺诈"行为，旅客应该诉诸法律获取合理赔偿；② 为了提高收益，航空公司进行超售，是一种"国际的惯例"，应该被支持。那么，超售是否应该被支持，如何才能有效实施超售，使得航空公司与旅客双赢呢？要解决这一系列问题，必须要熟悉超售的原理与技术手段，掌握超售实施的关键要点。

4.1　历史背景

超售（Overbooking）起源于美国航空运输业。由于有些旅客订了座位而不来登机，又有些旅客订了座位后在航班离港前取消订座，为了减少座位虚耗所造成的损失，航空公司会出售比实际可用座位数多的机票，即超售。超售的产生与计算机订座系统的发展是密不可分的。20 世纪 50 年代后期开始，美国航空公司和 IBM 公司合作研究开发实时航空座位编目的计算机系统，即第一套计算机订座系统（SABRE）的前身。到 20 世纪 60 年代中期，IBM 公司开发出了世界上第一台电脑订座系统，电脑订座可以直接将旅客的名单预先输入系统，极大地方便了对航班的事先安排。不仅如此，航空公司还发现，有些订了座位的旅客不来登机，给航空公司造成不少浪费，于是航空公司开始实行超售。超售既减少了座位的浪费，又为更多的旅客提供了旅行的机会，可谓一举两得。直至今天，超售仍然是一种有效的收益管理手段。

然而，美国的航空公司在实施超售的过程中也不是一蹴而就的。在上世纪 60 年代，虽然统计数据显示，当时美国民航业的 No-Show 人数接近十分之一，但是由于政府未公开支持航空公司超售的行为，旅客也未曾真正了解超售，因此航空公司只能偷偷进行超售。据说美国当时的航空公司一旦发生拒载，首先拉下的旅客是军人和老人，因为这些类型的旅客是最不可能投诉的。直到上世纪 70 年代末，一位经济学家成为了美国民航局局长后，超售才被迅速地推广开来。时至今日，美国所有非电子客票上，均会有"航班可能出现超售"的通告。同时还规定了航班一旦出现拒载后的赔偿规定。目前美国的 13 大航空公司每年大约拒载 100多万人，但因拒载而发生的投诉事件极少。由此可见，在民航业高度市场化的美国，超售并不是一件"新鲜事"。

4.2 超售原因

航空公司实施超售的实质是为了应对座位虚耗造成的收益损失，那么造成座位虚耗的原因主要有哪些呢？

（1）旅客购买机票后，由于种种原因无法及时登机（如未及时赶到机场而造成的误机），即 No-Show 会造成座位的虚耗。No-Show 是航空公司实施超售的最主要原因之一。那么为什么会有旅客 No-Show 呢？这必须得从航空公司的"产品"说起。航空公司将相同的座位以不同的价格、配上不同的限制条件进行销售，票价等级越高，所受的限制越少。购买高等级票价的旅客往往是一些时间上计划性不强的商务旅客，这些旅客由于自身行程计划的改变，往往会在临近航班起飞前取消航班订座，且几乎不用支付任何的费用，这一现象会造成航班座位虚耗而使得航空公司蒙受损失。

（2）旅客在不同航班上重复订座而造成座位虚耗。由于自身行程的不确定性，有些旅客会在不同的航班上订票，以此应对行程时间未定而造成可能无法顺利旅行的风险。这些高价值旅客，他们可以在无需支付任何费用的情况下，在预定机票的航班上任意 No-Show，这也会造成航空公司座位的虚耗。

（3）旅行社为了争夺座位，虚假订座而造成座位虚耗。旅行社为了能够争夺更多的低价格机票来提高销售额，往往会捏造旅客的姓名抢先订票。如果占的位子到时没人要，而旅行社又忘了取消，那么就会造成座位的虚耗。

（4）旅客错过衔接航班，造成后续航班座位虚耗。对于中转联程的旅客而言，完成全程旅行的前提是：前一个航班的实际到达时间能够顺利与后续航班的出发时间相衔接。然而现实生活中往往会由于天气、机械故障等原因导致前一个航班飞机延误，而使得旅客无法顺利衔接到下一航班，这一现象会导致旅客无法在后续航班上继续旅行而造成座位的虚耗。

（5）旅客购买来回程票，临时改变回程计划而未及时通知航空公司，造成回程航班的座位虚耗。例如，有部分旅客原本计划在目的地停留 7 天后返回，但由于目的地计划事务的变更而被迫改变了行程，但由于种种原因未能及时通知航空公司，那么这一部分旅客也会造成座位的虚耗。

（6）旅客由于种种原因，在临近航班起飞前将机票取消，而被取消的机票未留给航空公司充分的时间通知其他本想登机的旅客，或者想登机的旅客没有足够的时间进行订票而造成座位虚耗。

针对上述现象，航空公司如果不采取超售必然会造成损失：① 原本有需求的座位空座而造成经济损失，对于一个日平均航班量 1 000 个、平均航班座位虚耗数 1 个、单位虚耗成本为 500 元的航空公司而言，每年由于座位虚耗而造成的收益损失约为 1.8 亿元；② 造成原本想乘坐该航班的旅客没有成行，而很有可能转向购买竞争航空公司航班的机票；③ 旅客获取该航班仍然有空座信息，而没有乘坐上该航班，这一现象会降低航空公司的满意度和声誉。既然超售对航空公司、旅客均会带来好处，为什么不实施呢？因此，笔者认为，超售的问题不在于该不该实施，而在于应该如何有效地实施。

4.3 超售原理

航空公司实行超售，面临着两个风险：① 空座损失（Spoiling Cost），即飞机起飞时还剩有空座，显然这种空座会降低航空公司的经济收益。超售，可以通过减少空座的发生率来达到降低空位损失的目的；② 旅客拒载（Denied Boarding），大量的超售会引起 DB 率提高，每处理一名 DB 旅客，航空公司都会给予一定的 DB 补偿，这会使得收益降低。显而易见，随着舱位 AU 值的增加，空位损失降低，但 DB 补偿逐渐增加。因此，需要找到一个平衡点，使得空座损失与 DB 补偿最少。这个平衡点便是最佳的 AU 值。

如何确定最佳 AU 值呢？根据座位虚耗原因可以发现，旅客由于各种各样的原因会取消订座或者 No-Show。因此，收益管理人员可以根据旅客订座取消规律和 No-Show 规律，确定每个航班不同舱位在不同时间段的最佳舱位 AU 值，尽可能减少由订座取消造成的拒绝订座损失和 No-Show 造成的空座损失，实现航空公司的收益优化。然而在实际生活中，市场是不确定的。航班 No-Show 率的不确定性使得在确定舱位 AU 值时，必须仔细权衡超售带来的风险和收益，选择能够带来最佳收益的舱位 AU 值。超售越多，座位虚耗的可能性越小，但拒绝登机的可能性越大；超售越少，拒绝登机的可能性越小，但座位虚耗的可能性越大。超售在减少座位虚耗的同时，还必须保证被拒绝登机的人数尽可能少。即要找出一个既可以最有效地利用座位，又可以将拒绝登机的损失压到最小的最佳平衡点。超售是为了减少空座损失，实现收益的最大化。随着超售量的增长，发生空座的可能性不断减少，期望空座损失逐渐下降，但 DB 的可能性逐渐增加，期望 DB 成本随之增长。理论上而言，当超售量达到减少一个空座损失所增加的期望收益等于增加一个 DB 的期望成本时，超售的总成本最小，航空公司的收益就会实现最大，如图 4-1 所示。

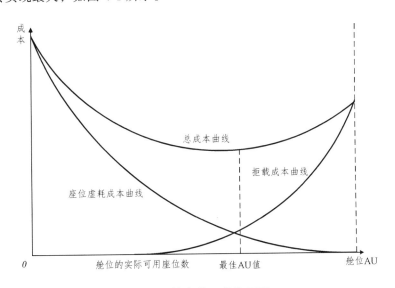

图 4-1　航空公司超售原理

需要说明的是，座位虚耗是指原本有需求的座位，在航班离港时没有捕获到旅客。这一现象是在航班订座生命周期内收益管理人员收放子舱所致。

4.4 经典超售模型——报童问题

随着 AU 值的不断增加，航班座位虚耗的可能性不断降低，但拒载旅客的可能性也随之增加，找到最佳的 AU 值使总成本最小是超售问题的核心。理论上而言，这类问题与运筹学中的"报童问题"是一致的。

4.4.1 问题描述

所谓的"报童问题"是指：一位报童从报社订报后进行零售，每卖出去一份可获利 a 元，若订报后卖不出去，则退回报社，每份报纸需要赔付 b 元。报纸的需求是不确定的，报童可以根据以往卖报的情况找到其内在的统计规律，问报童应该如何向报社购买报纸，才能保证利润的最大化？

如果报童每天订购的报纸份数太多，卖不完，就需要赔钱；而订购的报纸太少就会不够销售，造成收益损失，因此需要找到最佳的订购量。在航空公司超售问题中，寻找最佳的 AU 值相当于报童确定每日最佳订购量。如果将旅客成行率看成是服从二项式分布的随机变量，那么就可以建立起超售的"报童"模型。在建立超售模型前，我们作如下基本假设：

（1）旅客需求是无限的。

（2）旅客的订座请求是独立发生的。

4.4.2 超售模型

航空公司超售的目的是为了使航班收益最大化，但通常情况下订票旅客都面临着两种情况：到机场乘坐飞机或不到机场成为 No-Show 旅客。这对于每一个订票的旅客来说都是相互对立的两种情况，即订票的旅客只能到机场乘坐飞机或者是不到机场成为 No-Show 旅客，这两种情况不能同时存在。每一个订票旅客到机场乘坐飞机或不到机场乘坐飞机都是相互独立的，订票的旅客之间不存在任何联系。因此，有：

（1）各个旅客只能具有相互对立的一种结果。

（2）已知发生某一结果的概率为 p，其对立结果的概率为 $1-p$。

（3）n 次试验在相同条件下进行，各个观察单位的观察结果相互独立，即每个观察单位的观察结果不会影响到其他观察单位的结果。根据二项式分布的应用条件，我们发现订座旅客到达机场的概率服从二项式分布，因此，我们可以以航班超售成本最小为目标函数建立超售模型。

符号说明：

c——飞机实际可利用的座位数，单位：个；

r——单位座位的虚耗成本，单位：元；

TC——航班的超售成本，单位：元；

b——处理一名 DB 旅客的赔偿费用，单位：元；

x——航班 AU 值，单位：个；

p——订票旅客的到达率；

$P(k)$——航班到达 k 个旅客的概率。

当旅客到达人数 $k < c$ 时，航班上出现空座，此时的损失是由于没有充分利用航班上的座位造成的。空座损失成本为

$$TC_{sc} = \sum_{k=0}^{c-1} P(k)r(c-k) \tag{4-1}$$

当到达人数 $k > c$ 时，发生 DB，此时的损失是由于处理 DB 旅客的赔偿费造成的，DB损失成本为

$$TC_{DB} = \sum_{k=c+1}^{x} P(k)b(k-c) \tag{4-2}$$

因此，航班的超售成本可以表示为

$$TC = \sum_{k=0}^{c-1} P(k)r(c-k) + \sum_{k=c+1}^{x} P(k)b(k-c) \tag{4-3}$$

式（4-3）可以改写为

$$TC = \sum_{k=0}^{x} P(x)[r\max(c-k,0) + b\max(k-c,0)] \tag{4-4}$$

因此，以超售成本最小为目标函数构建的数学模型可以表达为

$$\min TC = \sum_{k=0}^{x} P(k)[r\max(c-k,0) + b\max(k-c,0)] \tag{4-5}$$
$$\text{s.t. } (x \geq c \text{ 且为整数})$$

式（4-5）是整数规划模型。考虑到航空公司实际操作时 AU 值的取值并不大，因此可以采用枚举法进行求解。为了寻求最佳 AU 值，设 x 的初值为飞机容量 c，然后逐渐增加 x 的值，并计算相应的超售成本 TC，直至满足 $ER(x) < ER(x-1)$ 且 $ER(x) < ER(x+1)$，则此时的 x 即为最佳的 AU 值。

4.5　超售优化方法

超售的"报童问题"给出了确定 AU 值的理论依据。从中可以发现，准确计算拒载人数、座位虚耗数目，合理设置单位旅客的拒载成本与座位虚耗成本是确定最佳 AU 值的关键。因此，下面我们介绍如何确定超售成本、拒载人数与虚耗座位数目。

4.5.1　超售成本

超售成本分为拒载成本和座位虚耗成本。拒载成本是由于旅客被拒载而发生的一系列费用，如免费的食宿、代金券、现金赔偿等。在被拒载的旅客中，有些旅客在航空公司规定赔付标准下自愿放弃登机，我们称之为"自愿拒载"旅客；有些旅客在航空公司规定的赔付标

准下非自愿放弃登机,我们称之为"强制拒载"旅客。通常情况下,单位"自愿拒载"旅客的拒载成本不超过单位"强制拒载"旅客的拒载成本。

对于拒载成本,收益管理人员根据旅客的拒载情况,为不同的旅客设置不同的拒载成本,如图 4-2 所示。

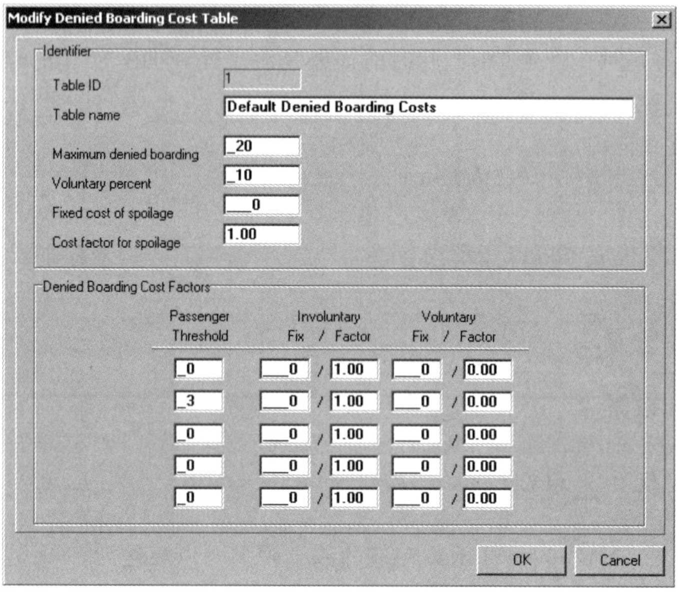

图 4-2　航空公司损失成本设置

对于第 1 位、第 2 位旅客,"强制拒载"旅客的单位拒载成本中的固定部分为 0 元,拒载因子为 1.0。若当前最高等级子舱的平均票价水平为 1 000 元,那么被拒载的第 1 位、第 2 位旅客的单位拒载成本为 $1.0 \times 1 000 = 1 000$ 元;类似地,对于第 3 位、第 4 位及其以上旅客,"强制拒载"旅客的单位拒载成本中的固定部分为 0 元,拒载因子为 1.0,那么对于被拒载的第 3 位、第 4 位及其以上旅客,单位拒载成本为 $1.0 \times 1 000 = 1 000$ 元。需要说明的是,成本的固定部分体现的是被拒载旅客地面运输、酒店住宿等的费用。拒载因子反映的是航空公司对于风险的态度。另外,有些航空公司也会使用物理舱的平均收益水平代替最高等级子舱的平均票价水平来作为单位拒载成本的变动部分。

例题 4-1　假设某未来离港航班的期望座位虚耗数目为 5.25 个,期望拒载人数为 6.34 个,"自愿拒载"旅客的比例为 30%,最高等级子舱的平均票价为 400 元。超售成本的设置情况如表 4-1 所示,请计算超售成本值。

解: 座位虚耗成本 = $0+5.25 \times 1.0 \times 400 = 2 100$ 元;

"自愿拒载"旅客数 = $0.3 \times 6.34 = 1.90$ 人次;

"自愿拒载"旅客的拒载成本 = $0+1.9 \times 1.0 \times 400 = 760$ 元;

"强制拒载"旅客数 = $0.7 \times 6.34 = 4.44$ 人次;

"强制拒载"旅客的拒载成本 = $0+1 \times 1.1 \times 400+3.44 \times 1.4 \times 400 = 2 366.4$ 元;

超售成本 = $2 100+2 366.4+760 = 5 226.4$ 元。

表 4-1 拒载与虚耗成本信息

	旅客门槛值	固定部分/元		成本因子	
		自愿	非自愿	自愿	非自愿
拒载	0	0	0	1.0	1.1
	2	0	0	1.2	1.4
	5	0	0	1.5	1.6
虚耗	—	0		1.0	

4.5.2 超售优化技术

超售优化的目标可以是超售成本最小，也可以是期望净收益最大化。下面以超售成本最小为目标介绍超售优化。其计算步骤可以描述如下：

（1）估算物理舱的成行率、标准差。

（2）为物理舱的 AU 值估算旅客平均成行人数及标准差。

（3）利用旅客平均成行人数的正态分布曲线，为不同的可能物理舱 AU 值确定期望的虚耗座位数和拒载人数。

（4）为每一个可能 AU 值计算虚耗成本与拒载成本，并选择超售成本最小的 AU 作为最佳 AU 值。

例题 4-2 针对未来某离港航班的经济舱，历史数据显示其平均成行率为 82%，标准差为 10%。若该物理舱的实际可利用座位数为 100 个，平均票价水平为 400 元，虚耗成本因子为 1.0，拒载成本因子为 3.0，请确定最佳的 AU 值。

第一步，根据物理舱的成行率、标准差，估算物理舱的旅客平均成行人数。旅客平均成行人数 = 当前物理舱的 AU 值×物理舱的平均成行率，如表 4-2 所示。

表 4-2 不同 AU 值下旅客平均成行人数

物理舱 AU	旅客平均成行人数	
	结果	近似值
110	90.20	90
111	91.02	91
112	91.84	92
113	92.66	93
114	93.48	94
115	94.30	94

旅客平均成行人数的标准差 = 物理舱的 AU 值×物理舱成行率的标准差，计算结果如表 4-3 所示。

表 4-3　不同 AU 值下旅客平均成行人数标准差

物理舱 AU	旅客平均成行人数标准差	
	结果	近似值
110	11.0	11
111	11.1	11
112	11.2	11
113	11.3	11
114	11.4	11
115	11.5	12

第二步，计算期望虚耗座位数和期望拒载人数。在计算最佳 AU 值的过程中，我们认为旅客成行人数服从正态分布，在此基础上计算虚耗座位以及拒载人数，计算原理如图 4-3 所示。例如，当 AU = 110 个时，超售优化过程计算得到的期望虚耗座位概率如表 4-4 所示。

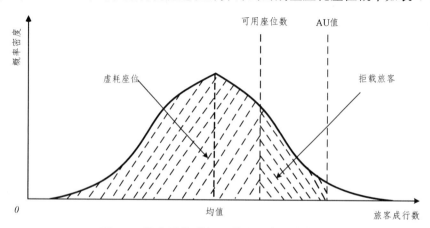

图 4-3　旅客平均成行人数的正态分布曲线

表 4-4　期望虚耗座位概率

座位编号	Z 值	虚耗概率
…	…	…
#57	$(57-90)/11 = -3 = 0.4987$	$50\% - 49.87\% = 0.13\%$
#58	$(58-90)/11 = -2.91 = 0.4982$	$50\% - 49.82\% = 0.18\%$
#59	$(59-90)/11 = -2.82 = 0.4976$	$50\% - 49.76\% = 0.24\%$
…	…	…
#89	$(89-90)/11 = -0.09 = 0.0359$	$50\% - 3.59\% = 46.38\%$
#90	$(90-90)/11 = 0 = 0.0000$	$50\% - 0\% = 50\%$
#91	$(91-90)/11 = 0.09 = 0.0359$	$50\%+3.59\% = 53.62\%$
…	…	…
#98	$(98-90)/11 = 0.73 = 0.2673$	$50\%+26.73\% = 76.65\%$
#99	$(99-90)/11 = -0.82 = 0.2939$	$50\%+29.39\% = 79.34\%$
#100	$(100-90)/11 = 0.91 = 0.3186$	$50\%+31.86\% = 81.83\%$
期望虚耗概率小计		11.497 6 或者 11.50

类似地，当 AU = 110 个时，超售优化过程计算得到的期望拒载概率如表 4-5 所示。

表 4-5　期望拒载概率

登机旅客	Z 值	拒载概率
#101	$(101 - 90)/11 = 1.00 = 0.3413$	$50\% - 34.13\% = 15.87\%$
#102	$(102 - 90)/11 = 1.09 = 0.3621$	$50\% - 36.21\% = 13.77\%$
#103	$(103 - 90)/11 = 1.18 = 0.3810$	$50\% - 38.10\% = 11.86\%$
#104	$(104 - 90)/11 = 1.27 = 0.3980$	$50\% - 39.80\% = 10.16\%$
#105	$(105 - 90)/11 = 1.36 = 0.4131$	$50\% - 41.31\% = 8.63\%$
#106	$(106 - 90)/11 = 1.45 = 0.4265$	$50\% - 42.62\% = 7.29\%$
#107	$(107 - 90)/11 = 1.55 = 0.4394$	$50\% - 43.94\% = 6.11\%$
#108	$(108 - 90)/11 = 1.64 = 0.4495$	$50\% - 44.95\% = 5.09\%$
#109	$(109 - 90)/11 = 1.73 = 0.4582$	$50\% - 45.82\% = 4.21\%$
#110	$(110 - 90)/11 = 1.82 = 0.4656$	$50\% - 46.56 = 3.45\%$
拒载累计概率		0.864 3 或者 0.86

第三步，计算期望虚耗座位成本与期望拒载旅客成本。相应的单位成本计算过程如下：

虚耗成本为 $11.50 \times 1.0 \times 400 = 4\ 600$ 元，拒载成本为 $0.86 \times 3.0 \times 400 = 1\ 032$ 元。因此，当 AU = 110 个时，期望超售成本为 4 600+1 032 = 5 632 元。

第四步，令 AU = AU+1，继续返回第二步、第三步进行计算。如果计算得出的超售成本下降，那么继续迭代，否则，停止并确定最佳物理舱 AU 值。

根据上述四个步骤，在物理舱不同的 AU 值下，超售成本的结果如图 4-4 所示。其中最佳 AU 值为 113 个，超售成本为 5 431 元。

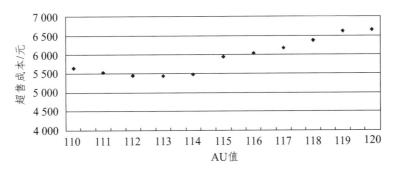

图 4-4　各个 AU 值下的超售成本

超售过程中，可以以超售成本最小为目标寻找最佳的 AU 值，同样地，也可以以期望净收益最大为目标进行超售优化。期望净收益是指，物理舱各个子舱的平均收益水平乘以相应子舱的最终成行旅客人数，然后累加减去期望的超售成本。

4.6 需求缩水的优化方法

在航班订座生命周期内，部分旅客订了票后会在航班离港前取消订座。如图 4-5 所示的 7181 航班，散客特殊价格舱“Z”在 DCP 13、DCP 17 上以及团队旅客舱位“G”，在 DCP 18 上均有旅客取消订座的现象。

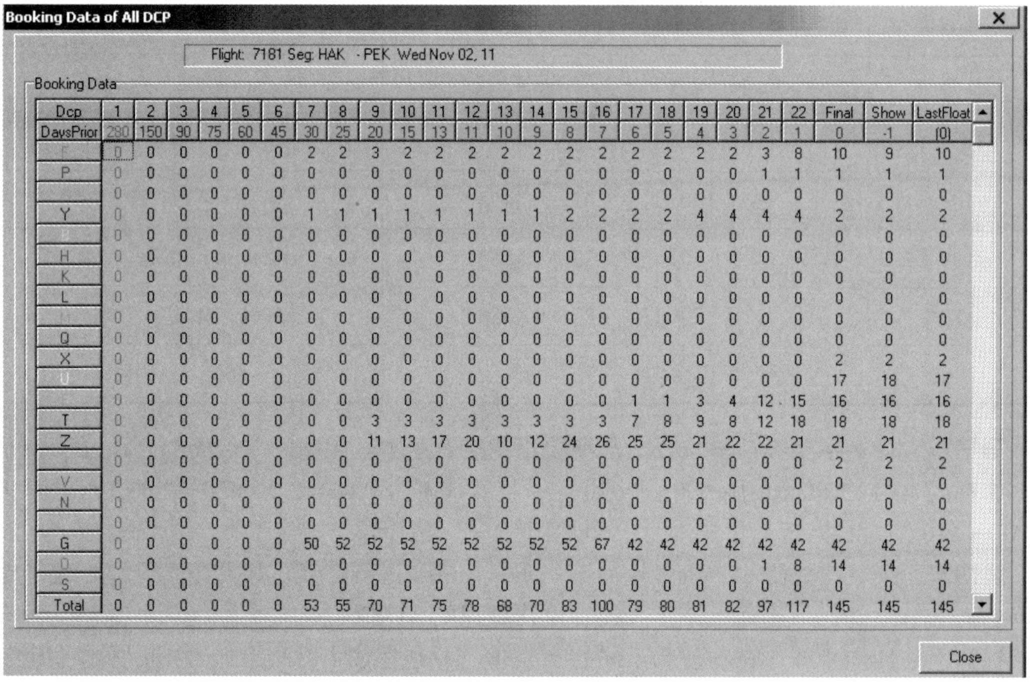

Booking Data of All DCP

Flight: 7181 Seg: HAK - PEK Wed Nov 02, 11

Booking Data

Dcp	1	2	3	4	5	6	7	8	9	10	11	12	13	14	15	16	17	18	19	20	21	22	Final	Show	LastFloat
DaysPrior	280	150	90	75	60	45	30	25	20	15	13	11	10	9	8	7	6	5	4	3	2	1	0	-1	(0)
F	0	0	0	0	0	0	2	2	3	2	2	2	2	2	2	2	2	2	2	2	3	8	10	9	10
P	0	0	0	0	0	0	0	0	0	0	0	0	0	0	0	0	0	0	0	0	1	1	1	1	1
	0	0	0	0	0	0	0	0	0	0	0	0	0	0	0	0	0	0	0	0	0	0	0	0	0
Y	0	0	0	0	0	0	1	1	1	1	1	1	1	1	2	2	2	2	4	4	4	4	2	2	2
B	0	0	0	0	0	0	0	0	0	0	0	0	0	0	0	0	0	0	0	0	0	0	0	0	0
H	0	0	0	0	0	0	0	0	0	0	0	0	0	0	0	0	0	0	0	0	0	0	0	0	0
K	0	0	0	0	0	0	0	0	0	0	0	0	0	0	0	0	0	0	0	0	0	0	0	0	0
L	0	0	0	0	0	0	0	0	0	0	0	0	0	0	0	0	0	0	0	0	0	0	0	0	0
M	0	0	0	0	0	0	0	0	0	0	0	0	0	0	0	0	0	0	0	0	0	0	0	0	0
Q	0	0	0	0	0	0	0	0	0	0	0	0	0	0	0	0	0	0	0	0	0	0	0	0	0
X	0	0	0	0	0	0	0	0	0	0	0	0	0	0	0	0	0	0	0	0	0	0	2	2	2
U	0	0	0	0	0	0	0	0	0	0	0	0	0	0	0	0	0	0	0	0	0	0	17	18	17
	0	0	0	0	0	0	0	0	0	0	0	0	0	0	0	0	1	1	3	4	12	15	16	16	16
T	0	0	0	0	0	0	0	0	3	3	3	3	3	3	3	3	7	8	9	8	12	18	18	18	18
Z	0	0	0	0	0	0	0	0	11	13	17	20	10	12	24	26	25	25	21	22	22	21	21	21	21
	0	0	0	0	0	0	0	0	0	0	0	0	0	0	0	0	0	0	0	0	0	0	2	2	2
V	0	0	0	0	0	0	0	0	0	0	0	0	0	0	0	0	0	0	0	0	0	0	0	0	0
N	0	0	0	0	0	0	0	0	0	0	0	0	0	0	0	0	0	0	0	0	0	0	0	0	0
	0	0	0	0	0	0	0	0	0	0	0	0	0	0	0	0	0	0	0	0	0	0	0	0	0
G	0	0	0	0	0	0	50	52	52	52	52	52	52	52	52	67	42	42	42	42	42	42	42	42	42
O	0	0	0	0	0	0	0	0	0	0	0	0	0	0	0	0	0	0	0	0	1	8	14	14	14
S	0	0	0	0	0	0	0	0	0	0	0	0	0	0	0	0	0	0	0	0	0	0	0	0	0
Total	0	0	0	0	0	0	53	55	70	71	75	78	68	70	83	100	79	80	81	82	97	117	145	145	145

Close

图 4-5　各个子舱在不同 DCP 点的订座变化

针对这些需求缩水（Decrement）现象，如果收益管理人员不提前进行处理，就有可能造成座位的虚耗，如图 4-6 所示。因此收益管理人员需要在航班订座生命周期早期，提前抬高子舱的 AU 值，以保证子舱达到期望的订座数，如图 4-7 所示。所谓的需求缩水优化是指在航班订座生命周期内，为了弥补各个子舱中因旅客订座取消而造成的空座损失，在航班订座周期早期合理抬高子舱 AU 值的过程。

考虑到散客缩水过程与团体旅客缩水过程的差异性，我们可以将需求的缩水模式分为：

（1）线性缩水（Line Decrement），主要针对的是散客的订座与取消。

（2）梯度缩水（Step Decrement），主要针对的是团体旅客的订座与取消。

那么，如何确定各个 DCP 时间点上 AU 值的放置策略呢？下面针对上述两种不同的需求缩水模式，我们分析具体的计算方法。

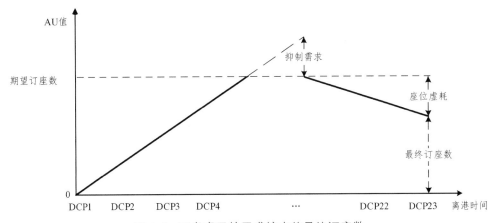

图 4-6　不考虑子舱需求缩水的最终订座数

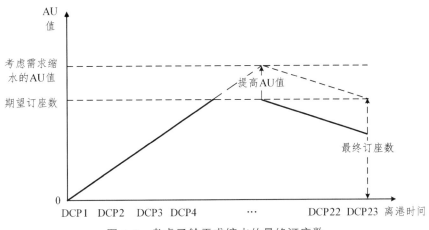

图 4-7　考虑子舱需求缩水的最终订座数

4.6.1　线性缩水优化方法

线性缩水优化是指在航班订座生命周期内，在某一子舱旅客订座数达到最高点前（pre-apex DCP）设置一个新的、更高的 AU 值。当过了订座数最高点后，随着未来离港航班起飞时间的临近，逐渐减少 AU 值，以达到不进行缩水处理时期望的 AU 值。

缩水优化的具体计算步骤可以描述如下：

（1）分析子舱订座生命周期曲线，估计该子舱订座数的最高点。

（2）设置该子舱最高订座点前的 AU = DCP 23 的期望 AU+期望取消订座数。

（3）在该子舱订座数最高的 DCP 点逐步缩水至 DCP 23，直至最终在 DCP 23 上的 AU 值等于不考虑缩水时的期望 AU 值。

例题 4-3　假设一个未来离港航班子舱 Y 当前 AU 值为 14 个，根据历史订座生命周期曲线发现，该子舱的订座最大值在 DCP 17 上，过了 DCP 17 后累计订座数逐渐减少。在 DCP 23上，历史平均订座数为 8 个，比此未来离港航班 Y 子舱的 AU 值小了 6 个，如图 4-8 所示。从 DCP 7 ~ DCP 17，AU 值拒绝了部分本要订座的旅客，请给出该 Y 子舱从 DCP 17 ~ DCP 23的 AU 值。

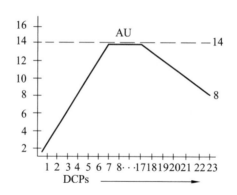

图 4-8　线性缩水导致的座位虚耗

根据缩水优化的计算方法，在 DCP 17 上提高 AU 值至 20 个，使得 DCP 1～DCP 17 的 AU 值达到 20 个。然后在 DCP 17 以后，逐渐减少 AU 值，至 DCP 23 时 AU 值为 14 个。由于从 DCP 17～DCP 23 之间共有 6 个 DCP 点，而在这 6 个 DCP 点之间，净订座数共取消订座 6 个，这就意味着每一个 DCP 点线性缩水 1 个净订座数，因此，随着离港时间的临近，各个 DCP 点上 AU 值的放置策略应该如下所示：

DCP 18 = 19 个

DCP 19 = 18 个

DCP 20 = 17 个

DCP 21 = 16 个

DCP 22 = 15 个

DCP 23 = 14 个

通过上述策略，子舱 Y 将再接受 6 个订座，如图 4-9 所示。

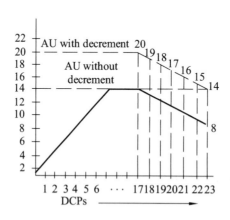

图 4-9　考虑线性缩水后各个 DCP 点的 AU 值

那么，如果

$$\frac{\text{净订座数最高时DCP 点的净订座数} - \text{DCP 23 的净订座数}}{\text{DCP 23} - \text{净订座数最高时的时间点}} \neq \text{整数}$$

应该如何确定各个 DCP 点的 AU 值放置策略呢?

缩水优化方法对每一个 DCP 点上的缩水量进行向下取整,并将余数进行向下累加,以此往复,最终求得各个 DCP 点上的 AU 值。

例题 4-4 假设在例题 4-3 中需求缩水量是 9 个,那么,有

$$\frac{DCP17 \text{ 的净订座数} - DCP23 \text{ 的净订座数}}{23-17} = \frac{9}{6} = 1.5$$

此时,各个 DCP 点 AU 值的放置策略如表 4-6 所示。

表 4-6 线性缩水速度非整数时各 DCP 点的 AU 值

DCP	AUs	计算过程描述
23	14	14
22	15	14+1.5 = 15.5,取 15,余下 0.5
21	17	15+1.5+0.5 = 17
20	18	17+1.5 = 18.5,取 18,余下 0.5
19	20	18+1.5+0.5 = 20
18	21	20+1.5 = 21.5,取 21,余下 0.5
17	23	21+1.5+0.5 = 23

4.6.2 梯度缩水优化方法

在航班订座生命周期内,团体旅客的缩水规律与散客的缩水规律存在很大的差异性。如图 4-6 所示,7181 航班的团体旅客舱位 G,在 DCP 8 ~ DCP 15 期间,团队旅客的数目一直为 52 个,而在 DCP16 上旅客订座数为 67 个,但是在 DCP17 上旅客的订座数“成块”取消了 15 个,航班订座生命周期内旅客的净订座数曲线如图 4-10 所示。

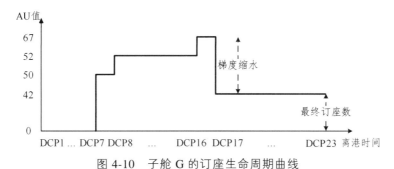

图 4-10 子舱 G 的订座生命周期曲线

对于图 4-10 所示的梯度缩水情况,收益管理人员将在相应的 DCP 点直接抬高 AU 值进行缩水优化。那么,当既有线性缩水又有梯度缩水的时候,如何在各个 DCP 点放置 AU 值呢?

例题 4-5 针对未来离港航班子舱 Y 在 DCP 17 上线性缩水 6 个旅客订座,在 DCP 18 上

梯度缩水 4 个旅客订座,如表 4-7 所示,最终在 DCP23 上期望旅客订座数为 14 个的缩水问题,请给出 Y 舱在需求缩水下各个 DCP 点上的 AU 值。

表 4-7　不同 DCP 点的缩水类型及其缩水量

缩水类型	DCP	缩水量/个
线性缩水	DCP17	6
梯度缩水	DCP18	4

在没有考虑线性缩水情况下,在 DCP18 梯度缩水 4 个旅客订座数后,各个 DCP 点的 AU 值放置策略如表 4-8 所示。

表 4-8　不考虑需求缩水下各个 DCP 点上的 AU 值

DCP	1	…	18	19	20	21	22	23
AUs	18		18	14	14	14	14	14

在综合考虑线性缩水与梯度缩水的情况下,各个时期 AU 值的计算过程如表 4-9 所示。

表 4-9　考虑需求缩水下各个 DCP 点上的 AU 值

DCP	AUs	计算结果描述
23	14	14
22	15	14+1
…	…	…
19	18	17+1
18	23	18+1+4steps
17	24	23+1
…	…	…
1	24	23+1

假如在上述计算结果的基础上,又在 DCP 20 上梯度缩水了 3 个旅客订座,那么各个 DCP 点上的 AU 应该如何放置呢?结果如表 4-10 所示。

表 4-10　不同 DCP 点的 AU 值

DCP	1	…	17	18	19	20	21	22	23
AUs	27	…	27	26	21	20	16	15	14

4.6.3　线性嵌套下混合缩水优化方法

线性缩水优化和梯度缩水优化通过估计子舱订座最高点来提前抬高 AU 值,以此保证子舱取消订座发生后仍然能够达到期望的订座数。在实际情况中,子舱与子舱之间存在着一定的逻辑关系,当高等级子舱座位数不足时,它能够抢占低等级子舱的座位。因此,当发生订座缩水时,高等级子舱的 AU 值不仅反映了其自身的缩水方式,而且还影响着低等级子舱的

AU 值。上述现象经常发生在线性嵌套逻辑下各子舱的缩水过程中。线性嵌套下混合缩水优化（兼有线性缩水与梯度缩水）的计算方法如下：

（1）分析子舱订座生命周期曲线，估计该子舱订座的最高点。

（2）估计该子舱上旅客订座的缩水类型、缩水量以及缩水的 DCP 点。

（3）根据低等级子舱在各个 DCP 点上的 AU 值，按照线性缩水和梯度缩水的计算方法设置各个 DCP 点的 AU 值。

（4）根据高等级子舱的保护水平，设置高等级子舱在各个 DCP 点上的 AU 值。

例题 4-6　假设表 4-11 是 B 舱在各个 DCP 点上的 AU 值，请给出 B 舱在需求缩水下各个 DCP 点上的 AU 值，缩水的类型与缩水所在的 DCP 点如表 4-12 所示。

表 4-11　B 舱在没有考虑缩水下各个 DCP 点的 AU 值

DCP	1	…	17	18	19	20	21	22	23
B AUs	14	…	14	14	14	14	14	14	14

表 4-12　B 舱在不同 DCP 点上的缩水类型与缩水量

缩水类型	DCP	缩水量/个
线性缩水	DCP 17	6
梯度缩水	DCP 18	4
梯度缩水	DCP 20	3

根据混合缩水优化的计算方法，子舱 B 在各个 DCP 点上的 AU 值如表 4-13 所示。

表 4-13　线性嵌套混合缩水下子舱 B 各个 DCP 点的 AU 值

DCP	AU	计算结果
23	14	14
…	…	…
20	20	16+1+3steps
19	21	20+1
18	26	21+1+4steps
17	27	26+1
…	…	…
1	27	27

此时，假设 A 舱为 B 舱的父舱。在线性嵌套下，A、B 子舱在各个 DCP 点上 AU 值之间的关系如表 4-14 所示。A 舱缩水的类型与缩水所在的 DCP 点如表 4-15 所示。请给出 A 舱、B 舱在各个 DCP 点上的 AU 值。

表 4-14　线性嵌套下没有考虑缩水的各个子舱的 AU 值

DCP	1	…	17	18	19	20	21	22	23
B AUs	27	…	27	26	21	20	16	15	14
A AUs	35	…	35	34	29	28	24	23	22

表 4-15　A 舱在不同 DCP 点上的缩水类型与缩水量

缩水类型	DCP	缩水量/个
线性缩水	DCP 18	10
梯度缩水	DCP 15	6

根据子舱 A 的销售限额（A AUs = B AUs+8），子舱 A 在各个 DCP 点上 AU 值的计算过程如表 4-16 所示。

表 4-16　线性嵌套混合缩水下子舱 A 在各个 DCP 点上的 AU 值

DCP	不考虑缩水 A 的 AUs	线性缩水	梯度缩水	A AUs
23	22	—		22
22	23	2	—	25
21	24	4	—	28
20	28	6	—	34
19	29	8	—	37
18	34	10	—	44
17	35	10	—	45
16	35	10	—	45
15	35	10	6	51
...	...	...	...	...
1	35	10	6	51

最终，各个子舱在不同 DCP 点上 AU 值的计算结果如表 4-17 所示。

表 4-17　混合缩水下各个子舱嵌套 AU 值

DCP	1	...	15	16	17	18	19	20	21	22	23
A AUs	51	...	51	45	45	44	37	34	28	25	22
B AUs	27	...	27	27	27	26	21	20	16	15	14

No-Show 旅客的存在使得航空公司必须进行超售来弥补空座的损失，而取消订座的现象又使得航空公司必须要进行缩水优化，以确定子舱在各个 DCP 点上的 AU 值放置策略。需要说明的是，在收益管理的理论研究中，通过销售比航班实际可利用座位数多的机票来解决 No-Show 与订座取消所引起的座位虚耗现象都被称为超售（Overbooking）。本章中我们将解决 No-Show 所引起的座位虚耗过程称之为"超售"，而将解决订座取消所引起的座位虚耗过程称之为"缩水"。显然，这更好地区分了座位虚耗发生的原因。

实质上，本章中所述的超售优化和缩水优化过程与座位优化分配过程是密不可分的：航空公司采用超售优化为航班上各个物理舱设置合理的 AU 值，然后利用座位优化分配方法（如 EMSR 方法）为各个子舱进行座位优化分配，以此得出各个子舱的 AU 值，最后结合缩水优化确定不同子舱在各个 DCP 点上的 AU 值来作为各个子舱当前最终的座位分配策略。另外，超售、缩水优化计算只是座位优化分配策略的重要环节之一，在实际分配过程中还必须要考虑空座（即无需求座位）放置以及升舱优化过程对于座位整体优化分配策略的影响。

4.7 超售的实施

从长期实施超售的角度来看，超售在解决座位虚耗、增加航空公司收益的同时，旅客拒载的现象是不可避免的。为了能够减少旅客拒载所造成的损失，航空公司必须要解决如下几个关键问题：

1. 超售前的工作

超售的实施不但减少了航空公司座位的虚耗、增加了收益，而且为更多想乘坐飞机的人提供了便利。试想，假如你今天有急事，打电话给航空公司订明天的票，而卖票人员告诉你票已经卖完了，让你改天再走。可是到了航班起飞后，坐在该航班上的朋友告诉你，飞机上还有空座，你会怎么想？因此，超售是对航空公司和旅客均有利的事情。那么为什么旅客不能接受呢？笔者认为：首先，航空公司应该在超售实施前加大宣传的力度，引导旅客正确地认识超售所带来的好处；其次，航空公司应该减少被拒载旅客由于掌握超售相关信息不对称而造成的惊慌失措、反感和发怒等情绪，以使旅客认识、理解并支持航空公司超售工作；再者，航空公司在实施超售前应该与机场的旅客服务部门签订有关协议，如发生拒载时机场广播部门应该积极配合航空公司的通知工作，保证二次值机工作的顺利开展；然后，与签订地面服务协议的公司明确拒载后旅客的处理办法与流程，保证旅客被拒载后，应该把什么旅客请下来，谁来处理被拒载旅客的工作，赔偿的标准是什么等；最后，航空公司在实施超售前应该明确各个部门，如，座控、销售、值机、财务等部门各自的工作内容与流程，以保证将拒载带来的损失降到最低。

2. 超售中的工作

将航班的订座生命周期划分为不同的阶段：在航班开放期，确定可销售的座位数，并将其录入 CRS 系统中进行销售；在订座高峰期，考虑未来旅客订座的取消行为，准确预测取消订座和 No-Show 的旅客，合理放置 AU 值；在订座缩减期，准确把握旅客取消订座的速度与性质，科学合理地确定各阶段 AU 值的放置策略；在值机阶段，如果订座数超出了航班实际可用座位数，各个相关部门应做好发生实超（Over-Sale）的准备工作。

3. 发生拒载后的工作

一旦航班发生拒载现象，航空公司应该按照超售前的相关协议、工作流程妥善处理被拒载旅客，并做出合理的补偿。

（1）对于旅客延长旅行时间的补偿。被拒载旅客延长的旅行时间以换乘航空公司安排的后续航班时刻为基准，到达其原乘航班旅行目的地的计划时间来确定。对于航空公司已经落实了较早的后续航班，但应旅客要求进一步向后推延航班的情况，应该按照航空公司所落实的较早时间的航班确定旅客的损失时间。每小时赔偿标准按照全国或航班起点与终点城市平均小时工资中的最高标准来计算。对于持折扣票的旅客，赔偿标准按照票价相同比例打折。建议采取给予被拒载旅客高于其应得赔偿金额的免票或折扣票代替现金支付，但需征得旅客同意，不应该强制推行。

（2）对于旅客延长候机的不便给予补偿。对于需要安排食宿的旅客，免费给予食宿并解决交通问题；对于退票旅客，免费安排返回市内交通或给予地面交通补偿；免费向被拒载旅客提供电报、电话等通讯联系服务。

值得注意的是，一旦发生拒载现象，值机人员、机场超售管理人员都应该端正态度，积极配合并采取措施帮助旅客解决实际问题。

4.8　本章小结

由于航空旅客取消订座、No-Show 的现象，航空公司航班上的座位存在着被虚耗的风险。为了减少座位的虚耗、增加收益，航空公司实施超售。然而，超售的实施犹如一把"双刃剑"，它在减少座位虚耗的同时，还带来了拒载旅客的风险，因此，确定合理的 AU 值是实施超售的关键。而这一过程理论上可以用运筹学中经典的报童问题加以解决。针对 No-Show 旅客，本章给出了确定超售量的计算方法；针对取消订座过程，本章根据不同的需求缩水类型，给出了需求缩水下 AU 值的计算方法。最后叙述了航空公司在实施超售过程中，需要妥善解决好超售实施前、超售实施过程中以及超售实施后旅客被拒载的一系列问题，只有如此，超售才能得以有效地实施，并且为旅客带来实质性的便利。

练习题

1. 名词解释

（1）座位虚耗

（2）线性缩水

（3）梯度缩水

（4）Over-sale

2. 简答题

（1）航空公司产生座位虚耗的原因。

（2）解释航空公司超售的原理。

3. 计算题

（1）针对未来某离港航班的经济舱，历史数据显示其平均成行率为 85%，标准差为 10%，若该物理舱的实际可用座位数为 100 个，最高等级子舱的平均票价水平为 600 元，虚耗成本因子为 1.0，拒载成本因子为 1.5，请确定最佳的 AU 值。

（2）假设一个未来离港航班子舱 Y 的当前 AU 值为 22，根据历史订座生命周期曲线发现，该子舱的订座最大值在 DCP 17 上，过了 DCP 17 后累计订座数逐渐减少。在 DCP 23 上，历史平均订座数为 8 个，比此未来离港航班 Y 子舱的 AU 值小了 14 个。从 DCP 7 ~ DCP 17，

AU 值拒绝了部分本要订座旅客，请给出该 Y 子舱从 DCP 17～DCP 23 的 AU 值。

（3）针对未来离港航班子舱 Y 在 DCP 17 上线性缩水 6 个旅客订座，在 DCP 18 上梯度缩水 8 个旅客订座（如表 4-18 所示），最终在 DCP 23 上期望的旅客订座数为 14 个的缩水问题。请给出 Y 舱在需求缩水下各个 DCP 点上的 AU 值。

表 4-18　不同 DCP 点的缩水类型与缩水量

缩水类型	DCP	缩水量/个
线性缩水	DCP 17	6
梯度缩水	DCP 18	8

（4）假设表 4-19 是 B 舱在各个 DCP 点的 AU 值，B 舱为 A 舱的低等级子舱。A 舱缩水的类型与缩水的 DCP 点如表 4-20 所示。若 A 舱的保护数为 8 个，请给出 A 舱在各个 DCP 点的 AU 值。

表 4-19　线性嵌套下没有考虑缩水的各个子舱的 AU 值

DCP	1	…	17	18	19	20	21	22	23
A AUs	35	…	35	34	29	28	24	23	22
B AUs	27	…	27	26	21	20	16	15	14

表 4-20　A 舱在不同 DCP 点的缩水类型与缩水量

缩水类型	DCP	缩水量/个
线性缩水	DCP 18	14
梯度缩水	DCP 15	8

附 录

欧盟《关于航班拒载、取消或延误时对旅客补偿和帮助的一般规定》

欧盟于 2004 年公布了《关于航班拒载、取消或延误时对旅客补偿和帮助的一般规定》(欧盟 261 条例),建立了关于航班拒载、取消或长时间延误时对旅客赔偿和提供帮助的新的共同规则,该条例已于 2005 年 2 月 17 日生效。《欧共体关于航班拒载、取消或延误时对旅客补偿和帮助的一般规定》(以下简称"欧盟 261 条例")的规定加强了对旅客权利的保护:其规定了在超售情况下对旅客的保护,为旅客在航班取消和延误时设立了新的权利。

第 1 条 适用对象

1. 本条例为具备以下特定条件的旅客规定了最低的权利:

(a)被强行拒载的旅客;

(b)航班被取消的旅客;

(c)航班被延误的旅客。

2. 考虑到西班牙和英国对直布罗陀机场所在地的主权争议,本条例对直布罗陀机场的适用理解为不影响西班牙和英国各自的法律地位。

3. 在西班牙和英国两国的外交大臣于 1987 年 12 月 2 日达成的联合声明中就直布罗陀机场的安排进入实施之后,本条例将不再适用于直布罗陀机场。

第 2 条 定义

就本条例的意义上:

(a)"承运人",是指持有有效的运营执照的航空运输企业;

(b)"运营承运人",是指根据与旅客的合同,或作为与旅客有合同关系的其他人(法人或自然人)的代理,执行或准备执行飞行任务的航空承运人;

(c)"欧共体承运人",是指持有由成员国根据理事会第 2407/92 号条例(1992 年 7 月 23 日通过的关于航空承运人执照的规定)颁发的有效运营执照的航空承运人;

(d)"旅行社",是指除航空承运人外,欧共体理事会第 90/314 号指令第 2 条第 2 款意义上的组织,该指令是 1990 年 6 月 13 日通过的关于一揽子由旅行社全部代办旅游的规定;

(e)"一揽子旅游服务"是指欧共体第 90/314 指令第 2 条第 1 款意义上的服务;

(f)"机票"是指由航空承运人或其代理人出具的或授予的给予运输的有效的书面文件,或等同于无纸化的其他东西,包括电子形式;

(g)"订座"是指这样一个事实,即旅客持有机票或其他证据,显示订座已经被承运人或旅行社接受和登记;

(h)"最后目的地"是指在办理值机手续时旅客机票上显示的目的地,或在直达的联程航班的情况下,最后航段的目的地;如果考虑到最初预定的到达时间,备选的联程航班将不再计算在内;

(i)"行动不便的人"是指由于任何肉体上的残疾、智力上的损害、年龄或任何其他残疾的原因,需要特别关照的任何人;

(j)拒载是指在一个航班上拒绝运送旅客,虽然根据第 3 条第 2 款规定的条件,他们已经准备登机，除非是在有合理的理由拒绝他们登机，比如健康原因、安全原因，或没有足够的旅行文件；

（k）"自愿者"是指根据第3条第2款规定的条件，准备登机，积极响应承运人的号召，准备放弃其座位以获得利益的旅客；

（1）"航班取消"是指先前计划执行飞行任务的航班停止飞行，并且该航班至少有一个座位被预定。

第3条 适用范围

1. 条例适用于：

（a）从位于成员国境内的机场出发的旅客，并且欧共体条约适用于该成员国。

（b）从一个位于第三国的机场出发前往成员国境内的机场的旅客，除非旅客在第三国获利或得到了补偿并给予了帮助，如果该航班的运营承运人是欧共体承运人。

2. 第1款适用于具备如下条件的旅客：

（a）在有关的航班上确认了座位并开始办理登机手续，第5条涉及的航班取消除外，

——按承运人、旅行社或授权的旅行代理人的规定和提前以书面形式（包括电子形式）标明的时间办理登机手续，

或者，如果没有指明时间，

——不迟于承运人公布的飞机离站时间之前45分钟；或

（b）被承运人、旅行社从他们原已确认座位的航班转到另一航班，不管什么原因。

3. 条例不适用于免费运输或以优惠票价运输的旅客，而这种优惠，不管以直接的方式还是间接的方式，都是不能被公众所享受的。但是，条例适用于持有由承运人或旅行社根据其常旅客计划或其他商业计划出具客票的旅客。

4. 条例仅适用于以发动机做动力的固定翼飞机运输的旅客。

5. 条例适用于由任何运营承运人提供的、符合本条第一款和第二款条件的旅客运输。在一个与旅客没有合同关系的运营承运人履行本条例规定的义务的情形，将被认为是为了缔约承运人的利益而行事。

6. 条例不影响根据欧共体第90/314号指令规定的旅客的权利。在除了航班取消之外的原因导致包价旅游被取消的情形，不适用本条例的规定。

第4条 拒载

1. 当运营承运人合理地预计到发生拒载时，应首先寻找自愿放弃其座位并根据其与运营承运人达成的条件以换取利益的旅客。根据第8条，自愿者还将获得额外的帮助，相对于本款提到的利益，这种帮助是额外的。

2. 如果没有足够多的自愿者站出来，不能使已定座的其他旅客登机，运营承运人可以违背旅客的意愿拒载。

3. 如果违背旅客的意愿拒载，运营承运人应根据第7条的规定立即赔偿（补偿）旅客，并应根据第8条和第9条的规定帮助旅客。

第5条 航班取消

1. 在航班取消的情况下，相关的旅客将：

（a）由运营承运人根据第8条的规定提供帮助；和

（b）由运营承运人根据第9条第1款a项和第9条第2款的规定提供帮助，如果变更旅

程后新航班的可合理预计的离站时间起码是在原定被取消航班的第二天，运营承运人应根据第 9 条第 1 款（b）项和（c）项的规定提供帮助；和

（c）由运营承运人根据第 7 条的规定予以赔偿，除非：

（i）旅客至少是在航班预定离站时间两周之前就接到了航班取消的通知；或

（ii）旅客在航班预定离站时间之前的前两周和前一周就接到了航班取消的通知，并变更了旅程，使旅客在在预定的离站时间之前不超过两小时离站，并在预定的到达时间之后四小时之内到达最终目的地；或

（iii)旅客在航班预定的离站时间之前 7 天以内就接到了航班取消的通知，并变更了旅程，使旅客在预定离站时间之前 1 小时之内离站，并在预定到达时间之后两小时内到达目的地。

2. 在通知旅客航班取消的同时，应给旅客提供可能的备选运输方式的说明。

3. 如果运营承运人证明航班取消是由于不可避免的特殊事件所引起，即使采取了所有可合理要求的措施也不可避免，则运营承运人不承担第 7 条规定的支付赔偿（补偿）金的义务。

4. 有关是否和什么时间旅客被通知航班取消的举证责任，由运营承运人承担。

第 6 条　延误

1. 当运营承运人可合理地预计航班将超过预定离站时间延误时：

（a）航程为 1 500 公里或 1 500 公里以下的航班，延误 2 小时或 2 小时以上；或

（b）所有欧共体境内的航程在 1 500 公里以上、延误时间为 3 小时或 3 小时以上的航班，以及航程在 1 500 公里和 3 500 公里之间的所有其他航班；或

（c）除上述（a）和（b）之外的，比预定离站时间延误 4 小时或 4 小时以上的所有航班。

运营承运人应给旅客提供：

（i）第 9 条第 1 款（a）项和第 9 条第 2 款规定的帮助；和

（ii）当可合理预计离站时间是在原公布离站时间的第二天，第 9 条第 1 款（b）项和（c）规定的帮助；和

（iii）在延误是 5 小时的情况下，第 8 条第 1 款（a）项规定的帮助。

2. 在任何情况下，应按上述规定的时间限度和航程等级提供帮助。

第 7 条　获得赔偿（补偿）的权利

1. 根据本条，旅客获得的赔偿（补偿）额等于：

（a）航程在 1 500 千米及 1 500 千米以内的所有航班为 250 欧元；

（b）航程超过 1 500 千米的所有在欧盟境内的航班，以及航程在 1 500 千米和 3 500 千米之间的所有其他航班为 400 欧元；

（c）除上述（a）和（b）之外的所有航班为 600 欧元。

决定距离的基础是最终的目的地，在该目的地因航班拒载或取消导致旅客在预定的到达时间之后到达。

2. 根据第 8 条，旅客变更行程搭乘下一航班到达目的地，该到达时间不超过原预定航班：

（a）两小时，就航程在 1 500 千米或 1 500 千米以内的航班；或

（b）三小时，航程在 1 500 千米以上的所有在欧共体境内的航班以及航程在 1 500 千米和 3 500 千米之间的所有其他航班；或

（c）四小时，除上述（a）和（b）之外的所有航班。

对于第 1 款规定的赔偿（补偿）数额，运营承运人可以减半支付。

3. 第 1 款规定的赔偿（补偿）金可以以现金、银行电子转账、银行汇票或银行支票的形式支付，也可以通过与旅客的协议，以旅行凭证和/或其他的方式支付。

4. 上述第 1 款和第 2 款规定的距离应根据大圆圈路线方法测定。

第 8 条　退票或变更旅程的权利

1. 根据本条，承运人给旅客提供如下两种选择：

（a）——按第 7 条第 3 款规定的方式在 7 天之内以购买时的价格退还机票款，或尚未使用部分的全部费用，如果已使用的部分相对于旅客的最初旅行计划没有任何意义的话，还应退还已使用部分的机票款；以及，在相关时，

——返回原出发的地点的航班，在最早的时间；

（b）变更旅程，以类似的运输条件，以最早的时间运送旅客到达最终目的地；或

（c）变更旅程，以类似的运输条件在随后的日期运送旅客到达最终目的地，条件是在旅客方便的情况下，并且座位允许。

2. 第 1 款（a）项也适用于其飞行是包价运输的组成部分的旅客，除非退票的权利是根据欧共体第 90/314 号指令而产生。

3. 当一个城镇、城市或地区有好几个机场提供服务时，如果运营承运人将旅客运送到旅客购票时确定的机场之外的另一个机场，运营承运人承担将旅客从该机场转移到购票时确定的机场或与旅客约定的另一个邻近的目的地的费用。

第 9 条　关怀的权利

1. 根据本条，运营承运人将免费提供旅客：

（a）餐食和饮料，并且要与等待的时间相适应；

（b）旅馆住宿，在以下情形下：

——必须停留一到多个晚上，或

——相对于旅客原计划的停留时间，一个额外的停留成为必要时；

（c）机场和住宿地（旅馆或其他地方）的运输。

2. 另外，应免费给旅客提供两次电话、电报或传真，或 e-mail。

3. 在适用本条时，运营承运人应对行动不便的人和陪伴他们的任何人员，以及无人陪伴的儿童的需求给予特别的关注。

第 10 条　提高和降低舱位等级

1. 如果运营承运人给旅客升舱，不能要求旅客支付任何额外的费用。

2. 如果运营承运人降低了旅客的舱位等级，承运人应在 7 天之内，根据第 7 条第 3 款的规定退还：

（a）所有航程在 1 500 千米及其以内的航班为票价的 30%，或

（b）除了欧盟成员国与法国海外行政区之间的航班外，所有共同体之间的航程超过 1 500 千米的航班，以及其他所有航程在 1 500 千米和 3 500 千米之间的航班，为票价的 50%，或

（c）除上述（a）和（b）之外的其他所有航班为票价的 75%，包括欧共体成员国本土与法国海外行政区之间的航班。

第 11 条　行动不便的人或有特殊需求的人

1. 运营承运人应优先运送行动不便的人和任何陪伴他们的人，或已登记注册的陪伴他们的服务狗，以及无人陪伴的儿童。

2. 在拒载、航班取消和长时间延误的情况下，行动不便的人和任何陪伴他们的人，以及无人陪伴的儿童，根据第 9 条的规定，有权利获得关照。

第 12 条　进一步的赔偿

1. 本条例不影响旅客进一步要求赔偿的权利。本条例规定的赔偿（补偿）应从以后获得的赔偿中扣除。

2. 在不影响国内法（包括判例法）的相关原则和规定时，第 1 款不适用于根据第 4 条第 1 款自愿放弃座位的旅客。

第 13 条　权利救济

在运营承运人支付了赔偿（补偿金）或履行了本条例规定的义务后，条例的规定不能被解释为限制承运人根据可适用的法律向任何人（包括第三方）追偿的权利。特别是，本条例无论如何也不能限制运营承运人向旅行社或与之有合同关系的其他人追偿的权利。同样地，本条例的规定不能被解释为限制除旅客之外的旅行社或第三方（运营承运人与他们有合同关系）根据可适用的相关的法律向运营承运人追偿的权利。

第 14 条　告知旅客权利的义务

1. 运营承运人应保证在值机柜台展示包含如下内容的通知，该通知应是清晰易读的，并且以一种清晰显著的方式。通知内容是这样的："如果你被拒载或你的航班被取消或延误至少两小时，请在值机柜台或登机口索要你的权利书，特别是与赔偿（补偿）金和帮助有关的内容。"

2. 运营承运人拒载或取消航班，应给受其影响的每位旅客提供一份包含本条例赔偿（补偿）金和帮助内容的书面通知。运营承运人也应向延误至少两小时的旅客提供同样内容的通知。以书面的形式向旅客提供第 16 条规定的国家指定的机构的联系资料。

3. 对于盲人和视力受损的旅客，就本条的规定来说，以合理的备选方式来告知。

第 15 条　对权利的限制

1. 本条例规定的义务和权利不能被限制或放弃，特别是通过运输合同中的条款加以减损或限制。

2. 然而，如果这种减损或限制性条款被适用于旅客，或者运营承运人没有以恰当的方式告知旅客其权利，致使旅客接受了低于本条例规定的赔偿（补偿）金，旅客有权利在合适的法院或机构采取必需的程序以取得剩余的赔偿（补偿）金。

第 16 条　对条例的违反

1. 每一成员国应指定一个机构负责本条例的执行。在合适的情况下，该机构应采取必要的措施确保旅客的权利得到尊重。成员国应将根据本款指定的机构通知委员会。

2. 在不影响第 12 条规定的情况下，每一旅客可向第 1 款指定的任何机构，或任何其他的由成员国指定的合格的机构，投诉在任何成员国境内的机场或从第三国境内的机场出发的到达成员国境内机场的任何飞行，违反了本条例的规定。

3. 因违反本条例而由成员国所给予的制裁，应是有效的、适当的和劝戒性的。

第 17 条　报告制度

委员会应在 2007 年 1 月 1 日向欧洲议会和理事会报告本条例的实施和结果，特别是有关：

——拒载和航班取消的发生率，

——本条例适用范围扩大的可能性，即从与欧共体承运人具有合同关系的旅客，或持有飞行订座的旅客,该订座是包价旅游的组成部分,包价旅游受欧共体第 90/314 号条例的规范,以及从一个第三国的机场出发前往一个成员国境内的机场的旅客,其乘座的航班是由欧共体以外的承运人运营的。

——对第 7 条第 1 款规定的补偿金数额的可能的修正。

报告在需要时,应附有立法机关的建议。

第 18 条　旧条例的废止

欧共体第 295/91 号条例应废止。

第 19 条　条例的生效

本条例从 2005 年 2 月 17 日起生效。

5 多等级票价体系与座位存量控制

在人口统计学与心理统计学的基础上，将航空运输市场划分为一个个"子市场（细分市场）"。根据不同"子市场"上旅客的消费行为，为每一个"子市场"开发不同的"座位"产品，并在此基础上确定不同"座位"产品（子舱或票价等级）之间的逻辑关系，这就是多等级票价体系。而在不同的"座位"产品之间合理分配座位的过程就是座位存量控制。因此，市场细分是形成多等级票价体系的依据，而多等级票价体系是座位存量控制的基础。没有多等级票价体系就没有座位的存量控制，也就无法实现座位的合理分配。本章在介绍多等级票价体系结构的基础上，详细阐述不同类型问题的座位存量控制方法，以及团体旅客的管理方法。

5.1 多等级票价体系结构

选择航空出行的旅客，其出行的目的、旅行的要求、行程的安排、价格的敏感程度等方面存在着一系列的差异，而这种差异性使得航空运输市场是可分的。市场的细分是航空公司座位"产品"设计以及实现不同旅客之间差别定价的前提。为了满足不同类型旅客的购票需求，航空公司子舱位的出售时机具有一定的先后顺序，这种先后顺序使得子舱之间具备一定的逻辑关系。

5.1.1 市场细分

不同航空旅客的年龄、性别、收入、学历、职业、消费态度、寿命、人格、消费心境等具有差异性，而正是这一系列的差异使得航空运输市场是可分的。正如我们在第 1 章中所述，休闲旅客出行的计划性强，他们为了能够获得低票价，这一部分旅客会早早的预定机票，而商务旅客行程计划往往不确定，他们对票价不是很关注，这部分旅客又往往会在航班离港前匆忙登机。因此，不同旅客的消费行为是不同的。图 5-1 在价格敏感性与时间敏感性的基础上，将航空旅客市场进一步划分为公费出行的商务旅客、自费出行的商务旅客、探亲与访友旅客、出国留学的留学生、参加团队的旅游旅客与自由行的旅游旅客。公费出行的商务旅客更多关注的是航空公司在旅行过程中是否能给他更为准点、舒适、私密性更好、服务更好的旅途环境，而对票价不甚关注；自费出行的商务旅客与公费出行的商务旅客相比较，他们在关注准点、舒适、私密性、服务等旅途环境的同时，对价格也较为关注。

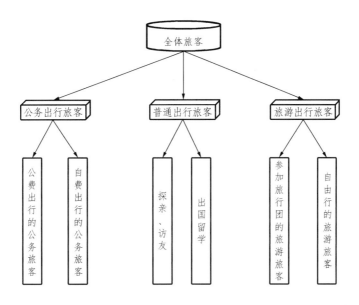

图 5-1　航空旅客的市场细分

　　航空公司在进行市场细分时，应该深入调查、认真分析不同的旅客在需求和消费行为上的差异性，如出发地与目的地、旅行时间、价格承受能力、购票时间与方式等，然后将消费特征类似的旅客归为一个旅客细分市场，以此形成旅客市场中若干个"子市场"，从而为座位"产品"的设计与差别定价提供依据。

5.1.2　差别定价与座位"产品"设计

　　旅客市场的可分性告诉我们，不同的细分市场中旅客的价格承受能力、时间敏感程度是不同的，这就为航空公司实施"价格歧视（Price Discrimination）"提供了"土壤"。那么，为什么要实施"价格歧视"呢？这是由航空旅客市场的需求价格弹性特点决定的，即高价格承受能力的旅客市场的需求价格弹性是不足的，而低价格承受能力的旅客市场的需求价格是富有弹性的。如果航空公司仅实施单一的高价票，那么低价格承受能力的旅客就不会乘坐航班。然而，由于高价格承受能力的旅客市场需求的相对有限性，此时就会造成大量收益机会的流失。从图 5-2（a）可以看出，在 1 000 元的单一高票价下，旅客需求为 20人次，此时航空公司的收益为 1 000×20 = 20 000 元；类似地，在 200 元的单一低票价下，旅客需求为 100 人次，此时航空公司的收益为 200×100 = 20 000 元。对于上述两种不同的单一票价而言，均存在了大量的收益机会，如图 5-2（a）阴影部分所示。如果在同一个航班上采取由一系列价格组成的价格体系，如图 5-2（b）所示，那么在每一个价格下均会存在一定的旅客需求，而使航空公司收益机会大大增加。如图 5-2（b）所示，在票价体系 1 000元、600 元、200 元下，航空公司的收益为 1 000×20+600×30+200×50 = 48 000 元。因此，航空公司通过实施多等级票价是能够增加收益的。图 5-2 也为航空公司实施多等级票价提供了经济学依据。

　　然而，如果仅对相同的座位制定不同的价格，旅客会认为航空公司是"奸商"，即相同的

"产品"以不同的价格出售是不合乎道德逻辑的。另外一方面，这也会导致航空公司收益的稀释，即使得原本高价格旅客子市场上的旅客购买低价票而使得航班整体收益下降。为了尽可能减少上述现象的发生，航空公司会为不同的票价配备不同的限制条件。常用的票价限制条件有：

（1）使用者限制。票价应由什么类型的人使用。

（2）团体最少人数限制。可享受团体折扣的最小人数。

（3）适用期间。票价使用的时间段。

（4）最少停留时间限制。在航程中间一些点最少停留的天数。

（5）最少停留时间的放弃。可以不遵守最少停留时间的条件。

（6）最多停留时间限制。在航程中间一些点的最多停留时间。

（7）有效期的延长限制。在何种条件下可以延长有效期。

（8）中途分程点限制。航程中允许中途分程的点数及相应的限制条件。

（9）航线限制。采用某一等级子舱的具体航线和承运人限制。

（10）中转点数、订座提前期、付款时间、出票时间、退票等的限制。

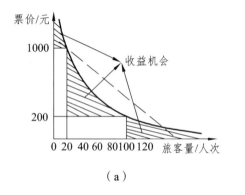 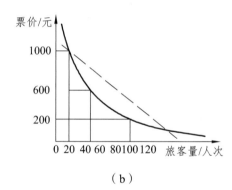

（a）　　　　　　　　　　　　　（b）

图 5-2　多等级票价体系经济学原理

通过上述限制条件的不同组合，配备上不同的票价来设计不同的"产品"，并用 Y、M、N 等大写的英文字母来表示，以此实现不同旅客市场的人为分割。表 5-1 为某航空公司在北京—纽约国际航线上的座位"产品"，其根据一周中周中与周末、票价类别、淡旺季旅客需求的特点，为不同的子舱位设计不同的"产品"，从而实现划分不同消费群体的目的。例如：在淡季的周末，出国留学生是不会购买 V 舱位产品的；同样地，在旺季的周末，探亲时间未定的旅客也是不会购买 V 舱位产品的。航空公司通过设计不同的座位"产品"区分旅客市场的同时，还希望引导尽可能多的高票价旅客前来乘坐飞机。因此，票价等级越高，其限制条件就越少，以此鼓励更多的旅客购买高票价。当然，不同的航空公司所设计的"产品"是不同的，图 5-3 为加拿大航空公司推出的新价格模式。

加航新价格模式（主要特点）

	探戈	欢乐	灵便	自由	商务
长客计划点数	50%无升级点数	50%有升级点数	100%	125%	150%
座位选择		✓	✓	✓	✓
改换收费	$50	$50	✓	✓	✓
当天改换收费	$150	$50	✓	✓	✓
当天候补其他航班			✓	✓	✓
退钱			✓	✓	✓
登机牌行李优先				✓	✓
享用贵宾候机室				✓	✓
价格样本	$114	$153	$298	$374	$424

图 5-3 加拿大航空公司推出的新价格模式

表 5-1 北京—纽约国际航线上的座位"产品"

周中周末	舱位	票价类别 *表示季节以系统中显示的为准		淡季（L）11.01～12.31 02.13～04.30		平季1（J）05.01～06.30 10.04～10.31		平季2（K）01.11～02.12 07.01～07.22 09.01～10.03		旺季（H）01.01～01.10 07.23～08.31		最长停留期	回程OPEN	改期费	退票费
		OW	RT	OW	RT	OW	RT	OW	RT	OW	RT				
—	Y	YAB01	YAB1	15530	23880	15530	23880	15530	23880	15530	23880				100
周一至周四价格/元	B	B*XABO	B*XAB	7670	11800	8450	13000	9430	14500	10920	16800	1年	允许	—	800
	M	M*XABO	M*XAB	6570	10100	6830	10500	7280	11200	8520	13100				
	H	H*XEEO	H*XEE6M	5920	9100	6180	9500	6630	10200	7670	11800	6个月			
	K	K*XABO	K*XAB3M	5270	8100	5530	8500	5980	9200	7020	10800	3个月	不允许	600	
	V	—	VXAP45US	—	6100	—	6100		7900		9400			1000	不允许
周五至周日价格/元	B	B*WABO	B*WAB	7930	12200	8710	13400	9690	14900	11310	17400	1年	允许		800
	M	M*WABO	M*WAB	6830	10500	7090	10900	7540	11600	8910	13700				
	H	H*WEEO	H*WEE6M	6180	9500	6440	9900	6890	10600	8060	12400	6个月			
	K	K*XABO	K*XAB3M	5530	8500	5790	8900	6240	9600	7410	11400	3个月		600	
	V	—	VWAP45US	—	6500	—	6500		8300		9800			1000	不允许

5.1.3 舱位逻辑结构

航空公司座位产品的设计为旅客市场的区分提供了很好的形式。然而，航空公司为了追求收益的最大化总是希望更多的高票价旅客乘坐其航班，而高票价旅客市场的低需求特性又使得航空公司必须以低票价出售部分座位。另外，由于低票价旅客的强计划性，使得该群体往往订票较早，而高票价旅客的弱计划性特点，又会使得该群体往往在航班临起飞前匆匆订票，而航班座位容量短期内的相对固定性，使得航空公司收益管理人员为了保证收益的最大化，必须要合理预留一定的座位给高票价旅客。因此，从这一点而言，航空公司不同子舱之间必须要具备一定的逻辑关系。一般情况下，子舱的逻辑关系可以分为分离式非嵌套结构（独立结构）和嵌套式结构两种。

分离式非嵌套结构模式是指子舱与子舱之间没有任何的逻辑关系，即各个子舱的座位销售是相对独立的，如图 5-4 所示。

图 5-4　分离式非嵌套舱位逻辑结构

分离式非嵌套结构模式使得 Y、A、B、C 子舱之间没有任何逻辑关系，即使 A 子舱需求不足而座位剩余也不允许其他子舱占据。

嵌套舱位控制逻辑结构是目前航空公司实施座位存量控制的主流，其解决了分离式非嵌套结构存在的不足。嵌套式结构可以进一步划分为线性嵌套、平行嵌套以及混合嵌套三种。

线性嵌套结构是指高等级子舱可以利用低等级子舱的座位，而低等级子舱不能占用高等级子舱座位的控制模式。嵌套模式实质上使得高、低票价子舱之间形成了父亲-孩子的逻辑关系，因此也被称之为是父子嵌套。其逻辑结构如图 5-5 所示。

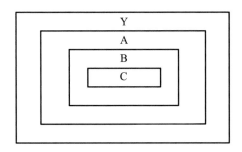

图 5-5　线性嵌套舱位逻辑结构

平行嵌套结构指高等级子舱可以利用低等级子舱的座位，而低等级子舱之间只能利用被分配的座位而不能相互占用的逻辑关系，如图 5-6 所示。

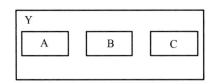

图 5-6　平行嵌套舱位逻辑结构

线性嵌套与平行嵌套是航空公司舱位逻辑结构的基本组成部分。对于单航节航班，航空公司在舱位逻辑结构中使用最为常见的是混合嵌套模式，即兼有线性嵌套与平行嵌套的结构，如图 5-7 所示。

混合嵌套模式下，子舱 Y、A、B 形成线性嵌套模式，子舱 A、C 形成平行嵌套模式。在这种舱位结构下，子舱 C 一般为团体旅客舱位、常旅客舱位等。

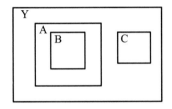

图 5-7　混合嵌套舱位逻辑结构

　　分支混合嵌套结构是混合嵌套中的一种常见形式，是指航空公司座位存量控制过程中存在两个或多个分支，而各个分支又有一般混合嵌套的特点，其结构如图 5-8 所示。

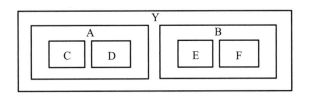

图 5-8　分支混合嵌套舱位逻辑结构

　　考虑到飞机上的物理舱位一般划分为头等舱、商务舱和经济舱。而在一个物理舱位中还有不同的子舱位，因此典型的舱位逻辑结构可描述为图 5-9。

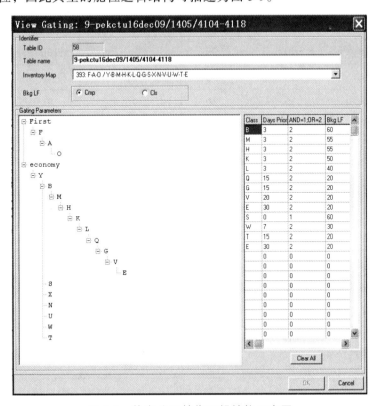

图 5-9　航空公司舱位逻辑结构示意图

民航运输收益管理

那么航空公司又是如何利用上述舱位的逻辑结构进行座位销售的呢？

例题 5-1 综合上面所说的舱位逻辑结构，通过举例说明线性嵌套、分离式非嵌套、混合嵌套（子舱 A、B、C 和 A、B、D 均为线性嵌套，子舱 C、D 为分离式非嵌套）三种舱位逻辑结构不同的订票处理过程，如表 5-2 所示。

表 5-2　三种舱位逻辑结构下初始化座位分配方案

子舱	线性嵌套		分离式非嵌套		混合嵌套	
	AU	可售座位	AU	可售座位	AU	可售座位
A	100	100	30	30	100	100
B	70	70	30	30	70	70
C	40	40	30	30	20	20
D	10	10	30	30	20	20

假设 C 舱有 10 张票的订票请求，接受订座后各种舱位逻辑关系下子舱的可售座位如表 5-3 所示。

表 5-3　三种舱位逻辑结构下接受 C 舱订座后的数据变化

子舱	线性嵌套		分离式非嵌套		混合嵌套	
	AU	可售座位	AU	可售座位	AU	可售座位
A	100	90	30	30	100	90
B	70	60	30	30	70	60
C	40	30	30	20	20	10
D	10	10	30	30	20	20

假设此时 D 舱有 10 张票的订票请求，在三种舱位逻辑结构下，接受订座后各子舱的可售座位如表 5-4 所示。

表 5-4　三种舱位逻辑结构下接受 D 舱订座后的数据变化

子舱	线性嵌套		分离式非嵌套		混合嵌套	
	AU	可售座位	AU	可售座位	AU	可售座位
A	100	80	30	30	100	80
B	70	50	30	30	70	50
C	40	20	30	20	20	10
D	10	0	30	20	20	10

假设此时 C 舱再有 25 张票的订票请求，在三种舱位逻辑结构下，接受订座后各子舱的可售座位如表 5-5 所示。

表 5-5　三种舱位逻辑结构下再接受 C 舱订座后的数据变化

子舱	线性嵌套		分离式非嵌套		混合嵌套	
	AU	可售座位	AU	可售座位	AU	可售座位
A	100	60	30	30	100	70
B	70	30	30	30	70	40
C	40	−5（不可售）	30	−5（不可售）	20	−15（不可售）
D	10	0	30	20	20	10

此时，在三种不同的舱位逻辑结构下，C 舱均已关闭：对于线性嵌套而言，低等级子舱 D 已经没有任何座位可以被子舱 C 挤占，因此子舱 C 被关闭；对于分离式非嵌套模式而言，即使低等级子舱 D 仍然有座位，但子舱 C 仍然被关闭；对于混合嵌套模式而言，子舱 C 的订座虽然引起了子舱 A、B 可销售座位数的变化，但仍然因无法挤占子舱 D 的座位而被关闭。

5.2　基于 EMSR 的单航节座位存量控制方法

座位存量控制（或舱位控制）是指在一定的舱位控制逻辑结构下，从不同层面（如航节、网络等）追求收益最大化而进行合理分配座位的过程。通过对舱位逻辑结构的分析可以发现，合理分配航空公司易适性产品——"座位"的关键在于确定不同子舱的 AU 值。AU（Authorized Booking Level）是指授权于特定航班、物理舱或子舱可销售座位的总数目，其中包括了具有父子嵌套逻辑关系的父亲子舱能够挤占的孩子子舱的座位数目。与此相对应的另外一个基本概念——"保护水平（Protect Level）"，是指某一个子舱或者若干个连续的子舱所能销售的座位数，且这些座位数不能给予其孩子子舱销售。在确定座位存量分配的方法中，Belobaba 于 1987 年提出了至今仍然被广泛应用的期望边际座位收益（EMSR）理论。为了能够让读者深入了解 EMSR 的特点，下面我们将对 EMSR 方法进行详细阐述。

5.2.1　假设条件与符号说明

在各个子舱之间合理分配座位依赖于准确预测各个子舱的旅客需求量，而这一过程属于微观层面的范畴。众所周知，微观世界被概率统计所统治，我们的旅客需求也不例外。通过大量的统计分析发现，旅客的需求基本上符合正态分布。结合旅客订座的行为特点，EMSR 理论做出如下基本假设：

（1）各个子舱的旅客需求服从正态分布，且相互独立。

（2）低等级票价旅客先订票，并随着票价等级的增加，不同类型旅客依次到来。

（3）不考虑旅客的 No-show、取消订座、团体旅客订座。

（4）不考虑高等级票价旅客购买低价票、低等级票价旅客购买高价票。

（5）航空公司对于收益风险持中性态度。

符号说明：

（1）S_i 为第 i 个子舱的可用座位数。

（2）r_i 为第 i 个子舱的订座请求。

（3）$p_i(r_i)$ 为随机订座请求的概率密度函数。

（4）$P_i(S_i)$ 为第 i 个子舱在可用座位数为 S_i 个时，不发生拒载的概率。

（5）b_i 为第 i 个子舱的订座数。

（6）f_i 为第 i 个子舱的平均收益水平。

5.2.2 分离模式下两舱位座位存量控制

什么是期望边际座位收益呢？边际座位收益是指在既定航班计划内，航空公司的航班上再多销售一个座位带来的收益增加量。由于旅客需求随机性的特点，因此这样的边际座位收益实质上是一种期望值。那么，当第 i 个子舱的可用座位数为 S_i 个时，不发生拒载的概率与随机订座请求的概率密度函数之间的关系，可以表达为

$$P_i(S_i) = P\{r_i \leqslant S_i\} = \int_0^{S_i} p_i(r_i)\mathrm{d}r_i \qquad (5\text{-}1)$$

因此，第 i 个子舱在可用座位数为 S_i 个时，发生拒载的概率为

$$P\{r_i > S_i\} = \int_{S_i}^{+\infty} p_i(r_i)\mathrm{d}r_i = 1 - P_i(S_i) = \overline{P}_i(S_i) \qquad (5\text{-}2)$$

对于服从正态分布的旅客订座请求而言，图 5-10（a）中阴影部分即为发生拒载的概率。显然这一部分面积随着 S_i 的增加而不断减少，如图 5-10（b）所示。

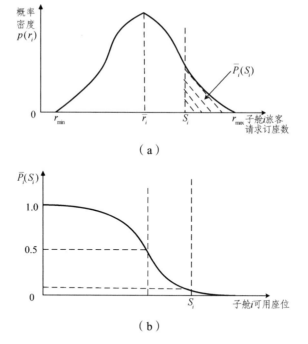

（a）

（b）

图 5-10 旅客订座请求被拒绝的概率曲线

对于第 i 个子舱而言，其期望订座数为

$$\overline{b}_i(S_i) = \int_0^{S_i} r_i p_i(r_i)\mathrm{d}r_i + S_i \overline{P}_i(S_i) \qquad (5\text{-}3)$$

那么，在分离式非嵌套舱位逻辑结构下，对于只有两个子舱、可用座位总数为 C 的问题，我们有

$$\overline{R} = \overline{R}_1(S_1) + \overline{R}_2(C - S_1) = f_1 \overline{b}_1(S_1) + f_2 \overline{b}_2(C - S_1) \qquad (5\text{-}4)$$

为了保证收益最大化，有

$$\frac{\mathrm{d}\overline{R}}{\mathrm{d}S_1} = 0 \tag{5-5}$$

得到

$$\frac{\mathrm{d}\overline{R}}{\mathrm{d}S_1} = \frac{\mathrm{d}\overline{R}_1}{\mathrm{d}S_1} + \frac{\mathrm{d}\overline{R}_2}{\mathrm{d}(C-S_1)}\frac{\mathrm{d}(C-S_1)}{\mathrm{d}S_1} = \frac{\mathrm{d}\overline{R}_1}{\mathrm{d}S_1} - \frac{\mathrm{d}\overline{R}_2}{\mathrm{d}(C-S_1)} = 0 \tag{5-6}$$

$$\frac{\mathrm{d}\overline{R}_1}{\mathrm{d}S_1} = \frac{\mathrm{d}\overline{R}_2}{\mathrm{d}(C-S_1)} = \frac{\mathrm{d}\overline{R}_2}{\mathrm{d}S_2} \tag{5-7}$$

因此，该问题的最优解，应该在式（5-8）上取得。

$$EMSR_1(S_1^*) = EMSR_2(C-S_1^*) = EMSR_2(S_2^*) \tag{5-8}$$

另外，由于

$$\overline{R}_1 = f_1\overline{b}_1(S_1) = f_1\left[\int_0^{S_1} r_1 p_1(r_1)\mathrm{d}r_1 + \int_{S_1}^{+\infty} S_1 p_1(r_1)\mathrm{d}r_1\right] \tag{5-9}$$

因此

$$EMSR_1(S_1) = \frac{\mathrm{d}\overline{R}_1}{\mathrm{d}S_1} = f_1\left[S_1 p_1(S_1) + \int_{S_1}^{+\infty} p_1(r_1)\mathrm{d}r_1 - S_1 p_1(S_1)\right] = f_1\overline{P}_1(S_1) \tag{5-10}$$

根据式（5-8）、（5-10）可以知道，任意一个子舱的期望边际座位收益值等于该子舱的平均收益水平与其发生拒载概率的乘积。由于各个子舱的平均收益水平 f_i 为常量，而各个子舱发生拒载的概率随着给予座位数的增加而减少，因此，各个子舱的收益水平也是单调递减的。当分配给子舱1的座位数正好使得总收益最大化时，其与子舱2的拒载概率之间存在的关系如图5-11所示。

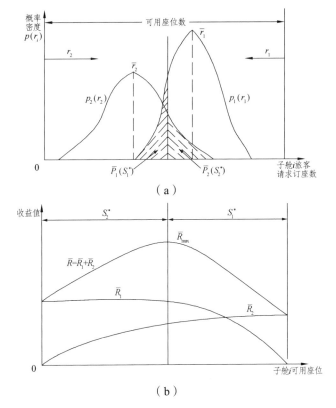

图 5-11　两舱最优控制策略

因此，在分离式非嵌套舱位逻辑结构下，对于两舱、可用座位数为 C 的问题，当 $EMSR_1$ = $EMSR_2$ 时获得期望收益最大。考虑到期望边际座位收益单调递减的规律，因此 $EMSR_1$ = $EMSR_2$ 时，只在两种情况下成立：① $EMSR_1 = EMSR_2 = 0$；② $EMSR_1 = EMSR_2$ 且不为零。由于受到飞机可用座位数的限制，因此一般在第二种情况下成立。

5.2.3　线性嵌套模式下两舱位座位存量控制

在分离式非嵌套舱位逻辑结构下，对于两舱、可用座位数为 C 的问题，最优分配策略是在 $EMSR_1 = EMSR_2$ 时成立。然而，由于旅客需求随机性特点，当高等级子舱需求过剩而低等级子舱需求不足时，会由于高等级子舱无法挤占低等级子舱的座位而使得收益流失。正是由于分离式非嵌套逻辑结构的这一缺陷，因此航空公司都采用嵌套舱位控制逻辑结构。显然，在嵌套逻辑结构下 $EMSR_1 = EMSR_2$ 时，并不能一定保证总期望收益的最大化。

从表 5-6 中可以看出，分离式非嵌套逻辑结构下的最优解方法，在线性嵌套下未必是最优分配方案（案例 1 与案例 2 比较）。这是由于当旅客需求不确定性时，子舱 2 的需求未必能够将子舱 2 所分配得到的座位数填满，这种情形下如果座位不能被子舱 1 占用，那么，当子舱 1 存在剩余需求时就会产生需求流失而造成整体收益的损失。为了能够解决这一问题，采用线性嵌套方法，让子舱 1 能够挤占子舱 2 的座位数，就可以很好的解决需求流失的问题。那么，如何确定线性嵌套逻辑下的子舱最优分配策略呢？

表 5-6　不同舱位控制逻辑下的舱位控制策略

两个子舱，单航节，可用座位数为 10 个			
	子　舱　1	子　舱　2	小　计
平均收益	100	60	—
均值	5	5	—
方差	2	2	—
案例 1——分离式逻辑结构下的舱位控制策略（$EMSR_1 = EMSR_2$）			
最优分配	6	4	10
期望收益	461	217	678
案例 2——线性嵌套结构下的舱位控制策略（$EMSR_1 = EMSR_2$）			
子舱 1 的保护数	6	—	—
子舱 2 的销售限额	—	4	—
期望收益	464	217	681
案例 3——线性嵌套结构下的舱位控制策略（$EMSR_1 = f_2$）			
子舱 1 的保护数	5	—	—
子舱 2 的销售限额	—	5	—
期望收益	434	252	686

期望边际座位收益实质上是指再将一个座位给予子舱 i 所能获得的期望收益的增加量，而这种期望收益的增加量等于子舱 i 的平均收益水平与再将一个座位出售的可能性的乘积，用公式可以表述为

$$EMSR_i = f_i \overline{P}_i(S_i) > 0 \tag{5-11}$$

显然，任意一个子舱的期望收益是随着可用座位数的增加而单调增加的，如图 5-12（a）所示，而且增长的速度随着 S_1 的增大而变缓，如图 5-12（b）所示。

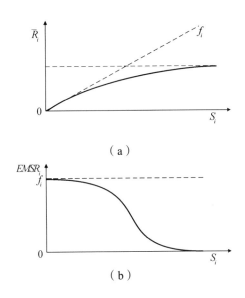

（a）

（b）

图 5-12 期望边际座位收益变化曲线

在图 5-12 中，当 $S_i = 0$（$i = 1$，2）时，由于 $\overline{P}_i(S_i) = 1, \overline{R}_i(S_i) = 0$，因此，子舱 i 的期望收益曲线在点（0,0）斜率 f_i 为最大斜率，此时单位座位收益增长最快。随着 S_i 的逐渐增大，$\overline{P}_i(S_i)$ 逐渐减小，导致单位座位收益增长量逐渐减小（斜率减小）。当 S_i 继续增大，$\overline{P}_1(S_1) = 0$（无订座请求）时，总收益不再增加（曲线趋于平稳）。

因此，对于两舱、可用座位数为 C 的问题，总存在这样一个点：再将一个座位给予子舱 1 所产生的期望收益等于将这个座位给予子舱 2 所产生的期望收益值。此时为了保证期望收益的最大化，应该将座位给予子舱 2。如果仍然采用 $EMSR_1 = EMSR_2$ 作为座位分配策略值，很有可能会发生在 $EMSR_1 = EMSR_2$ 之前就已经存在将座位分配给子舱 2 所获取的期望收益增加量超过将该座位分配给子舱 1 增加量的情形，如图 5-13 所示。

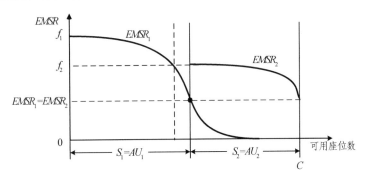

图 5-13 两舱下舱位控制原理

在表 5-6 的案例 1 与案例 3 中，分离式非嵌套舱位逻辑结构下的最优舱位控制策略（$EMSR_1 = EMSR_2$）所产生的期望总收益小于线性嵌套逻辑下以式（5-12）为最优控制策略所产生的期望总收益。在这种情况下显然以式（5-12）为控制策略更佳。因此，在线性嵌套逻辑结构下，两舱、可用座位数为 C 问题的舱位控制策略可以改写为

$$f_1\overline{P}(r_1 > S_1) = f_2 \tag{5-12}$$

式（5-12）所得到的舱位分配策略保证每一次将座位给予特定子舱的期望收益增加量是最大的，从而确定了使得期望总收益最大化的座位分配策略。这就解释了表 5-6 中案例 3 的分配策略会使得总期望收益最大化的原因，即此时的总收益值为子舱 1 的期望收益，加上子舱 2 的期望收益，再加上子舱 1 需求过剩而子舱 2 需求不足时产生的高舱挤占低舱的收益增加量。最后一项包括的收益为：① 子舱 1 需求来了 6 个且子舱 2 需求最大为 4 个；② 子舱 1 需求来了 7 个且子舱 2 需求最大为 3 个；③ 子舱 1 需求来了 8 个且子舱 2 需求最大为 2 个；④ 子舱 1 需求来了 9 个且子舱 2 需求最大为 1 个；⑤ 子舱 1 需求来了 10 个且子舱 2 需求最大为 0 个。

5.2.4 线性嵌套模式下多舱位座位存量控制

根据线性嵌套逻辑下两舱 EMSR 座位分配的原理，我们可以将其推广至多舱的情形：首先来看一下 3 个子舱的问题，假设三个子舱的平均收益水平存在 $f_1 > f_2 > f_3$ 的关系。为了求出子舱 2 的订座限制 AU_2，必须知道子舱 2 保留给子舱 1 的座位数。根据两舱 EMSR 的计算方法

$$f_1\overline{P}(r_1 > S_2^1) = f_2 \tag{5-13}$$

得出子舱 2 的订座限额为

$$AU_2 = C - S_2^1 \tag{5-14}$$

类似地，子舱 3 的订座限额应该去除保留给子舱 1 的座位数以及保留给子舱 2 的座位数，因此有

$$AU_3 = C - S_3^1 - S_3^2 \tag{5-15}$$

其中

$$f_1\overline{P}(r_1 > S_3^1) = f_3 \tag{5-16}$$

$$f_2\overline{P}(r_2 > S_3^2) = f_3 \tag{5-17}$$

那么，此时线性嵌套下子舱 2 的嵌套保护水平为

$$NP_2 = AU_2 - AU_3 \tag{5-18}$$

即

$$NP_2 = C - S_2^1 - (C - S_3^1 - S_3^2) = S_3^1 + S_3^2 - S_2^1 \tag{5-19}$$

因此，对于任意一个子舱 j 而言，其嵌套保护水平为

$$NP_j = \sum_{i \leqslant j} S_{j+1}^i - \sum_{i<j} S_j^i \tag{5-20}$$

且有

$$C = \sum_{j<k} NP_j + AU_k \tag{5-21}$$

三个子舱的 EMSR 保护水平 S_j^i，嵌套保护水平 NP_j，订座限额 AU_j 的关系，以及期望边际座位收益曲线如图 5-14 所示。

因此，对于一个航节上 k 个子舱的情形，最优值 S_j^i 必须满足

$$EMSR_i(S_j^i) = f_j, i<j, j=1,2,\cdots,k \tag{5-22}$$

而每一个子舱 j 的订座限额为

$$AU_j = C - \sum_{i<j} S_j^i \text{ 且 } AU_j \geqslant 0 \tag{5-23}$$

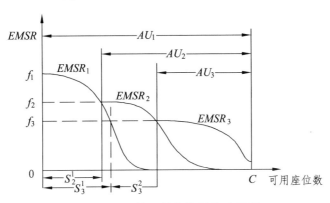

图 5-14　三舱下舱位控制策略原理

5.2.5　线性嵌套模式下多舱位动态座位存量控制

上述静态座位存量控制理论仅仅为收益管理系统提供了一种解决座位存量控制的方法。通常情况下，静态存量控制模型通过分析航班各个子舱的历史需求特征以及每一个子舱的平均收益水平，利用 EMSR 方法为每一个子舱设定订座限额。以此为基础，可以给出未来离港航班在离港前 t 天的座位存量控制方法。

假设 f_i 为航班某一个子舱的平均收益水平（可能随着离港时间的推进会发生变化），$\overline{P}_i^t(S)$ 为与座位数 S 相关的需求溢出的概率，那么两舱问题的最优座位保护水平可以写成

$$EMSR_1^t\left[S_2^1(t)\right] = f_1\overline{P}_1^t(S_2^1) = f_2 \tag{5-24}$$

此时在离港前 t 天子舱 2 的订座限额为

$$AU_2(t) = C - b_1^t - S_2^1(t) \tag{5-25}$$

其中：b_1^t 是指航班从销售开始到离港前 t 天之间，子舱 1 已经发生的订座数，此时航班最大可用的座位数为 $C-b_1^t$；$S_2^1(t)$ 为航班离港前 t 天子舱 2 保留给子舱 1 的座位数。各参数之间关系如图 5-15 所示。

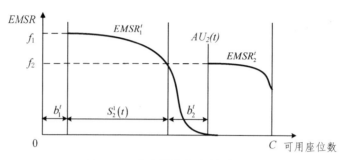

图 5-15　动态舱位控制策略原理

类似地，对于任意一个 $S_j^i(t)$，有

$$EMSR_i\left[S_j^i(t)\right]=f_i\overline{P}_i^t(S_j^i)=f_j \tag{5-26}$$

$$AU_j(t)=C-\sum_{i<j}S_j^i(t)-\sum_{i<j}b_i^t \tag{5-27}$$

其中

$$AU_j(t)=\text{MAX}\left(C-\sum_{i<j}S_j^i(t)-\sum_{i<j}b_i^t,\sum_{k\geqslant j}b_k^t,0\right) \tag{5-28}$$

那么，嵌套保护水平为

$$NP_j(t)=AU_j(t)-AU_{j+1}(t)=\sum_{i<j}S_{j+1}^i(t)-\sum_{i<j}S_j^i(t)+b_j^t \tag{5-29}$$

5.2.6　考虑旅客 No-show 和航班超售的座位存量控制

上述基于 EMSR 理论的座位存量控制方法，没有考虑到旅客取消订座（Cancellation）和 No-Show 行为。若不针对这些行为进行处理，显然会造成航空公司收益的损失。考虑到上述 EMSR 方法中旅客需求量是以订座数为基础，而接受的订座由于存在取消以及 No-Show 的情形，因此平均收益水平不能直接等同于子舱的票价。若将任意一个子舱的实际座位数与实际登机旅客人数之间的比值定义为"超售率（OV）"。那么此时子舱的收益水平应该改写为

$$f_i\frac{1}{OV_i} \tag{5-30}$$

那么，对于两个子舱的问题，子舱 2 保留给子舱 1 的座位数必须要满足

$$\overline{P}_1(S_2^1)f_1\frac{1}{OV_1}=f_2\frac{1}{OV_2} \tag{5-31}$$

对于多等级子舱，任意子舱 j 保留给子舱 i 的座位数必须要满足

$$EMSR_i(S_j^i)\frac{1}{OV_i} = \overline{P}_i(S_j^i)f_i\frac{1}{OV_i} = f_j\frac{1}{OV_j} \qquad (5\text{-}32)$$

显然，式（5-32）中的 S_j^i 是考虑了超售率计算得出的。然而，要想获得任意一个子舱的订座限制必须要考虑所有子舱共享的座位数，而这样的座位数是没有考虑超售率的，因此想要得到某个具体子舱的订座限额较为复杂。若假设所有子舱的超售率均为整体超售率，例如，整个经济舱可用的座位数与前来登机旅客人数的比值，那么此时式（5-32）就可以改写为

$$EMSR_i(S_j^i) = f_i\overline{P}_i(S_j^i) = f_j \qquad (5\text{-}33)$$

此时，最高等级子舱的订座限额可以写为

$$C^* = AU_1^* = OV \times C \qquad (5\text{-}34)$$

那么，其他任意子舱 j 的订座限额应该为

$$AU_j^* = C^* - \sum_{i<j} S_j^i \qquad (5\text{-}35)$$

显然上述情况是一种理想状况，现实中每一个子舱的超售率是不一样的。若子舱间的订座限额是独立的话，那么此时考虑超售率的各个子舱的订座限额是非常容易计算的，即为考虑超售率的 AU 值。但在线性嵌套舱位逻辑下，由于高等级子舱能够挤占低等级子舱的座位数，因此计算各个子舱的订座限额时就不能用上述方法。若假设低等级子舱的需求首先到来，然后逐渐是次低等级子舱的需求，那么此时对于一个高需求（即"需求无限"）的航班而言（假设共有 4 个子舱），其子舱 4 的订座限额应该为

$$AU_4^* = OV_4\left[C - \frac{1}{OV_1}NP_1 - \frac{1}{OV_2}NP_2 - \frac{1}{OV_3}NP_3\right] \qquad (5\text{-}36)$$

那么，此时其他子舱的订座限额为

$$AU_3^* = AU_4^* + NP_3 \qquad (5\text{-}37)$$

$$AU_2^* = AU_3^* + NP_2 \qquad (5\text{-}38)$$

$$AU_1^* = AU_2^* + NP_1 \qquad (5\text{-}39)$$

此时，整体的订座限额为

$$C^* = S_4^1 + S_4^2 + S_4^3 + AU_4^* \qquad (5\text{-}40)$$

且整体超售率为 C^*/C。

对于离港前 t 天的航班（假定有 4 个子舱），若子舱 1 保留给子舱 2 的保护水平为 $S_2^1(t)$，那么，有

$$AU_1^*(t) - AU_2^*(t) = S_2^1(t) + b_1^t \qquad (5\text{-}41)$$

$$AU_2^*(t) - AU_3^*(t) = NP_2(t) + b_2^t \tag{5-42}$$

$$AU_3^*(t) - AU_4^*(t) = NP_3(t) + b_3^t \tag{5-43}$$

此时，子舱 4 的订座限额 AU 为

$$AU_4^*(t) = AU_1^*(t) - NP_1(t) - b_1^t - NP_2(t) - b_2^t - NP_3(t) - b_3^t$$

$$= OV_4 \left\{ C - \sum_{i<4} \frac{b_i^t}{OV_i} - \frac{1}{OV_1}[NP_1(t)] - \frac{1}{OV_2}[NP_2(t)] - \frac{1}{OV_3}[NP_3(t)] \right\} \tag{5-44}$$

此时，整体的订座限额为

$$C^*(t) = AU_1^*(t) = \sum_{i<4} S_4^i(t) + \sum_{i<4} b_i^t + OV_4 \left[C - \sum_{i<4} \frac{b_i^t + NP_i(t)}{OV_i} \right] \tag{5-45}$$

5.2.7 EMSRa 案例

为了说明 EMSRa 理论进行分配座位的思想，假设某航班经济舱实际可用座位数为 107 个，4 个子舱的总期望订座数均值、标准差、平均收益水平如表 5-7 所示。请确定各个子舱的座位初始分配策略。

表 5-7 各个子舱的输入参数值

子 舱	Y	M	B	Q
总期望订座数	20.3	33.4	19.3	29.7
标准差	8.6	15.1	9.2	13.1
平均收益/元	105	83	57	39

计算各个子舱最大可销售数，结果如下：

$$S_M^Y = 14, \quad AU_M = C - S_M^Y = 107 - 14 = 93$$
$$S_B^Y = 20, \quad S_B^M = 27, \quad AU_B = C - S_B^Y - S_B^M = 60$$
$$S_Q^Y = 24, \quad S_Q^M = 35, S_Q^B = 15, AU_Q = C - S_Q^Y - S_Q^M - S_Q^B = 33$$

因此，EMSR*a* 模型计算结果如表 5-8 所示。

表 5-8 EMSR*a* 下各个子舱的座位分配策略

子 舱	Y	M	B	Q
嵌套保护水平	14	33	27	—
嵌套订座限制	107	93	60	33

为了说明 EMSR 理论在动态订座过程中座位的分配方法，假设对航班离港前 35 天、前 28 天、前 21 天、前 14 天、前 7 天进行数据采集（期望订座需求均值、标准差、平均收益水平），请根据 EMSR 理论对各个时期的座位进行动态分配。

第一阶段，离港前35天，如表5-9所示。

表5-9 EMSRa下离港前35天各个子舱的输入参数与座位分配结果

子　舱	Y	M	B	Q
期望订座需求	19.0	27.5	13.7	8.2
标准差	8.1	14.8	7.1	7.5
EMSRa 模型结果				
嵌套保护水平	13	27	22	—
实际订座数	1	9	5	18
总保护水平	14	36	27	—
嵌套订座限制	107	93	57	30
可用座位数（嵌套）	74	61	34	12

第二阶段，离港前28天，如表5-10所示。

表5-10 EMSRa下离港前28天各个子舱的输入参数与座位分配结果

子　舱（28天前）	Y	M	B	Q
期望订座需求	16.2	23.8	12.6	4.1
标准差	7.9	13.3	5.5	6.6
EMSRa 模型结果				
嵌套保护水平	10	24	20	—
实际订座数	3	15	8	25
总保护水平	13	39	28	—
嵌套订座限额	107	94	55	27
可用座位数（嵌套）	56	46	22	2

第三阶段，离港前21天，如表5-11所示。

表5-11 EMSRa下离港前21天各个子舱的输入参数与座位分配结果

子　舱（21天前）	Y	M	B	Q
期望订座需求	12.9	22.0	11.0	3.3
标准差	6.9	11.9	6.2	7.1
EMSRa 模型结果				
嵌套保护水平	8	22	18	—
实际订座数	6	19	10	27
总保护水平	14	41	28	—
嵌套订座限额	107	93	52	24
可用座位数（嵌套）	45	37	15	0

第四阶段，离港前 14 天，如表 5-12 所示。

表 5-12　EMSRa 下离港前 14 天各个子舱的输入参数与座位分配结果

子　舱（14 天前）	Y	M	B	Q
期望订座需求	9.7	19.4	7.9	0.8
标准差	5.8	11.6	5.9	5.4
EMSRa 模型结果				
嵌套保护水平	6	18	15	——
实际订座数	6	24	13	27
总保护水平	12	42	28	——
嵌套订座限额	107	95	53	25
可用座位数（嵌套）	37	31	13	0

第五阶段，离港前 7 天，如表 5-13 所示。

表 5-13　EMSRa 下离港前 7 天各个子舱的输入参数与座位分配结果

子　舱（7 天前）	Y	M	B	Q
期望订座需求	6.0	17.3	5.8	0.3
标准差	3.7	10.9	4.8	4.3
EMSRa 模型结果				
嵌套保护水平	4	14	13	——
实际订座数	8	30	15	27
总保护水平	12	44	28	——
嵌套订座限额	107	95	51	23
可用座位数（嵌套）	27	23	9	0

从航班离港前的 28～7 天，对于 4 个子舱嵌套保护水平的修正中可以发现，子舱 Q 在航班离港前 21 天的时候，实际订座数已经大于订座限额，此时 Q 舱就不能再接受订座数了，即"Closed"。但在实际订座过程中由于存在取消订座的过程，因此当实际累计的订座数小于 Q 舱的订座限额时，Q 舱将会重新开放。另外，为了说明考虑超售率的 EMSRa 方法在计算子舱订座限额的过程，在表 5-7 的基础上给定各子舱相应的超售率如表 5-14 所示。

表 5-14　各个子舱的输入参数值

子　舱	Y	M	B	Q
超售率	1.30	1.25	1.20	1.10
嵌套保护水平	13	31	25	——
嵌套订座限额	126	113	82	57
整个物理舱的超售率为：126/107 = 1.178				

利用 EXCEL 工具中的 NormInv( ) 函数进行计算，具体计算结果如下：

$$S_M^Y = NormInv\left[1-(83/1.25)/(105/1.30),20.3,8.6\right]=13$$
$$S_B^Y = NormInv\left[1-(57/1.20)/(105/1.30),20.3,8.6\right]=19$$
$$S_B^M = NormInv\left[1-(57/1.20)/(83/1.25),33.4,15.1\right]=25$$
$$S_Q^Y = NormInv\left[1-(39/1.10)/(105/1.30),20.3,8.6\right]=22$$
$$S_Q^M = NormInv\left[1-(39/1.10)/(83/1.25),33.4,15.1\right]=33$$
$$S_Q^B = NormInv\left[1-(39/1.10)/(57/1.20),19.3,9.2\right]=14$$

则

$$NP_Y = 13$$
$$NP_M = S_B^Y + S_B^M - S_M^Y = 19+25-13=31$$
$$NP_B = S_Q^Y + S_Q^M + S_Q^B - (S_B^Y + S_B^M) = 22+33+14-(19+25)=25$$

因此，有

$$AU_Q = 1.1\left[107-13/1.30-31/1.25-25/1.20\right]=57$$
$$AU_B = NP_B + 57 = 25+57 = 82$$
$$AU_M = NP_M + 82 = 31+82 = 113$$
$$AU_Y = NP_Y + 113 = 13+113 = 126$$

在航班离港前 $t=21$ 天，动态舱位控制结果如表 5-15 所示。

表 5-15 EMSRa 下离港前 21 天在各个子舱的座位分配结果

航班离港前 $t=21$ 天				
子 舱	Y	M	B	Q
超售率	1.30	1.25	1.20	1.10
嵌套保护水平	7	21	14	——
实际订座数	6	19	10	27
总保护水平	13	40	24	——
嵌套订座限额	127	114	74	50
可用座位数（嵌套）	65	58	37	23
整个物理舱的超售率为：127/107 = 1.187				

详细计算过程如下：

$$S_M^Y = NormInv\left[1-(83/1.25)/(105/1.30),12.9,6.9\right]=7$$
$$S_B^Y = NormInv\left[1-(57/1.20)/(105/1.30),12.9,6.9\right]=12$$
$$S_B^M = NormInv\left[1-(57/1.20)/(83/1.25),22.0,11.9\right]=16$$
$$S_Q^Y = NormInv\left[1-(39/1.10)/(105/1.30),12.9,6.9\right]=14$$
$$S_Q^M = NormInv\left[1-(39/1.10)/(83/1.25),22.0,11.9\right]=21$$
$$S_Q^B = NormInv\left[1-(39/1.10)/(57/1.20),11.0,6.2\right]=7$$

则

$$NP_Y = 7$$
$$NP_M = S_B^Y + S_B^M - S_M^Y = 12 + 16 - 7 = 21$$
$$NP_B = S_Q^Y + S_Q^M + S_Q^B - (S_B^Y + S_B^M) = 14 + 21 + 7 - (12 + 16) = 14$$

因此，有

$$AU_Y = \sum_{i \in \{Y,M,B\}} S_Q^i(t) + \sum_{i \in \{Y,M,B\}} b_i^t + OV_Q \left[C - \sum_{i \in \{Y,M,B\}} \frac{b_i^t + NP_i(t)}{OV_i} \right] = 127$$
$$AU_M(t) = AU_Y(t) - NP_Y(t) - b_Y^t = 114$$
$$AU_B(t) = AU_M(t) - NP_M(t) - b_M^t = 74$$
$$AU_Q(t) = AU_B(t) - NP_B(t) - b_B^t = 50$$

5.2.8 EMSRb 计算方法

上述的 EMSRa 方法的舱位控制策略是根据 Littlewood 准则，将各个子舱产生的保护水平数进行累加而得出的结果。假设有子舱 1，2，$\cdots j$，$\cdots m$，相对应的平均收益水平为 f_1，f_2，$\cdots f_j$，$\cdots f_m$（$f_1 > f_2 \cdots f_j > \cdots f_m$），需求量为 D_1，D_2，$\cdots D_j$，$\cdots D_m$。那么根据线性嵌套舱位控制逻辑，对于子舱 $j+1$ 而言，需要将座位分别保留给子舱 1，2，$\cdots j$，因此有

$$P(D_k > S_{j+1}^k) = \frac{f_{j+1}}{f_k}, k = 1, 2, \cdots, j \tag{5-46}$$

此时，子舱 $j+1$ 对于子舱 1，2，$\cdots j$ 的向上嵌套保护水平（即低等级子舱 $j+1$ 对于所有高等级子舱 1，2，$\cdots j$ 的保护水平之和）为

$$y_j = \sum_{k=1}^{j} S_{j+1}^k \tag{5-47}$$

其中：$P(D_k > S_{j+1}^k)$ 为累计概率函数值。

上述分析，进一步说明了 EMSRa 方法是通过子舱保护座位数的累加，进而得出各个子舱嵌套保护水平的结论。然而这一计算方法很容易发生保护水平数过于保守，进而使得嵌套保护水平过大的现象。即采用保护水平累加的方法容易忽略统计上的平均效应。例如：当 $f_1 = f_2 = \cdots = f_j = f$ 时，显然对于 1，2，$\cdots$，j 各个子舱均有

$$P(D_k > S_{j+1}^k) = \frac{f_{j+1}}{f} \tag{5-48}$$

进而可以将子舱 1，2，$\cdots$，j 的需求进行合并累计，得出联合向上嵌套保护水平 y_j^* 为

$$P\left(\sum_{k=1}^{j} D_k > y_j^* \right) = \frac{f_{j+1}}{f} \tag{5-49}$$

显然，若要保证 $\sum\limits_{k=1}^{j} D_k > \sum\limits_{k=1}^{j} S_{j+1}^k$ 事件成立，至少要在子舱 1，2，…，j 中有一个子舱满足事件

$D_k > S_{j+1}^k$。因此，对于任意随机变量 D_k，以及任意两个子舱之间的保护水平 S_{j+1}^k，有

$$P\left(\sum_{k=1}^{j} D_k > \sum_{k=1}^{j} S_{j+1}^k\right) \leqslant \sum_{k=1}^{j} P(D_k > S_{j+1}^k) \tag{5-50}$$

为了满足上一不等式恒成立，必须有 $P\left(\sum\limits_{k=1}^{j} D_k > \sum\limits_{k=1}^{j} S_{j+1}^k\right) \leqslant \dfrac{f_{j+1}}{f}$ 成立。因此有 $y_j^* \leqslant \sum\limits_{k=1}^{j} S_{j+1}^k$ 成立，

即当各个子舱的平均收益水平十分接近的时候，EMSRa 计算结果的误差将会变大。

为了避免 EMSRa 存在的上述缺陷，EMSRb 的舱位控制方法不再采用座位保护数的累加，而是采用基于子舱需求的累加，这种方法很好地解决了统计的平均效应。

对于子舱 1，2，…，j，其累加的需求量为

$$x_j = \sum_{k=1}^{j} D_k \tag{5-51}$$

平均收益水平为

$$\overline{f}_j = \frac{\sum\limits_{k=1}^{j} f_k E[D_k]}{\sum\limits_{k=1}^{j} E[D_k]} \tag{5-52}$$

此时，子舱 $j+1$ 对于高等级子舱 1，2，…，j 的联合向上嵌套保护水平为

$$P(x_j > y_j) = \frac{f_{j+1}}{\overline{f}_j} \tag{5-53}$$

其中：$\mu = \sum\limits_{k=1}^{j} \mu_k$；$\sigma^2 = \sum\limits_{k=1}^{j} \sigma_k^2$。

5.2.9 EMSRb 案例

为了说明 EMSRb 方法分配座位的过程，仍然采用 5.2.6 节表 5-7 中的数据进行各个子舱的座位分配策略的计算。利用式（5-51）、（5-52）、（5-53），计算 Q 舱最大可销售座位数 AU 过程如下：

$$E(x_B) = D_Y + D_M + D_B = 20.3 + 33.4 + 19.3 = 73.0$$

$$\delta(x_B) = \sqrt{\delta_Y^2 + \delta_M^2 + \delta_B^2} = \sqrt{8.6 + 15.1 + 9.2} = 19.7$$

$$\overline{f}_B = \frac{f_Y D_Y + f_M D_M + f_B D_B}{D_Y + D_M + D_B} = \frac{105 \times 20.3 + 83 \times 33.4 + 57 \times 19.3}{20.3 + 33.4 + 19.3} = 82.2$$

$$y_B = 75；AU_Q = C - y_B = 107 - 75 = 32$$

类似地，得出的各个子舱的 AU 值如表 5-16 所示。

表 5-16 EMSRb 下各个子舱的座位分配策略

子 舱	Y	M	B	Q
嵌套保护水平	14	35	26	—
嵌套订座限制	107	93	58	32

与表 5-8 的座位分配策略相比较，EMSRb 方法为高等级舱位保留了更多的座位。另外，利用 EMSRb 方法对 5.2.7 节案例中航班离港前 35 天、前 28 天、前 21 天、前 14 天、前 7 天的座位进行动态分配，各个阶段计算结果如下所示。

第一阶段，离港前 35 天，如表 5-17 所示。

表 5-17 EMSRb 离港前 35 天各个子舱的输入参数与座位分配结果

子 舱	Y	M	B	Q
期望订座需求	19.0	27.5	13.7	8.2
标准差	8.1	14.8	7.1	7.5
EMSRb 模型结果				
嵌套保护水平	13	29	20	—
实际订座数	1	9	5	18
总保护水平	14	38	25	—
嵌套订座限额	107	93	55	30
可用座位数（嵌套）	74	62	32	12

第二阶段，离港前 28 天，如表 5-18 所示。

表 5-18 EMSRb 下离港前 28 天各个子舱的输入参数与座位分配结果

子 舱（28 天前）	Y	M	B	Q
期望订座需求	16.2	23.8	12.6	4.1
标准差	7.9	13.3	5.5	6.6
EMSRb 模型结果				
嵌套保护水平	18	26	10	—
实际订座数	3	15	8	25
总保护水平	21	41	18	—
嵌套订座限额	107	86	45	27
可用座位数（嵌套）	56	38	12	2

第三阶段，离港前 21 天，如表 5-19 所示。

表 5-19　EMSRb 下离港前 21 天各个子舱的输入参数与座位分配结果

子　舱（21 天前）	Y	M	B	Q
期望订座需求	12.9	22.0	11.0	3.3
标准差	6.9	11.9	6.2	7.1
EMSRb 模型结果				
嵌套保护水平	8	23	17	——
实际订座数	6	19	10	27
总保护水平	14	42	27	——
嵌套订座限额	107	93	51	24
可用座位数（嵌套）	45	37	14	0

第四阶段，离港前 14 天，如表 5-20 所示。

表 5-20　EMSRb 下离港前 14 天各个子舱的输入参数与座位分配结果

子　舱（14 天前）	Y	M	B	Q
期望订座需求	9.7	19.4	7.9	0.8
标准差	5.8	11.6	5.9	5.4
EMSRb 模型结果				
嵌套保护水平	6	19	14	——
实际订座数	6	24	13	27
总保护水平	12	43	27	——
嵌套订座限额	107	95	52	25
可用座位数（嵌套）	37	31	12	0

第五阶段，离港前 7 天，如表 5-21 所示。

表 5-21　EMSRb 下离港前 7 天各个子舱的输入参数与座位分配结果

子　舱（7 天前）	Y	M	B	Q
期望订座需求	6.0	17.3	5.8	0.3
标准差	3.7	10.9	4.8	4.3
EMSRb 模型结果				
嵌套保护水平	4	16	10	——
实际订座数	8	30	15	27
总保护水平	12	46	25	——
嵌套订座限额	107	95	49	24
可用座位数（嵌套）	27	23	7	0

为了说明考虑超售率的 EMSRb 方法在计算子舱订座限额的过程，利用表 5-14 中所给定

的各子舱的超售率，采用式（5-51）、（5-52）、（5-53）分别计算子舱 Q 对于子舱 Y、M、B 的向上嵌套保护水平总数目 y_B，子舱 B 对于子舱 Y、M 的向上嵌套保护水平总数目 y_M，子舱 M 对于子舱 Y 的向上嵌套保护水平总数目 y_Y，结果如下：

$$y_B = 71$$
$$y_M = 47$$
$$y_Y = 13$$

则子舱 Y、M、B 的嵌套保护水平分别为

$$NP_Y = 13$$
$$NP_M = 47 - 13 = 34$$
$$NP_B = 71 - 47 = 24$$

因此，有

$$AU_Q = 1.1[107 - 13/1.30 - 34/1.25 - 24/1.20] = 55$$
$$AU_B = NP_B + 55 = 24 + 55 = 79$$
$$AU_M = NP_M + 79 = 34 + 79 = 113$$
$$AU_Y = NP_Y + 113 = 13 + 113 = 126$$

最终得出的分配结果如表 5-22 所示。

表 5-22 EMSRb 下各个子舱的座位分配结果

子 舱	Y	M	B	Q
超售率	1.30	1.25	1.20	1.10
嵌套保护水平	13	34	24	—
嵌套订座限额	126	113	79	55
整个物理舱的超售率为：126/107 = 1.178				

另外，在航班离港前 $t = 21$ 天，动态舱位控制计算过程如下：

$$y_B = 45$$
$$y_M = 30$$
$$y_Y = 7$$

则各个子舱的嵌套保护水平为

$$NP_Y = 7$$
$$NP_M = 30 - 7 = 23$$
$$NP_B = 45 - 30 = 15$$

则子舱 Y 的最大可销售座位数为

$$AU_Y = y_B + \sum_{i<4} b_i^t + OV_4 \left[C - \sum_{i<4} \frac{b_i^t + NP_i(t)}{OV_i} \right] = 127$$
$$AU_M(t) = AU_Y(t) - NP_Y(t) - b_Y^t = 127 - 7 - 6 = 114$$
$$AU_B(t) = AU_M(t) - NP_M(t) - b_M^t = 114 - 23 - 19 = 72$$
$$AU_Q(t) = AU_B(t) - NP_B(t) - b_B^t = 72 - 15 - 10 = 47$$

因此，可以得出在航班离港前 $t = 21$ 天时各个子舱的座位分配结果，如表 5-23 所示。

表 5-23   航班离港前 21 天在 EMSRb 下各个子舱的座位分配结果

航班离港前 $t = 21$ 天				
子 舱	Y	M	B	Q
超售率	1.30	1.25	1.20	1.10
嵌套保护水平	7	23	15	—
实际订座数	6	19	10	27
总保护水平	13	42	25	—
嵌套订座限额	127	114	72	47
可用座位数（嵌套）	65	58	35	20
整个物理舱的超售率为：127/107 = 1.187				

5.3   单航节座位存量控制的最优化方法

如 5.2 节所述，计算单航节座位存量控制问题的最优分配策略并不是一项非常复杂的工作。在过去的几十年中，EMSR 理论得到了广泛的发展，这主要有两方面的原因：① EMSR 理论的发展先于最优化控制理论；② EMSR 理论在计算座位分配过程中迅速、结果往往十分接近于最优解。通过 5.2 节可以发现 EMSR 方法计算的方便性，那么该方法多大程度上接近于最优解呢？我们下面通过将 EMSR 方法与最优化控制方法进行对比，以此来说明这一问题。

5.3.1   最优化控制方法

为了保证座位分配策略能使得期望总收益最大化，我们总是希望将座位分配给当前能够使收益最大化的子舱。本节以 5.2.1 节的假设条件为基础，并给出如下说明：

（1）$Z_m(n)$ 为最优控制策略下的期望收益值，其中 n 表示在只有子舱 1，2，$\cdots$，m 接受订座时，飞机上还有剩余的空座数，这些空座仅在子舱 1，2，$\cdots$，m 中进行分配。

（2）$\Delta Z_m(n) = Z_m(n) - Z_m(n-1), n \geqslant 1$，即在只有子舱 1，2，$\cdots$，$m$ 接受订座时，再给予第 n 个空座时，其期望收益的增加量。

（3）y_m 为子舱 1，2，$\cdots$，$m-1$ 整体的最优嵌套保护水平数。当 $m = 1$ 时，$y_m = 0$，说明最高等级子舱 1 之上的子舱无需为其保留座位，所有的空座分配完毕；当 $m > 1$ 时，$y_m = [\max \quad n \,|\, f_m < \Delta Z_{m-1}(n)]$，其中 f_m 为子舱 m 的平均收益水平；当 $n \leqslant y_m$ 时，子舱 m 就不再接受订座。

对于所有的子舱而言，当 $\Delta Z_m(n)$ 是关于 n 的递减函数时，有

$$f_m = \begin{cases} \geqslant \Delta Z_{m-1}(n), n \geqslant y_m + 1 \\ < \Delta Z_{m-1}(n), n \leqslant y_m \end{cases} \tag{5-54}$$

判断子舱 m 是否再接受订座，其依据在于：对于子舱 1，2，$\cdots$，$m-1$ 而言，若此时给予它们的空座数 n 不小于给予它们（子舱 1，2，$\cdots$，$m-1$）的最优保护水平数 y_m 时，那么，再给予其（子舱 1，2，$\cdots$，$m-1$）一个空座给整体的子舱 1，2，$\cdots$，$m-1$ 带来的收益增量不会超过将此座位给予子舱 m 的收益水平。显然，此时若子舱 m 有订座请求则应该接受，相反则应该拒绝。

对于只有两个子舱的问题，子舱 1 的收益有

$$Z_1(n) = f_1 \times \min[D_1, n] \tag{5-55}$$

式（5-55）可以改写为

$$Z_1(n) = f_1 \left\{ nP[D_1 \geqslant n] + \sum_{j=0}^{n-1} jP[D_1 = j] \right\} \tag{5-56}$$

因此，有

$$Z_1(n-1) = f_1 \left\{ (n-1)P[D_1 \geqslant n-1] + \sum_{j=0}^{n-2} jP[D_1 = j] \right\} \tag{5-57}$$

式（5-57）可改写为

$$Z_1(n-1) = f_1 \left\{ (n-1)P[D_1 \geqslant n] + (n-1)P[D_1 = n-1] + \sum_{j=0}^{n-2} jP[D_1 = j] \right\} \tag{5-58}$$

用式（5-56）减去式（5-58），有

$$\Delta Z_1(n) = f_1 P[D_1 \geqslant n] \tag{5-59}$$

那么

$$f_2 < \Delta Z_1(n) = f_1 P[D_1 \geqslant n]，对于所有的 n \leqslant y_2 \tag{5-60}$$

$$f_2 \geqslant \Delta Z_1(n) = f_1 P[D_1 \geqslant n]，对于所有的 n \geqslant y_2 + 1 \tag{5-61}$$

式（5-60）、（5-61）表明：当空余的座位 n 没有超过对于子舱 1 的最优保护水平数 y_2 时，子舱 2 的订座请求将会被拒绝（将空座给予子舱 1 所增加的收益超过子舱 2 的平均收益水平 f_2），此时的期望收益为 $Z_1(n) = Z_2(n)$。由于此时子舱 2 的所有订座请求都被拒绝，因此，有 $\Delta Z_1(n) = \Delta Z_2(n)$ 成立；反之，则应该接受子舱 2 的订座请求。

通过上述分析，对于子舱 1，2，$\cdots$，m 而言，在 y_m 的基础上再接受任意 j 个订座请求，其期望总收益为

$$Z_m(y_m + j) = Z_m(y_m) + \sum_{i=0}^{j-1} \left\{ \Delta Z_{m-1}(y_m + j - i)P[D_m \leqslant i] + f_m P[D_m \geqslant i+1] \right\} \tag{5-62}$$

式（5-62）是一个递推方程，其实质是指子舱 1，2，$\cdots$，m 在接受了 y_m 个订座请求的基础上，再接受 j 个订座请求所能实现的期望收益的增加量。这样的增加量分为：一方面，当

子舱 m 没有订座请求而子舱 $m-1$ 存在剩余需求时，挤占子舱 m 空座而获得的收益增加量；另一方面，将座位给予第 m 个子舱所获得的收益增加。

此时，当各个子舱请求的订座数服从正态分布时，舱位控制的最优策略的计算方法可以表示如下：

（1）令 $\Delta Z_1(n) = f_1 P[D_1 \geq n]$，计算 $n = 1，2，\cdots，C$ 时，仅有最高等级子舱接受订座时的总收益值 $Z_1(n) = \sum_{i=0}^{n} \Delta Z_1(i)$。

（2）令 $m = 2$。

（3）找到 $y_m = [\max n \mid f_m < \Delta Z_{m-1}]$，即给予子舱 $1，2，\cdots，m-1$ 的保护水平。

（4）对于 $n \leq y_m$ 部分，令 $Z_m(n) = Z_{m-1}(n)$。

（5）令 $j = 1$，$\overline{Z} = Z_m(y_m)$。

（6）令期望总收益 $\overline{Z} = \overline{Z} + f_m P[D_m \geq j]$。

（7）令 $Z(y_m + j) = \overline{Z} + \sum_{i=0}^{j-1} \Delta Z_{m-1}(y_m + j - i) P[D_m \leq i]$。

（8）令 $\Delta Z(y_m + j) = Z(y_m + j) - Z(y_m + j - 1)$。

（9）如果 $j \neq C - y_m$，那么增加 j 一个单位，返回步骤（6）。

（10）若 $m \neq$ 嵌套的子舱座位总数，那么子舱 m 增加一个单位并返回步骤（3），否则停止。

通过上述计算过程的描述，我们可以利用下面三个子舱问题的示意图来表示舱位控制的迭代过程，如图 5-16 所示。

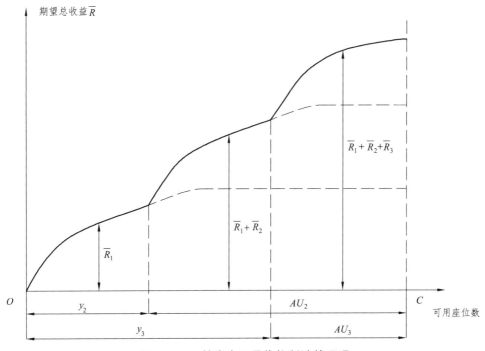

图 5-16 三舱嵌套下最优控制计算原理

因此，最优座位控制策略计算方法的实质是：① 假设将任意一个空座给予最高等级子舱时，各种情况下的期望收益。例如：空座为 1 个时，子舱 1 的期望收益；空座为 2 时，子舱 1 的期望收益等。② 与下一等级子舱的平均收益水平进行比较，找出给予高等级子舱的嵌套保护水平，然后通过判断将超过上述嵌套保护水平的座位分配给下一等级子舱所带来的收益或者继续给予高等级子舱所带来的收益所形成整体的期望总收益，并以此计算增加一个座位的期望边际座位收益增加值，直至计算完毕所有可用座位数为止。③ 再次判断下一等级子舱给予其上面所有高等级子舱的嵌套保护水平，并依此类推得出所有子舱的嵌套保护水平。

5.3.2 案例分析

如 5.2.8 节所述，EMSRb 方法解决了 EMSRa 方法产生的统计平均效应的缺陷，那么 EMSR 方法在多大程度上接近于最优座位控制方法呢？下面，我们对表 5-24、表 5-25 中的案例数据，分别利用 EMSRa、EMSRb 以及最优化控制方法得出的座位控制策略进行仿真分析。表 5-24 给出了三种座位控制方法下仿真结果的平均期望收益值。可以发现，无论是 EMSRa 还是 EMSRb，其期望总收益与最优化方法下的收益值都十分接近，而 EMSRa 略微优于 EMSRb 方法。

表 5-24 单航节座位控制方法比较 1

子　舱		Y	M	B	Q	期望总收益/元
总期望订座数		17.3	45.1	39.6	34.0	—
标准差		5.8	15.0	13.2	11.3	—
平均收益/元		1050	567	534	520	—
EMSRa	嵌套保护水平	16.7	22.0	16.9	—	59 985
	嵌套订座限额	100	83.3	61.3	44.4	
EMSRb	嵌套保护水平	16.7	34.2	32.2	—	59 786
	嵌套订座限额	100	83.3	49.1	16.9	
最优控制	嵌套保护水平	16.7	25.8	29.8	—	60 063
	嵌套订座限额	100	83.3	57.5	27.7	

但是，将案例中四个子舱的平均收益水平取均匀间隔的时候，发现 EMSRb 略微优于 EMSRa 方法，如表 5-25 所示。

表 5-25 单航节座位控制方法比较 2

子　舱		Y	M	B	Q	期望收益/元
总期望订座数		17.3	45.1	39.6	34.0	—
标准差		5.8	15.0	13.2	11.3	—
平均收益/元		1050	950	699	520	—
EMSRa	嵌套保护水平	9.8	40.6	41.2	—	79 164
	嵌套订座限制	100	90.2	49.6	8.4	
EMSRb	嵌套保护水平	9.8	43.4	43.6	—	79 426
	嵌套订座限制	100	90.2	46.8	3.2	
最优控制	嵌套保护水平	9.7	44.3	44.2	—	79 429
	嵌套订座限制	100	90.3	46	1.8	

5.4 基于 EMSR 的多航节座位存量控制

通过上述分析可以发现，无论是基于 EMSR*a* 还是 EMSR*b* 的座位控制方法，其针对的都是单航节座位存量控制问题。而对于多航节座位存量控制问题，EMSR 理论似乎无法解决。其实不然，航空公司同样可以利用 EMSR 方法对多航节的座位存量控制问题进行有效控制，其方法如下：

（1）在多航节航班上，按照航空公司为各个旅客航段所提供的子舱位的平均票价水平，将它们划分为一个个价格区间，即所谓的"虚拟桶"或者有效控制舱位（VIC）。

（2）在航节层面，按照各个旅客航段上子舱的平均票价水平，将子舱划入不同的"虚拟桶"。

（3）对于划入到同一"虚拟桶"的旅客航段子舱，计算其平均收益水平。

（4）在航节层面，利用单航节 EMSR 方法为每一个航节上的"虚拟桶"进行座位分配。

（5）根据子舱所属的"虚拟桶"，确定不同旅客航段子舱的销售限额。

需要说明的是，对于流经两个或两个以上航节的旅客航段子舱，取销售限额的最小值作为该航段子舱的最终销售限额。

例题 5-2　假设某航空公司在北京—济南—海口的网络中，其不同旅客航段的需求、平均收益水平如表 5-26 所示。两航节的最大可用座位数均为 107 个，请利用多航节的 EMSR 方法计算座位分配的控制策略。

表 5-26　旅客航段的需求与平均收益水平

	济南（B）		海口（C）	
	平均收益/元	需求/人次	平均收益/元	需求/人次
北京（A）	750（Y）	（11，3）	1 400（Y）	（13，4）
	550（B）	（12，4）	1000（B）	（14，4）
	200（M）	（25，5）	310（M）	（35，7）
济南（B）			790（Y）	（12，4）
			580（B）	（10，3）
			200（M）	（35，7）

注：需求数量（11，3）等含义是第一个数字表示需求的均值，第二个数字表示标准差。

第一步，划分收益区间，如表 5-27 所示。

表 5-27　网络层面的价格区间划分

控制舱位	VIC-1	VIC-2	VIC-3	VIC-4	VIC-5	VIC-6	VIC-7	VIC-8
价格区间/元	1 400～1 599	1 200～1 399	1 000～1 199	800～999	600～799	400～599	200～399	0～199

第二步，在航节层面，确定旅客航段子舱归属的收益区间，如图 5-17、图 5-18 所示。

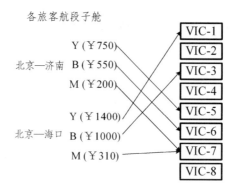

图 5-17 北京—济南航节上有效控制子舱

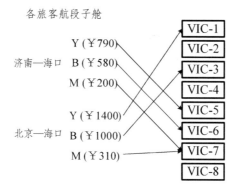

图 5-18 济南—海口航节上有效控制子舱

第三步，在航节层面，将旅客航段子舱划入不同的收益区间，如表 5-28 所示。

表 5-28 航节层面上的 VIC 分配

航节	旅客航段	子舱	平均收益水平/元	所属控制舱位（VIC）
北京—济南	北京—济南	Y	750	VIC-5
		B	550	VIC-6
		M	200	VIC-7
	北京—海口	Y	1 400	VIC-1
		B	1 000	VIC-3
		M	310	VIC-7
济南—海口	济南—海口	Y	790	VIC-5
		B	580	VIC-6
		M	200	VIC-7
	北京—海口	Y	1 400	VIC-1
		B	1 000	VIC-3
		M	310	VIC-7

第四步，在航节层面，为每一个"虚拟桶"计算平均收益水平，如表 5-29 所示。

表 5-29 航节层面上的各个 VIC 的平均收益水平

航节	所属控制舱位（VIC）	需求量/人次	平均收益水平/元
北京—济南	VIC-1	（13，4）	1 400
	VIC-3	（14，4）	1 000
	VIC-5	（11，3）	750
	VIC-6	（12，4）	550
	VIC-7	（60，8.6）	264
济南—海口	VIC-1	（13，4）	1 400
	VIC-3	（14，4）	1 000
	VIC-5	（12，4）	790
	VIC-6	（10，3）	580
	VIC-7	（70，9.9）	255

第五步，在航节层面，利用 EMSR 方法为每一个航节上的"虚拟桶"计算座位分配策略，如表 5-30 所示。

表 5-30 两航节网络下座位控制策略

航节	VIC-1	VIC-2	VIC-3	VIC-4	VIC-5	VIC-6	VIC-7	VIC-8
北京—济南								
保护水平	11	—	14	—	14	21	—	—
订座限度	107	—	96	—	82	68	47	—
济南—海口								
保护水平	11	—	13	—	14	21	—	—
订座限度	107	—	96	—	83	69	48	—

第六步，北京—济南—海口网络上的座位分配策略如表 5-31 所示。

表 5-31 网络的座位控制策略

子舱	航段：北京—济南	航段：济南—海口	航段：北京—海口
Y	82	83	107
B	68	69	96
M	47	48	47

需要说明的是，利用"虚拟桶"技术计算得到的各个旅客航段的销售限额并不能保证收益最大化。有时短航段的组合能产生比在同一航线上相对较长航程更高的票面收入，此时如果把座位保留给较长航段的旅客，就会产生非最优的结果。另外，"虚拟桶"技术的一个"桶"

内通常会包含两个或者两个以上的旅客航段子舱，由于缺乏对其有效的控制手段，因此往往会造成不同航段子舱争抢座位的局面。

5.5 EMSR 方法在收益管理系统中的应用

通过 5.2、5.3 节的详细分析，我们已经熟悉了不同舱位逻辑结构下 EMSR 方法的内涵及其分配座位的经济性含义。下面，我们将介绍收益管理系统中是如何利用 EMSR 方法进行座位存量分配的。

5.5.1 EMSRa 座位分配方法

易腐蚀品——座位这种产品的存量管理，其实质是将座位在不同子舱间合理分配，以保证收益的最大化。因此，不论收益管理人员将座位分配给哪一个子舱，都会产生一定的机会成本。若座位分配决策所产生的收益大于机会成本，那么，这样的决策过程是最优的。所谓座位的最优分配，就是要保证将每一个座位分配给特定子舱所能产生的收益增加量是在当前情况下是最大的。如果每一次分配的座位都能够使收益增加量达到最大，那么理论上在分配完所有座位后，收益将达到最大值。通过 5.2、5.3 节的理论分析可以发现，特定座位分配给某一个子舱所产生的收益增加量可以用 EMSR 值进行评估。因此，根据分离式非嵌套模式与线性嵌套模式下座位分配的原理，收益管理系统可以给出两种不同逻辑模式下的座位分配方法。

采用分离式非嵌套模式的座位分配方法具体步骤如下：

（1）对一个特定物理舱中的每一个子舱，为其计算每一个座位的 EMSR 值。

（2）按照由大到小的原则，将所有子舱座位的 EMSR 值进行排序。

（3）确定落入每一个子舱的 EMSR 值，即为分离式非嵌套模式下最佳的子舱座位保护水平。

例题 5-3 某航班的经济舱中，有 Y、A、B、C 四个子舱位，其平均收益水平分别为 850 元、630 元、450 元和 180 元，需求均服从正态分布且为（20，2^2）。若物理舱最大可用座位数 AU 值为 100 个，请利用 EMSRa 方法确定分离式非嵌套模式下的座位分配策略。

为每一个子舱计算不同座位的 EMSRa 值，结果如表 5-32 所示。

表 5-32 分离模式下各子舱座位 EMSR 值

座位编号	Y	A	B	C
#1	850.00	630.00	450.00	180.00
…	…	…	…	…
#12	849.97	629.98	449.99	179.99
#13	849.80	629.85	449.90	179.96
#14	848.85	629.15	449.39	179.76
#15	844.72	626.09	447.21	178.88

座 位 编 号	Y	A	B	C
#16	830.66	615.67	439.76	175.90
#17	793.21	587.91	419.94	167.97
#18	715.14	530.05	378.61	151.44
#19	587.74	435.62	311.16	124.46
#20	425.00	315.00	225.00	90.00
#21	262.26	194.38	138.84	55.54
#22	134.86	99.95	71.39	28.56
#23	56.79	42.09	30.06	12.03
#24	19.34	14.33	10.24	4.10
#25	5.28	3.91	2.79	1.12
#26	1.15	0.85	0.61	0.24
…	…	…	…	…

因此，在分离逻辑模式下，各个子舱的座位分配结果为：

Y 保护水平为 26 个；

A 保护水平为 25 个；

B 保护水平为 25 个；

C 保护水平为 24 个。

通过累加各个子舱的保护水平，计算各个子舱的 AU 值：

Y　AU = 26+25+25+24 = 100 个；

A　AU = 25+25+24 = 74 个；

B　AU = 25+24 = 49 个；

C　AU = 24 个。

采用线性嵌套逻辑模式的座位分配方法具体步骤如下：

（1）对一个特定物理舱中的每一个子舱，为其计算每一个座位的 EMSR 值。

（2）按照由大到小的原则，将所有子舱座位的 EMSR 值进行排序。

（3）确定落入每一个子舱的 EMSR 值。

（4）根据各个子舱平均收益水平，确定不同子舱的 EMSR 值区间。

（5）检查每一个子舱的 EMSR 值，将不属于自身 EMSR 值区间的座位，按照第（4）步确定的区间值分配入相应的子舱。

（6）确定最终落入每一个子舱的 EMSR 值，即各个子舱的保护水平。

在线性嵌套逻辑模式下，例题 5-3 的分配结果如表 5-33 所示。座位相应的分配结果如下所示：

（1）将 EMSR 值从 631～850 的座位分配给 Y。

（2）将 EMSR 值从 451～630 的座位分配给 A。

（3）将 EMSR 值从 181～450 的座位分配给 B。

（4）将 EMSR 值小于等于 180 的座位分配给 C，直至物理舱的 AU 值。

表 5-33　线性嵌套模式下各子舱座位保护水平

座位编号	子舱	Y EMSR	子舱	A EMSR	子舱	B EMSR	子舱	C EMSR
#1		850.00		630.00		450.00		180.00
…		…		…		…		…
#12		849.97		629.98		449.99		179.99
#13		849.80		629.85		449.90		179.96
#14	Y	848.85	A	629.15		449.39		179.76
#15		844.72		626.09	B	447.21		178.88
#16		830.66		615.67		439.76		175.90
#17		793.21		587.91		419.94		167.97
#18		715.14		530.05		378.61	C	151.44
#19	落入 A	587.74		435.62		311.16		124.46
#20	落入 B	425.00	落入 B	315.00		225.00		90.00
#21		262.26		194.38		138.84		55.54
#22		134.86		99.95		71.39		28.56
#23		56.79	落入 C	42.09	落入 C	30.06		12.03
#24	落入 C	19.34		14.33		10.24		4.10
#25		5.28		3.91		2.79		1.12
#26		1.15		0.85		0.61		0.24

在线性嵌套逻辑模式下，确定的各个子舱的保护水平如下：

Y 保护水平为 18 个；

A 保护水平为 19 个（落入 A 舱自身为 18 个，落入 Y 舱为 1 个）；

B 保护水平为 25 个（落入 B 舱自身为 20 个，落入 Y 舱为 2 个，落入 A 舱为 3 个）；

C 保护水平为 38 个（落入 C 舱自身为 24 个，落入 Y 舱为 5 个，落入 A 舱为 4 个，落入 B 舱为 5 个）。

在此基础上得出的各个子舱的 AU 值为：

Y　$AU = 18+19+25+38 = 100$ 个；

A　$AU = 19+25+38 = 82$ 个；

B　$AU = 25+38 = 63$ 个；

C　$AU = 38$ 个。

比较上述两种不同的舱位逻辑结构下座位分配的方法，可以发现线性嵌套下的 EMSRa 方法与分离式非嵌套模式下的 EMSRa 方法相比，前者更多地为低等级需求保留了座位数。

5.5.2　EMSRb 座位分配方法

通过 5.2.8 节的介绍，我们知道 EMSRb 方法不是通过计算保护水平的累加，而是通过需求的累加得出各个子舱的最大可销售座位数。该方法通过计算所有父舱的联合可实现需求量、联合平均票价水平，求出子舱对于联合舱位（I）的保护水平。

对于线性嵌套逻辑的 EMSRb 而言，首先处理最高等级的子舱位（$i=1$），然后在迭代的过程中，逐渐将次低等级的舱位添加到以前的联合舱位（I）中，其具体步骤可以描述如下：

（1）令 $i=1$、剩余可用座位总数 CmpStsLeft = 最大可用座位总数，转步骤（2）。

（2）累加舱位 1 至 i 的可实现旅客需求均值，如式（5-63），转步骤（3）。

$$D(I) = Dmd(1)+\cdots+Dmd(i) \tag{5-63}$$

（3）求出舱位 1 至 i 可实现旅客需求的标准差，如式（5-64），转步骤（4）。

$$SD(I) = Sqrt[StdDev(1)^2+\cdots+StdDev(i)^2] \tag{5-64}$$

（4）找到联合舱位（I）的平均票价水平，如式（5-65），转步骤（5）。

$$F(I) = [Fare(1)*Dmd(1)+Fare(2)*Dmd(2)+\cdots+Fare(i) \times Dmd(i)]/D(I) \tag{5-65}$$

（5）构建一个联合舱位 EMSR(EMSR(I, S(I)))，如式（5-66），转步骤（6）。

$$EMSR(I, S(I)) = Fare(i+1) = F(I) \times Prob(S(I)) \tag{5-66}$$

$$Prob[S(I)] = Fare(i+1)/F(I) \tag{5-67}$$

其中：$Prob[S(I)]$ 表示从舱位 1 至舱位 i 所形成的联合需求量大于舱位 $i+1$ 的需求量的概率。

（6）利用标准正态分布表，求出 $Prob[S(I)]$。

（7）利用 $Z = (D(I) - S(I))/SD(I)$，求出 $S(I) = D(I) = (Z \times SD(I))$，转步骤（8）。

（8）若 $i=1$，则最高等级子舱的保护水平 $Prt(i)$ 为 $S(1)$，否则，子舱的保护水平 $Prt(i)$ 为 $S(I) - S(I-1)$，转步骤（9）。

（9）若剩余可用座位总数 CmpStsLeft 小于子舱的保护水平 $Prt(i)$，则令 $Prt(i) =$ CmpStsLeft、子舱 $i+1,\cdots,N$ 的保护水平数为 0，停止；否则，更新剩余可用座位总数 CmpStsLeft = CmpStsLeft – $Prt(i)$，转步骤（10）。

（10）判断 i 是否达到子舱 $N-1$，若是，则 $Prt(N) =$ CmpStsLeft 且停止。否则令 $i = i+1$，转步骤（2）。

需要说明的是，当可实现的旅客需求小于最大可用座位总数而出现空座时，上述计算步骤采取了将刚性空座（Empty Seats）全部分配给子舱 N 的策略。

例题 5-4 假设某物理舱位的 AU 为 130 个，拥有 5 个子舱，其各自能够实现需求的均值、标准差及平均票价水平如表 5-34 所示。请利用 EMSRb 计算座位分配方案。

表 5-34 各子舱的平均票价水平、平均能够实现的需求及其标准差

子 舱	需求	标准差	平均票价水平/元
Y	20	5	400
A	20	3	300
B	30	6	200
C	40	8	100
D	45	10	100

第一次迭代

只处理 Y 舱，因此 $D(Y)$，$SD(Y)$，$F(Y)$ 的计算值均等于 Y 舱的相应参数值。

$$D(Y) = 20$$

$$SD(Y) = 5$$

$$F(Y) = (400 \times 20)/20 = 400$$

利用 $Prob(S(Y)) = Fare(i+1)/F(I)$，得出 $Prob(S(Y)) = 300/400 = 0.75$。

经过查找标准正态分布表，得出 0.75 的 z 值为 0.675，根据 $S(I) = D(I) - (Z \times SD(I))$ 得出 $S(Y) = 20 - (0.675 \times 5) = 16.625$，向下取整为 16。

对于子舱 Y，由于联合舱位的保护水平与单一舱位的保护水平是一样的（Y），因此

$$Prt(Y) = 16$$

$$CmpStsLeft = 130 - 16 = 114$$

第二次迭代

考虑 Y、A 子舱的旅客需求、标准差以及加权平均票价。

$$D(A) = 20+20 = 40$$

$$SD(A) = Sqrt(5^2+3^2) = Sqrt(34) = 5.831$$

$$F(A) = (400 \times 20+300 \times 20)/40 = 14\,000/40 = 350$$

得出

$Prob(S(A)) = 200/350 = 0.571$，进而得出 $S(A) = 40 - (0.1786 \times 5.831) = 38.95$，向下取整为 38。

$$Prt(A) = 38 - 16 = 22$$

$$CmpStsLeft = 114 - 22 = 92$$

第三次迭代

考虑子舱 Y、A、B 的旅客需求、标准差以及加权平均票价。

$$D(B) = 40+30 = 70$$

$$SD(B) = Sqrt(34+6^2) = Sqrt(70) = 8.367$$

$$F(B) = (14\,000+200 \times 30)/70 = 20\,000/70 = 285.71$$

$$Prob(S(B)) = 100/285.71 = 0.35$$

$$S(B) = 70 - (-0.384\,9 \times 8.367) = 73.22，向下取整为 73$$

$$Prt(B) = 73 - 38 = 35$$

$$CmpStsLeft = 92 - 35 = 57$$

第四次迭代

考虑 Y、A、B、C 子舱的旅客需求、标准差以及加权平均票价。

$$D(C) = 70+40 = 110$$

$$SD(C) = Sqrt(70+8^2) = Sqrt(134) = 11.578$$

$$F(C) = [20\,000+(100 \times 40)]/110 = 24\,000/110 = 218.18$$

$$Prob(S(C)) = 100/218.18 = 0.458$$

$$S(C) = 110 - (-0.1052 \times 11.578) = 111.21，向下取整为 111$$

$$Prt(C) = 111 - 73 = 38$$

$$CmpStsLeft = 57 - 38 = 19$$

各子舱的保护水平数如表 5-35 所示。

表 5-35　各子舱的保护水平

子　舱	保护水平
Y	16
A	22
B	35
C	38
D	19

理论上而言，航空公司可以通过理想化的多等级票价体系来完全区分不同的细分市场。然而，在收益管理实践中很难做到这一点，因此，"子舱间需求相互独立"的假设条件不是完全成立的，即一个子舱中需求变化会影响到其他子舱中需求的变化。为了能够反映出这样的影响关系，我们可以用子舱间的协方差来表示。因此，我们按照式（5-68）、（5-69）将 EMSR*b* 方法进行扩展。

$$SD(I) = Sqrt[StdDev(1)^2+StdDev(2)^2+\cdots+StdDev(i)^2] \tag{5-68}$$

$$SD(I) = Sqrt[SD(I)^2+2(Correlation(X, Y)) \times StdDev(X) \times StdDev(Y)] \tag{5-69}$$

按照上述的计算方法，如果一个物理舱拥有 3 个子舱，那么第一次迭代过程中，由于只考虑 Y 舱，因此就不存在"相关系数"这个概念。在第二次迭代中，将考虑 Y 舱与次高舱的相关系数。第三次迭代中，将 Y 舱与第三个等级子舱的相关系数考虑到 EMSR*b* 中，然后再考虑次高舱与第三个等级子舱之间的相关系数。

例题 5-5　假设某物理舱位的 AU 为 100 个，拥有 4 个子舱，其各自能够实现需求的均值、标准差、平均收益水平如表 5-36 所示。子舱之间的相关系数如表 5-37 所示。请利用 EMSR*b* 计算座位分配方案。

表 5-36　各子舱的平均票价水平、平均能够实现的需求均值与标准差

子　舱	需　求	标准差	平均收益水平/元
Y	20	8	500
A	18	6	400
B	22	7	300
C	35	15	200

各个子舱之间的相关系数如表 5-37 所示。

表 5-37　各子舱能够实现需求之间的相关系数

子　舱	Y	A	B	C
Y	1	− 0.7	0.159	0.394
A	− 0.7	1	− 0.17	− 0.11
B	0.159	− 0.17	1	0.278
C	0.394	− 0.11	0.278	1

第一次迭代

$$Prob(S(Y)) = 400/500 = 0.8$$

经过查找标准正态分布表，得出 0.8 的 z 值为 0.841 8，根据 $S(I) = D(I) − (Z \times SD(I))$，得出 $S(Y) = 20 − (0.841\ 8 \times 8) = 13.265$，向下取整得出的值为 13。

$$Prt(Y) = 13$$

$$CmpStsLeft = 100 − 13 = 87$$

第二次迭代

考虑 Y、A 舱的旅客需求、标准差以及加权平均票价。

$$D(A) = 20+18 = 38$$

$$SD(A) = Sqrt(8^2+6^2) = Sqrt(100) = 10$$

$$F(A) = [(500 \times 20)+(400 \times 18)]/38 = 17\ 200/38 = 452.63$$

$$Prob(S(A)) = 300/452.63 = 0.663$$

利用 Y、A 的相关系数 − 0.7

$$SD(A) = Sqrt(10^2+(2 \times (− 0.7) \times 8 \times 6)) = Sqrt(32.8) = 5.73$$

经过查找标准正态分布表，得出 0.663 的 z 值为 0.420 2，那么得出：

$$S(A) = 38 − (0.420\ 2 \times 5.73) = 35.59，向下取整为 35。$$

$$Prt(A) = 35 − 13 = 22$$

$$CmpStsLeft = 87 − 22 = 65$$

第三次迭代

考虑 Y、A、B 舱的旅客需求、标准差以及加权平均票价。

$$D(B) = 38+22 = 60$$

$$SD(B) = Sqrt(5.73^2+7^2) = 9.05，其中：5.73^2 为 SD(A) 的平方。$$

$$F(B) = [17\ 200+(300 \times 22)]/60 = 396.7$$

$$Prob(S(B)) = 200/396.7 = 0.504$$

考虑 Y、B 子舱的相关系数，将 $SD(B)$ 调整为

$$SD(B) = Sqrt(9.05^2+(2 \times (0.159) \times 8 \times 7)) = 9.99$$

考虑 A、B 子舱的相关系数，将 $SD(B)$ 调整为

$$SD(B) = Sqrt(9.99+(2 \times (-0.17) \times 6 \times 7)) = 9.25$$

经过查找标准正态分布表，得出 0.504 的 z 值为 0.01，那么得出：

$$S(B) = 60 - (0.01 \times 9.25) = 59.9，向下取整为 59。$$

$$Prt(B) = 59 - 35 = 24$$

$$CmpStsLeft = 65 - 24 = 41$$

各子舱的保护水平数如表 5-38 所示。

表 5-38　各子舱的保护水平

子舱	保护水平数
Y	13
A	22
B	24
C	41

5.5.3　混合嵌套逻辑结构下 EMSRb 方法

航空公司能够将 EMSRb 方法应用到混合嵌套舱位结构逻辑中。在混合嵌套逻辑中，每一个分支代表了一个具有线性嵌套关系的舱位。图 5-19 中的舱位控制逻辑结构图（Inventory Map）拥有 2 个分支（I）：上面的分支（$I = 1$）具有 4 个子舱；下面的一个分支（$I = 2$）具有 5 个子舱。

我们将在第 I 个分支中的第 J 个子舱记为 Class(I, J)，将 Class(I, J) 的票价水平记为 $Fare(I, J)$。例如：子舱 B 记为 $Class(1, 3)$；而 $Fare(2, 4)$ 代表了子舱 F 的平均票价水平，且有 $Class(1, 1) = Class(2, 1) = Y$。

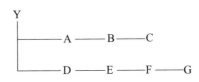

图 5-19　混合嵌套逻辑结构示意图

与线性嵌套逻辑结构图（Linear-Nesting Inventory Maps）中的 EMSRb 计算步骤类似，我们为每一个在分支 I 中的子舱 J 计算联合需求 $D(I, J)$、标准差 $SD(I, J)$ 以及联合加权平均票价水平 $F(I, J)$。例如：图 5-19 中有 2 个分支，那么在第三次的迭代中，会有

$$D(1, J) = Dmd(1, 1)+Dmd(1, 2)+Dmd(1, 3) \tag{5-70}$$

$$D(2, J) = Dmd(2, 1)+Dmd(2, 2)+Dmd(2, 3) \tag{5-71}$$

另一方面，为了保证能够保护到具有高 EMSR 值的座位，混合嵌套逻辑下的 EMSRb 会两两比较不同分支中舱位的平均票价水平，以此在每一次迭代中找到最高票价的孩子子舱。令某个存量图有 N 个分支，那么混合嵌套逻辑下的 EMSRb 的处理过程可以描述如下：

（1）令剩余可用座位总数 $CmpStsLeft$ = 最大可用座位总数。对于每一个分支，设子舱 J_i

= 1，其中 i = 1，2，…，N，转步骤（2）。

（2）在所有分支下已有最终保护水平数子舱的孩子子舱中（其中混合嵌套逻辑下最高等级子舱时为其所有分支的孩子子舱），找到具有最大平均票价水平（Max Child Fare）的孩子舱位。若没有孩子子舱，则利用物理舱的平均票价水平×给定的百分比值（例如 10%）作为当前迭代中每一个分支最低等级子舱的孩子子舱，转步骤（3）。

（3）若为第一次迭代，则为每一个分支 I，计算 EMSRb 等式 $Prob[S(I, 1)] = Max\ Child\ Fare/F(I, 1)$，得出每一个分支 I 的 $S(I, 1)$。令所有分支的最高等级子舱保护数 $Prt(1) = S(I, 1)$，$CmpStsLeft = CmpStsLeft – Prt(I, 1)$，并令所有分支的 $J_i = J_i+1$，转步骤（6），否则，转步骤（4）。

（4）为每一个分支 I 计算 $Prob[S(I, J_i)] = Max\ Child\ Fare/F(I, J_i)$，得出每一个分支相对的 Max Child Fare 子舱父舱的联合舱位保护水平数 $S(I, J_i)$。在任意一个分支 I 中，若具有最大平均票价水平 $Max\ Child\ Fare$ 的孩子舱位，则将 $S(I, J_1)$ 作为最终的联合舱位保护水平数 $S(I, J_1)$。对于不具有 $Max\ Child\ Fare$ 的分支，就不使用 $S(I, J_i)$ 作为该子舱的最终的联合舱位保护水平数。例如：如果在同一次迭代中的 $Class(1, 2)$，$Class(2, 2)$ 和 $Class(3, 2)$，它们的孩子子舱的平均票价水平分别为 200 元，200 元以及 180 元，那么，此次迭代过程就不会使用 $Class(3, 2)$，转步骤（5）。

（5）令 $Prt(I, J_i) = S(I, J_i) – S(I, J_1 – 1)$，对于具有 Max Child Fare 子舱的分支而言，令 $J_i = J_i+1$。否则 J_i 不变，转步骤（6）。

（6）更新 $CmpStsLeft$：$CmpStsLeft = CmpStsLeft – Sum(Prt(I, J_i))$，若 $CmpStsLeft \leqslant 0$，令 $CmpStsLeft = CmpStsLeft+Sum(Prt(I, J_i))$，且将剩余座位按照每一个 $Prt(I, J_i)$ 占 $Sum(Prt(I, J_i))$ 的比例分配给当前迭代中各个分支最低等级的子舱，并令当前迭代中各个分支最低等级的子舱的所有孩子子舱保护水平均为 0，停止。否则，转步骤（7）。

（7）若当前迭代中各个分支最低等级子舱已经没有孩子子舱，则将剩余座位按照平均分配的原则放入当前迭代中各个分支最低等级子舱中，停止。否则，转（2）。

例题 5-6 假设某物理舱位的 AU 为 132 个，子舱数目及其关系如图 5-19 所示，其各自能够实现需求的均值及其标准差，平均票价水平如表 5-39 所示。请利用 EMSRb 计算座位分配方案。

表 5-39　各子舱的相关参数

子舱	需求	标准差	票价水平
Y	20	5	300
A	10	4	280
B	10	2	250
C	20	3	180
D	10	4	260
E	10	3	250
F	15	5	200
G	25	7	180

第一次迭代

Y 舱不但在第一个分支中，而且还在第二个分支中，因此 Y 代表了 $Class(1, 1)$、$Class(2, 1)$。

$$D(1, 1) = D(2, 1) = 20$$

$$StdDev(1, 1) = StdDev(2, 1) = 5$$

$$F(1, 1) = F(2, 1) = 300$$

（1）根据公式 $Max\{Fare(I, J), \text{where } J > 1 \text{ for } I = 1, 2\}$，为 Y 舱寻找最大的孩子子舱票价。

$$Y \text{ Max Child Fare} = Max\{280, 250, 180, 260, 250, 200, 180\} = 280$$

（2）根据 $F(I, J_1) \times Prob[S(I, J_1)] = Y \text{ Max Child Fare}$，然后利用标准正态分布表寻找 $S(1, 1)$ 和 $S(2, 1)$。

$$Prob[S(1, 1)] = 280/300 = 0.9333$$

$$S(1, 1) = S(2, 1) = 12.49，向下取整得到 12。$$

（3）$Class(1, 2) = A = 280$，注意到，对于唯一的子舱 Y，只需要所有分支中的一支必须要有孩子子舱去实现 $S(I, J_1)$。令 $S(1, 1) = S(2, 1) = 12$ 作为 Y 舱的最终保护数。

（4）令 $Prt(1, 1) = Prt(2, 1) = S(1, 1) = 12$。

（5）令 $CmpStsLeft = CmpStsLeft - Prt(1, 1) = 132 - 12 = 120$。

（6）同时令 $J_1 = J_2 = 2$。

第二次迭代

在本次迭代中，$Class(1, 2)$ 代表的是 Y+A；而 $Class(2, 2)$ 代表的是 Y+D。

$$D(1, 2) = D(2, 2) = 20+10 = 30$$

$$StdDev(1, 2) = Sqrt(5^2+4^2) = 6.40$$

$$StdDev(2, 2) = 6.40$$

$$F(1, 2) = [300 \times 20+280 \times 10]/30 = 293.33$$

$$F(2, 2) = 286.67$$

（1）寻找 A、D 子舱 Max Child Fare = $Max\{250, 180, 250, 200, 180\} = 250$。

（2）根据公式 $F(I, J_1) \times Prob[S(I, J_1)] = \text{Max Child Fare}$、$F(I, J_2) \times Prob[S(I, J_2)] = \text{Max Child Fare}$，计算 $Prob[S(1, 2)]$、$Prob[S(2, 2)]$，寻找 $S(1, 2)$、$S(2, 2)$。

$$Prob[S(1, 2)] = 250/293.33 = 0.852\ 3$$

$$Prob[S(2, 2)] = 250/286.67 = 0.872\ 1$$

$$S(1, 2) = 23.30，向下取整为 23$$

$$S(2, 2) = 22.72，向下取整为 22$$

（3）考虑到 $Class(1, 2)$、$Class(2, 2)$ 都有 Max Child Fare = 250，令 $Class(1, 2) = 23$，$Class(2, 2) = 22$。

（4）$Prt(1, 2) = S(1, 2) - S(1, 1) = 23 - 12 = 11$；$Prt(2, 2) = S(2, 2) - S(2, 1) = 22 - 12 = 10$。

（5）$CmpStsLeft = CmpStsLeft - Sum(Prt(I, J_1)) = 120 - (11+10) = 99$。

（6）令 $J_1 = J_2 = 3$。

第三次迭代

在本次迭代中，$Class(1, 3)$ 代表了 Y+A+B；$Class(2, 3)$ 代表了 Y+D+E。

$$D(1, 3) = D(2, 3) = 30+10 = 40$$

$$StdDev(1, 3) = Sqrt(5^2+4^2+2^2) = 6.71$$

$$StdDev(2, 3) = 7.07$$

$$F(1, 3) = [300 \times 20+280 \times 10+250 \times 10]/40 = 282.50$$

$$F(2, 3) = 277.50$$

（1）寻找 B、E 子舱的 Max Child Fare = Max{180, 200, 180} = 200；

（2）计算 $Prob[S(1, 3)]$、$Prob[S(2, 3)]$，寻找 $S(1, 3)$、$S(2, 3)$；

$$Prob[S(1, 3)] = 200/282.50 = 0.708\ 0$$

$$Prob[S(2, 3)] = 200/277.50 = 0.720\ 7$$

$$S(1, 3) = 36.33，向下取整 36$$

$$S(2, 3) = 35.86，向下取整 35$$

（3）$Class(2, 3)$ 具有票价为 200 的子舱，因此设置 $Class(2, 3)$ 最终联合保护数为 35，但是 $S(1, 3)$ 不具有 200 票价的子舱，因此不设置 $Class(1, 3) = 36$ 为最终的保护数。

（4）$Prt(2, 3) = S(2, 3) - S(2, 2) = 35 - 22 = 13$；

（5）$CmpStsLeft = CmpStsLeft - Prt(2, 3) = 99 - 13 = 86$；

（6）令 $J_1 = 3$；$J_2 = 4$。

第四次迭代

在本次迭代中，$Class(1, 3)$ 代表了 Y+A+B；而 $Class(2, 4)$ 代表了 Y+D+E+F。

$$D(1, 3) = 30+10 = 40$$

$$D(2, 4) = 55$$

$$StdDev(1, 3) = Sqrt(5^2+4^2+2^2) = 6.71$$

$$StdDev(2, 4) = 8.66$$

$$F(1, 3) = [300 \times 20+280 \times 10+250 \times 10]/40 = 282.50$$

$$F(2, 4) = 256.36$$

（1）寻找 B、F 子舱的 Max Child Fare = Max{180, 180} = 180。

（2）计算 $Prob[S(I, 3)]$、$Prob[S(2, 4)]$，寻找 $S(1, 3)$、$S(2, 4)$。

$$Prob[S(1, 3)] = 180/282.50 = 0.6372$$

$$Prob[S(2, 4)] = 180/256.36 = 0.7021$$

$$S(1, 3) = 37.65，向下取整为 37$$

$$S(2, 4) = 50.40，向下取整为 50$$

（3）由于 $Class(1, 3)$、$Class(2, 4)$ 都拥有 Max Child Fare = 180 的孩子子舱，因此设置 $Class(1, 3) = 37$，$Class(2, 4) = 50$ 分别作为最终的保护数。

（4）$Prt(1, 3) = S(1, 3) - S(1, 2) = 37 - 23 = 16$；$Prt(2, 4) = S(2,4) - S(2, 3) = 50 - 35 = 15$。

（5）*CmpStsLeft* = 86 − (16+15) = 55。

（6）令 J_1 = 4，J_2 = 5。

第五次迭代

Class(1, 4) 代表了 Y+A+B+C；而 *Class*(2, 5) 代表了 Y+D+E+F+G。

$$D(1, 4) = 40+20 = 60$$

$$D(2, 5) = 80$$

$$StdDev(1, 4) = Sqrt(5^2+4^2+2^2+3^2) = 7.35$$

$$StdDev(2, 5) = 11.14$$

$$F(1, 4) = [300 \times 20+280 \times 10+250 \times 10+180 \times 20]/60 = 248.33$$

$$F(2, 5) = 232.50$$

考虑到 C、G 舱都没有孩子舱位，利用物理舱平均票价水平的 10% 作为 C、G 子舱的孩子子舱的平均票价，若此时物理舱的平均票价水平 = 237.50 元，则

（1）C、G 舱的孩子子舱平均票价水平 = 23.75。

（2）计算 *Prob*[*S*(1, 4)] = 23.75/248.33 = 0.0956；*Prob*[*S*(2, 5)] = 23.75/232.50 = 0.1021，得出 *S*(1, 4) = 59.297，*S*(2, 5) = 78.86。

（3）考虑到 *Class*(1, 4)、*Class*(2, 5) 都具有平均票价水平为 23.75 的孩子子舱，因此将 59、78 分别作为 *Class*(1, 4)、*Class*(2, 5) 的最终保护数。

（4）*Prt*(1, 4) = *S*(1, 4) − *S*(1, 3) = 59 − 37 = 22；*Prt*(2, 5) = *S*(2, 5) − *S*(2, 4) = 78 − 50 = 28。

（5）*CmpStsLeft* = 55 − (22+28) = 5。

（6）由于已经没有更低的舱位存在于物理舱中，因此将剩余的 5 个座位平均放入 C、G 子舱，则

$$Prt(1, 4) = Prt(1, 4)+3 = 25$$

$$Prt(2, 5) = Prt(2, 5)+2 = 30$$

计算停止。

最终，各子舱的保护水平数如表 5-40 所示。

表 5-40 各子舱的保护水平

子舱	保护数
Y	12
A	11
B	16
C	25
D	10
E	13
F	15
G	30

5.5.4 EMSR 方法在多航节座位分配中的应用

5.5.1 ~ 5.5.3 节所阐述的座位存量控制方法都是基于航节-物理舱可用座位数的问题。然而在多航节航班的座位存量控制时，上述方法并不能很好地在不同旅客航段子舱之间分配座位。因此，我们必须要在基于航节-物理舱得出的座位分配策略的基础上，找到为旅客航段子舱进行合理的分配座位的方法，即旅客航段 EMSR（Segment EMSR）方法。如同前面几节阐述的那样，期望边际座位收益实质上是一种座位的机会成本，如果长航段产生的机会成本大于了两个短航段机会成本之和，那么应该将座位分配给长航段旅客，反之，则应该分配两个短航段旅客。例如：在 A – B – C 这样的网络中，如果 A-B Class 的期望边际座位收益与 B – C Class 的期望边际座位收益大于了 A – C Class 的期望边际座位收益，那么应该将此座位分配给两个短航段旅客，否则就应该分配给长航段旅客。针对这一思想，旅客航段 EMSR 方法的计算步骤可以描述如下：

（1）在一个特定的航线网络中，利用一定的座位分配方法与超售优化方法从航节-物理舱层面确定各个子舱的 AU 值，转步骤（2）。

（2）在所有航节中，寻找相同子舱的最小座位保护水平数，并计算各个航节上相应子舱保护水平数与最小子舱保护水平数之差，并将这些差额座位首先分配到相应的航节-子舱中，转步骤（3）。

例如：在 A – B – C – D 网络中，若 A – B、B – C、C – D 航节 Y 子舱的保护数分别为 11、9、10，那么首先将 11 – 9 = 2 个座位分配给航节 A – B；将 10 – 9 = 1 个座位分配给航节 C – D。

（3）寻找到所有可能的旅客航段，计算旅客航段子舱的 EMSR 值。

（4）确定旅客航段上相应的航节组合，累加这些航节上相同子舱的 EMSR 值，结合步骤（3）中的 EMSR 值，按照由小到大的原则进行排序，转步骤（5）。

例如：在 A – B – C – D 这样网络中，存在以下旅客航段：

AB+BD

AB+BC+CD

AC+CD

AD

那么，应该将 AB 航段的 Y 舱所有的 EMSR 值与 BD 航段的 Y 舱的 EMSR 值累加起来，依次类推。

（5）按照从大到小的顺序，选择具有最大 EMSR 值的座位数，其数目等于航节-子舱中保护水平数目的最小量，转步骤（6）。

（6）确定是否存在次低等级的子舱，若是，则转步骤（2），否则，停止。

例题 5-7 假设在 A – B – C 航线网络中，A – B、B – C 以及 A – C 旅客航段子舱 Y 的票价水平分别为 100 元，90 元，180 元、需求分别服从（20,8）、（20,8）、（20,2）的正态分布。A – B、B – C 航节 Y 子舱的保护水平分别为 10 个和 9 个，请利用 Segment EMSR 方法确定座位的分配策略。

第一步，计算 A – B、B – C 航节 Y 子舱的最小保护水平数，预先将 10 – 9 = 1 个座位分配给 A – B 航节的 Y 子舱。

第二步，在旅客航段-子舱层面，计算 Y 子舱剩余座位的 EMSR 值。

$EMSR(AB, \#2) = 98$　　$EMSR(BC, \#1) = 89$　　$EMSR(AC, \#1) = 180$

$EMSR(AB, \#3) = 98$　　$EMSR(BC, \#2) = 88$　　$EMSR(AC, \#2) = 180$

$EMSR(AB, \#4) = 97$　　$EMSR(BC, \#3) = 88$　　$EMSR(AC, \#3) = 180$

$EMSR(AB, \#5) = 96$　　$EMSR(BC, \#4) = 87$　　$EMSR(AC, \#4) = 180$

$EMSR(AB, \#6) = 95$　　$EMSR(BC, \#5) = 87$　　$EMSR(AC, \#5) = 179$

$EMSR(AB, \#7) = 94$　　$EMSR(BC, \#6) = 86$　　$EMSR(AC, \#6) = 179$

$EMSR(AB, \#8) = 93$　　$EMSR(BC, \#7) = 85$　　$EMSR(AC, \#7) = 179$

$EMSR(AB, \#9) = 91$　　$EMSR(BC, \#8) = 83$　　$EMSR(AC, \#8) = 179$

$EMSR(AB, \#10) = 89$　　$EMSR(BC, \#9) = 82$　　$EMSR(AC, \#9) = 179$

第三步，按照旅客航段所涉及的航节组合，累加航节上子舱 Y 的 EMSR 值。

$EMSR(AB, \#2) + EMSR(BC, \#1) = 98+89 = 187$

$EMSR(AB, \#3)+EMSR(BC, \#2) = 98 + 88 = 186$

$EMSR(AB, \#4)+ EMSR(BC, \#3) = 97 + 88 = 185$

$EMSR(AB, \#5)+ EMSR(BC, \#4) = 96 + 87 = 183$

$EMSR(AB, \#6)+ EMSR(BC, \#5) = 95 + 87 = 182$

$EMSR(AB, \#7)+ EMSR(BC, \#6) = 94 + 86 = 180$

$EMSR(AB, \#8)+ EMSR(BC, \#7) = 93 + 85 = 178$

$EMSR(AB, \#9)+ EMSR(BC, \#8) = 91 + 83 = 174$

$EMSR(AB, \#10)+ EMSR(BC, \#9) = 89 + 82 = 171$

第四步，结合第二步中$\{EMSR(AC, i)\}$列表，对 EMSR 值进行由小到大排列。

$EMSR(AB, \#2)+ EMSR(BC, \#1) = 187$

$EMSR(AB, \#3)+ EMSR(BC, \#2) = 186$

$EMSR(AB, \#4)+ EMSR(BC, \#3) = 185$

$EMSR(AB, \#5)+ EMSR(BC, \#4) = 183$

$EMSR(AB, \#6)+ EMSR(BC, \#5) = 182$

$EMSR(AB, \#7)+ EMSR(BC, \#6) = 180$

$EMSR(AC, \#1) = 180$

$EMSR(AC, \#2) = 180$

$EMSR(AC, \#3) = 180$

$EMSR(AC, \#4) = 180$

$EMSR(AC, \#5) = 179$

$EMSR(AC, \#6) = 179$

$EMSR(AC, \#7) = 179$

$EMSR(AC, \#8) = 179$

$EMSR(AC, \#9) = 179$

$EMSR(AB, \#8)+ EMSR(BC, \#7) = 93 + 85 = 178$

$EMSR(AB, \#9)+ EMSR(BC, \#8) = 91 + 83 = 174$

$EMSR(AB, \#10)+ EMSR(BC, \#9) = 89 + 82 = 171$

第五步，前 9 个 EMSR 值中旅客航段 A – C 的有 3 个，旅客航段 A – B、B – C 的有 6 个。

因此，最终的座位分配结果如下所示：

Segment A – B Y Prts = 7

Segment B – C Y Prts = 6

Segment A – C Y Prts = 3

5.6 超售与座位存量控制联合优化方法

在第 4 章中，我们曾介绍了考虑 No-Show 旅客的超售优化过程。在本章的前面几节中，我们又介绍了座位存量分配的方法。在本节中我们将超售过程与座位存量分配过程联合进行考虑，以此介绍座位存量的分配方法。

超售优化过程首先将物理舱的 No-show 旅客视为随机变量，计算在一定的 AU 值下登机旅客人数的均值与标准差。随后计算期望的拒载旅客人数与虚耗座位数，设置一定的单位旅客拒载成本与单位座位虚耗成本，计算不同 AU 值下的期望超售成本。最后，寻找到期望超售成本最小的 AU 值作为物理舱的最大可销售座位数。

座位分配过程是指在一定的舱位逻辑结构下，根据各个子舱的平均票价水平、旅客需求的均值与标准差，利用一定的座位存量控制方法（如 EMSR 方法），以物理舱期望收益最大为目标，确定子舱之间的座位分配方案。显然，座位分配过程是以物理舱 AU 值为前提，而超售优化过程又是以该 AU 值为结果，因此，我们可以将超售与座位存量控制过程的步骤描述如下：

（1）初始化：令 AU = 物理舱实际可用座位数，确定各个子舱的平均票价水平、成行旅客的需求分布、No-Show 率。

（2）根据 5.5 节中提出的座位分配方法，计算各个子舱当前的保护水平数，结合子舱的 No-Show 率，根据式（5-72）、（5-73）计算物理舱当前的 No-Show 率均值与标准差，转步骤（3）。

$$E(D_{cmp}^t) = E\left(\frac{\sum_{i=1}^{N}(c_i \times d_i)}{AU_{cmp}^t}\right) = \frac{\sum_{i=1}^{N}(c_i \times E(d_i))}{AU_{cmp}^t} = \frac{\sum_{i=1}^{N}(c_i \times \mu_i)}{AU_{cmp}^t} \qquad （5-72）$$

$$D(D_{cmp}^t) = D\left(\frac{\sum_{i=1}^{N}(c_i \times d_i)}{AU_{cmp}^t}\right) = \frac{\sum_{i=1}^{N}\left[c_i^2 \times D(d_i)\right]}{(AU_{cmp}^t)^2} = \frac{\sum_{i=1}^{N}(c_i^2 \times \delta_i^2)}{(AU_{cmp}^t)^2} \qquad （5-73）$$

（3）利用第 4 章中的超售优化方法，确定使得期望超售成本最小的 AU 值，转步骤（4）。

（4）将新的 AU 值与老的 AU 值相加取平均值，若该值与第（3）步中得出的 AU 值之间差额的绝对值小于等于 1，则停止。否则，返回步骤（2）。

需要说明的是，在按照上述方案确定的物理舱 AU 值与各个子舱的座位分配方案的基础上，可以结合第 4 章中需求缩水优化方法计算出各个 DCP 时期 AU 值的放置策略，从整体上确定座位的分配方案。

例题 5-8　假设在航空公司某单航节航班上,飞机经济舱实际可利用的座位数 $C = 100$,历史数据的统计规律表明:经济舱中旅客成行率服从(0.85,0.15)的正态分布,单位旅客的拒载成本为 3 000 元,单位座位的虚耗成本为 1 000 元。经济舱中有三个子舱位,分别用 Y、Q、V 表示,其各个子舱的平均票价水平分别为 $f_Y = 1\ 300$ 元、$f_Q = 1\ 000$ 元、$f_V = 700$ 元,旅客需求 $d_Y \sim (50, 30)$、$d_Q \sim (50, 25)$、$d_V \sim (50, 10)$ 的正态分布,旅客成行率分别服从(0.798,0.3)、(0.886,0.2)、(0.750,0.1)的正态分布规律,请根据超售与座位存量控制联合优化方法确定该经济舱的 AU 值及其三个子舱的座位保护水平。

(1)利用分离模式下的 EMSRa 方法计算 AU = 100 时,三个子舱的座位保护水平分别为47 个、36 个、17 个,其计算结果如表 5-41 所示。

表 5-41　超售与座位存量控制联合优化计算迭代过程与结果

Y 舱		Q 舱		V 舱	
旅客成行率		旅客成行率		旅客成行率	
均值	0.798 3	均值	0.885 9	均值	0.750 0
标准差	0.30	标准差	0.20	标准差	0.10
AU 初始化为 100,第一次迭代:AU = 100					
保护水平	47	保护水平	36	保护水平	17
物理舱成行率均值	0.821 625	—	—	—	—
物理舱成行率标准差	0.159 229	—	—	—	—
超售优化后 AU = 105,第二次迭代:AU = (105 − 100)/2+100 = 103					
保护水平	47	保护水平	36	保护水平	20
物理舱成行率均值	0.819 539	—	—	—	—
物理舱成行率标准差	0.159 578	—	—	—	—
超售优化后 AU = 106,第三次迭代:AU = (106 − 103)/2+100 = 105					
保护水平	47	保护水平	37	保护水平	21
物理舱成行率均值	0.819 509	—	—	—	—
物理舱成行率标准差	0.160 618	—	—	—	—
迭代前后 AU 变化:106 − 105 = 1,停止					

(2)根据式(5-72)、(5-73),计算经济舱旅客成行率的均值与标准差,计算结果如表 5-41所示。

(3)按照超售优化方法计算使得期望超售成本最小的 AU 值,各个 AU 值下期望超售成本如图 5-20 所示,最终在 AU 值为 105 时,期望超售成本最小。

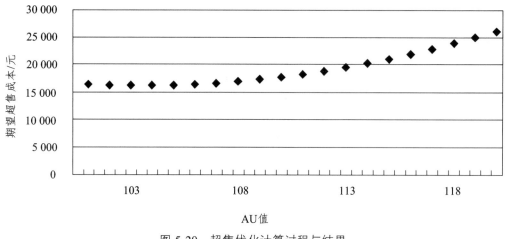

图 5-20　超售优化计算过程与结果

（4）将上述两个 AU 值进行折半，得出新的 AU 值为 103，|105 – 103|>1，因此，进入第二次迭代过程。

上述问题的第二次迭代、第三次迭代过程如表 5-41 所示。因此该问题的最终结果为：经济舱 AU 值为 105 个，Y 舱 AU 值为 105 个，Q 舱 AU 值为 58 个，V 舱 AU 值为 21 个。

请读者试着计算，若采用线性嵌套下的 EMSRa 方法进行联合优化，其结果又是如何呢？

5.7　航线网络环境下的座位存量控制方法

在上述座位存量控制方法中，多航节航班的座位存量控制问题被转化为单一航节上的座位存量控制问题进行求解。从网络收益最大化角度而言，显然上述方法往往会使得收益的机会损失。图 5-21 是最简单的航班网络，这个网络由三个机场 A、B、C 构成，存在两个航节 AB 与 BC，但是有三个旅客航段 AB、BC 与 AC，其票价分别为 100 元、200 元和 250 元。如果在这样的网络下还有一个座位剩下，那么应该出售给哪一位旅客呢？从 AB 航节角度出发，似乎接受航段 AC 旅客所产生的收益要高于接受 AB 旅客的订座，然而，如果此时 BC 航段上也有一位旅客订座，那么显然同时接受 AB 与 BC 航段的旅客要比仅接受 AC 航段旅客的收益大。

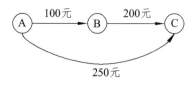

图 5-21　小型网络中的航节与航段图

在具有大量中转或经停航班的复杂航线网络结构下，仅从单个航班收益最大化的角度考虑收益最大化是无法实现网络收益最大化的，因此，需要形成网络环境下的座位存量控制的方法。网络环境下的座位存量控制方法主要有三种，其一是数学规划方法，其二是"虚拟桶"控制方法，其三是影子价格方法。鉴于我们在 5.4、5.5 节中已经对"虚拟桶"控制方法进行了详细的阐述，因此，本节我们着重阐述另外两种方法。

在讲述网络环境下的座位存量控制方法之前，需要对如下基本概念进行说明：

（1）航节（Leg），也称为航段，是指一次飞行起降所完成的飞行任务，是航班组成的最小单位。

（2）航段（Segment），也称为旅客航段，是指航线网络中能够构成旅客行程结构的 O&D 对。

（3）O&D 流（Origin-Destination Flow）是指在一定时期内，从某个起始城市至某个终点城市之间的客/货流量。

（4）行程结构（Itinerary）是指客/货 O&D 流所行走的具体路线和时间结构。

5.7.1 数学规划方法

航空公司在网络环境下进行座位存量控制时，会为每一个旅客航段上提供多种子舱，一个旅客航段的一种子舱构成一个 ODF（Origin Destination Fare）。为每一个 ODF 分配合适的座位数以实现网络收益的最大化。利用数学模型可以表示为

$$目标函数 \quad \max \ Z = E\left(\sum\nolimits_{\text{ODF}} f_{\text{ODF}} \min\{x_{\text{ODF}}, D_{\text{ODF}}\}\right) \tag{5-74}$$

$$约束条件 \quad \begin{cases} \sum\nolimits_{\text{ODF} \in S_l} x_{\text{ODF}} \leqslant C_l \quad l = 1, \ldots, N \\ x_{\text{ODF}} \geqslant 0 \text{ 且为整数} \end{cases} \tag{5-75}$$

其中：x_{ODF} 表示为每一个 ODF 分配的座位数；l 表示航节；C_l 表示每个航节上的航班可用座位数；S_l 表示使用航节 l 的所有 ODF 的集合；D_{ODF} 表示一个 ODF 的需求量；$E(\cdot)$ 表示求随机变量的期望值。

式（5-74）、（5-75）是准确表达了网络收益最大化的数学模型。首先，因为旅客需求是一个随机变量，所以网络收益是一个期望收益，每个 ODF 可以获得的收益取决于分配座位与需求的最小值。其次，表明了网络收益是所有 ODF 分配座位的期望收益之和。约束条件要求使用某航节的所有 ODF 分配的座位数之和不大于该航节的可用座位数。但是这个模型求解比较困难，它是一个随机规划模型（Probabilistic Mathematical Programming）。因此需要将这个模型转化为确定性模型，一种可能的形式如式（5-76）、（5-77）所示。

$$目标函数 \quad \max \ Z = \sum\nolimits_{\text{ODF}} f_{\text{ODF}} x_{\text{ODF}} \tag{5-76}$$

$$约束条件 \quad \begin{cases} \sum\nolimits_{\text{ODF} \in S_l} x_{\text{ODF}} \leqslant C_l \quad l = 1, \cdots, N \\ x_{\text{ODF}} \leqslant ED_{\text{ODF}} \\ x_{\text{ODF}} \geqslant 0 \text{ 且为整数} \end{cases} \tag{5-77}$$

例题 5-9 针对例题 5-2 中表 5-26 所述的问题，利用式（5-76）、（5-77）进行求解。所形成的整数规划公式如下所示。

$$\max \quad Z = 750 \times Y_{AB} + 550 \times B_{AB} + 200 \times M_{AB}$$
$$+ 1400 \times Y_{AC} + 1\,000 \times B_{AC} + 310 \times M_{AC}$$
$$+ 790 \times Y_{BC} + 580 \times B_{BC} + 200 \times M_{BC}$$

$$\text{s.t.} \begin{cases} Y_{AB} + B_{AB} + M_{AB} + Y_{AC} + B_{AC} + M_{AC} \leqslant 107 \\ Y_{BC} + B_{BC} + M_{BC} + Y_{AC} + B_{AC} + M_{AC} \leqslant 107 \\ 0 \leqslant Y_{AB} \leqslant 11, \ 0 \leqslant B_{AB} \leqslant 12, \ 0 \leqslant M_{AB} \leqslant 25 \\ 0 \leqslant Y_{AC} \leqslant 13, \ 0 \leqslant B_{AC} \leqslant 14, \ 0 \leqslant M_{AC} \leqslant 35 \\ 0 \leqslant Y_{BC} \leqslant 12, \ 0 \leqslant B_{BC} \leqslant 10, \ 0 \leqslant M_{BC} \leqslant 35 \end{cases}$$

利用 MATLAB 软件中的 YALMIP 工具包，计算得出的结果为

$$Y_{AB} = 11 \quad B_{AB} = 12 \quad M_{AB} = 25$$
$$Y_{AC} = 13 \quad B_{AC} = 14 \quad M_{AC} = 32$$
$$Y_{BC} = 12 \quad B_{BC} = 10 \quad M_{BC} = 26$$

式（5-76）、（5-77）的确定性模型是一个线性规划问题（Deterministic Mathematical Programming），求解简单，但是丢掉了收益管理最本质的特点，即座位存量控制是在随机需求下的座位分配问题。因此，Wollmer 可以给出式（5-74）、（5-75）的概率模型，其数学表达如式（5-78）、（5-79）所示。

目标函数 $\quad \max \quad Z = \sum_{ODF} \sum_i f_{ODF} P(D_{ODF} \geqslant i) x_{ODF}(i)$ （5-78）

约束条件 $\quad \begin{cases} \sum_{ODF \in S_l} \sum_i x_{ODF}(i) \leqslant C_{ll} \quad l = 1, \cdots, N \\ x_{ODF}(i) \in \{0,1\} \quad i = 1, \cdots, \max\{C_l \mid ODF \in S_l\} \end{cases}$ （5-79）

其中：$x_{ODF}(i) \in \{0, 1\}$ 的含义是，如果第 i 个座位分配给某个 ODF，则 $x_{ODF}(i) = 1$；否则 $x_{ODF}(i) = 0$。每个 ODF 分配的座位数为 $x_{ODF} = \sum_{i=1}^{C_m} x_{ODF}(i)$，$i$ 等于零到 ODF 所占最大可用座位数 C_m。该模型的目标函数很好地保留了需求随机的性质。

Wollmer 概率模型实质上是在每一个航节最大可用座位数限制的基础上，对任意一个航节上的每一个可用座位进行判断，在确保网络收益最大化的角度，确定将其分配给的航段子舱。请读者针对例题 5-2 中表 5-26 所述的问题，利用 Wollmer 概率模型计算各个航段子舱分配的座位数。

显然，式（5-78）、（5-79）变量繁多，计算时间长，因此，De Boer 将上式改写为式（5-80）、（5-81）所示的模型。

目标函数 $\quad \max \quad Z = \sum_{ODF} f_{ODF} x_{ODF} - \sum_{ODF} f_{ODF} \sum_{j=0}^{K_{ODF}} P(D_{ODF} \leqslant d_{ODF,j}) x_{ODF,j}$ （5-80）

$$\text{约束条件}\begin{cases} \sum_{\text{ODF}\in S_l}\sum_i x_{\text{ODF}}(i) \leqslant C_l & l=1,\cdots,N \\ x_{\text{ODF}} = \sum_{j=0}^{K_{\text{ODF}}} x_{\text{ODF},j} \\ x_{\text{ODF},0} \leqslant d_{\text{ODF},1} \\ x_{\text{ODF},j} \leqslant d_{\text{ODF},j+1} - d_{\text{ODF},j} & j=1,\cdots,K_{\text{ODF}}-1 \\ x_{\text{ODF},0} \geqslant 0 & j=0,\cdots,K_{\text{ODF}} \end{cases} \qquad (5\text{-}81)$$

从式（5-80）、（5-81）可以看出，实际上它将 D_{ODF} 分割成 K_{ODF} 个部分，避免了在确定 x_{ODF} 时考虑 D_{ODF} 每一个整数值。目标函数的第一部分是分配为每个 ODF 的座位所有产生的最大的收益，第二部分是如果需求没有达到分配的座位数量产生座位空置的收益损失。显然如果 D_{ODF} 分割至以每一个整数为一个间隔，则式（5-80）、（5-81）与式（5-78）、（5-79）就无区别了。式（5-80）、（5-81）的好处在于可以减少计算量，而且在实际座位存量控制操作时简单易行。一般情况下，将 D_{ODF} 分成三种情形：低、中、高，那么就能很方便地使用模拟方法进行座位的存量控制。

5.7.2　影子价格方法

如 5.4 节所述，"虚拟桶"技术下的各子舱之间不存在嵌套关系，即在不同航段上订座价格是无优先级的，这样就形成一个争抢座位的局面。在实际的订座过程中，收益管理人员在决定接受一个订座请求时，就有可能放弃另外一个或两个订座请求，即做出一定决策会产生机会成本，这与运筹学中影子价格的思想是相符的。因此，我们可以通过计算影子价格为座位存量控制提供决策依据。

针对例题 5-9 中给出的线性规划模型，我们给出其对偶问题为

$$\begin{aligned} \min \ W = {} & 107\times x_1 + 107\times x_2 + 11\times x_3 \\ & + 12\times x_4 + 25\times x_5 + 13\times x_6 \\ & + 14\times x_7 + 35\times x_8 + 12\times x_9 \\ & + 10\times x_{10} + 35\times x_{11} \end{aligned}$$

$$\begin{cases} x_1 + x_3 \geqslant 750, \ x_1 + x_4 \geqslant 550, \ x_1 + x_5 \geqslant 200 \\ x_1 + x_2 + x_6 \geqslant 1\,400, \ x_1 + x_2 + x_7 \geqslant 1\,000, \ x_1 + x_2 + x_8 \geqslant 310 \\ x_2 + x_9 \geqslant 790, \ x_2 + x_{10} \geqslant 580, \ x_2 + x_{11} \geqslant 200 \end{cases}$$

计算得出，航节 AB、BC 上的影子价格分别为

$$x_1 = 110 \ , \quad x_2 = 200 \ 。$$

对于旅客航段 AB、BC、AC 上的所有子舱的订座请求都应该接受，因为此时航节 AB 上的影子价格均不高于旅客航段 AB 上所有子舱的票价。类似地，航节 BC 上的影子价格均不高于旅客航段 BC 上所有子舱的票价，而对于旅客航段 AC 上所有子舱价格均不低于 310 元。

需要说明的是，在利用上述方法求解各个航节影子价格的过程中，可能出现多个解的情

况，即出现多重影子价格的情况。由运筹学知识可知，在对偶问题出现多个解的时候，原问题将发生退化，并且这些解的凸组合也是原问题的最优解，此时一个 ODF 在他所经过的某个航节上按比例分摊的票价将无法唯一确定。考虑到影子价格是指在系统环境内其它条件不变的情况下，单位资源变化所引起的目标函数最优值的变化量，是系统内资源价值的反映。因此，当出现多重影子价格时，对于特定航节 p 上座位影子价格可以按式（5-82）进行近似计算。

$$SP(p) = LP[n, E(D)] - LP[n - e_p, E(D)] \tag{5-82}$$

其中：$SP(p)$ 为航节 p 上座位的影子价格；$LP[n, E(D)]$ 为在各个航节上可用座位数所组成的列向量 n，以及各个 ODF 期望需求所组成的列向量 $E(D)$ 的基础上所形成的线性规划原问题的最优解；e_p 为第 p 个元素为 1 的单位列向量。

5.8　团体旅客的座位存量控制方法

团体旅客是收益管理的又一个重要部分。团体旅客与散客类似，他们也会在预定座位之后取消订座，也会在离港时 No-Show。与散客不同的是，团体旅客取消订座过程通常具有一定的量，甚至会全部取消，另外，团体旅客的 No-Show 率也较高。要想有效地管理团体旅客，首先要知道团体旅客的特征，如德国汉莎航空公司派专人管理团体旅客，而他们的团体管理人员又把团体细分为临时团、系列团、体育代表团、学生旅游团等。从与航空公司是否有协议角度，可以将团体旅客分为临时团与系列团两类。所谓的临时团是指为团体旅客成员为了某一特定目的而集结起来的团体，如旅客团、会议团、体育代表团等。系列团是指与航空公司有协议的旅行社、代理人等。系列团通常申请一大批座位，再把这些座位转售给他们的客人。系列团对座位的要求具有重复性和一定的规律性，比如他们可能在某一特定的时间内重复申请星期六的离港票和下星期五的回程票。整体上而言，团体旅客具有如下一般特征：

（1）通常在航班离港前很早时就占据大量座位。由于较早订票，因此票价相对较低。

（2）团体旅客要求享受一定的折扣。从收益管理的角度，团体价格必须"一团一议"，即根据团体旅客申请的时间与数量、当时市场的竞争情况、航班座位的销售情况等信息，以不同的价格将座位销售给不同的团体旅客。然而，由于国内市场的特殊性，使得当前团体旅客的"议价"过程十分困难。

（3）相对于散客而言，团体旅客对出行的时间、路线不慎敏感，他们只要求合理的折扣。

航空公司收益管理人员在销售座位时往往会遇到这样的困难：在航班空座较多时，是将座位预留给订座较晚的散客呢，还是将空座预留给订座相对较早的团体旅客呢？这需要收益管理人员能够准确衡量接受团体与挤占散客的利弊。如果接受团体旅客所产生的收益大于挤占未来散客所造成的收益损失，那么就应该接受团体；否则，就应该拒接该团。

例题 5-10　假设航空公司某未来离港航班在离港前 5 天，有一含有 110 个旅客的团前来订座，具体订座信息如表 5-42 所示。

表 5-42　预定航班信息

航线	去程航班	去程日期	回程航班	回程日期
成都—三亚	AB1503	2011-11-3	AB1504	2011-11-10

航班目前已接受订座的散客、未来散客需求的相关信息如表 5-43 所示。若两个航班可用的座位数均为 300 个，团体旅客报价为 110 元时，是否应该接受这样的订座？

表 5-43　预定航班订座与票价信息

去程航班	去程日期	已接受订座/个	未来订座请求/个	平均收益/元
AB1503	2011-11-3	100 个	200 个	180 元
回程航班	回程日期	已接受订座	未来订座请求	平均收益/元
AB1504	2011-11-10	130 个	100 个	140 元

根据上述信息，我们可以给出如图 5-22 所示的示意图。

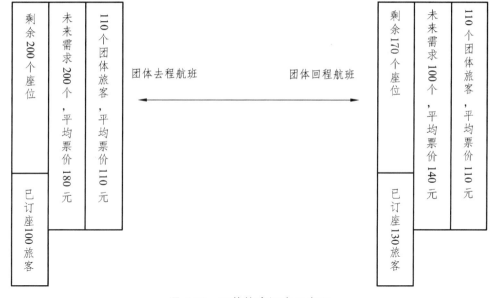

图 5-22　团体旅客订座示意图

显然，判断是否接受团体订座的依据为：

（1）计算接受团体订座的收益为 (110+110) × 110 = 24 200 元。

（2）计算置换散客损失的收益为 (110×180)+(40×140) = 25 400 元。

（3）接受团体订座后收益的损失为 25 400 – 24 200 = 1 200 元。

因此，不应该接受报价为 110 元的团体旅客。那么，若要想接受这样的团体旅客，最低报价应该为多少呢？

（4）团体置换散客的最低置换价为 25 400/220 = 115 元。

例题 5-10 给出了团体旅客报价计算的一般性原理，这样的报价可以看成是散客的置换价（Replacement Cost）。然而，旅客需求的随机性使得上述问题变得复杂起来。考虑到接受团体会置换原本要乘机的散客，这样会产生一定的机会成本，如果接受该团所产生的期望收益大于机会成本，那么显然接受团体是能够使得收益最大化的。基于这一思路，我们可以利用不同子舱散客的 EMSR 值进行计算。

例题 5-11 假设航空公司某未来离港航班在离港前 35 天，有一含有 60 个旅客的团前来订座。该航班上可用座位数为 200 个，各个子舱在离港前 35 天至离港当天到来的历史需求情况如表 5-44 所示。请计算最低的散客置换价。

表 5-44 团体旅客预定航班相关信息

| 子舱 | 历史航班信息 | | 未来离港航班信息 | | 到来的需求 |
	最终需求/人次	平均收益/元	已订座数/人次	平均收益/元	差额
Y	（29，5）	1582	1	1582	28
E	（15，3）	954	2	954	13
H	（94，3）	918	26	918	68
M	（0，0）	710	0	710	0
N	（15，3）	656	8	656	7
W	（13，4）	580	0	580	13
Q	（13，4）	460	5	460	8
L	（0，0）	300	0	300	0
T	（0，0）	150	0	150	0

按照分离式非嵌套模式下 EMSRa 方法，计算各个子舱座位的 EMSR 值，确定如表 5-45 所示的座位分配方案。

表 5-45 各个子舱座位的分配方案

子舱	Y	E	H	N	W	Q
保护水平	39	19	95	12	20	—
订座限额	200	161	142	47	35	15
当前已订座数	1	2	26	8	0	5

根据表 5-45 各个子舱当前实际已有订座数，需要挤占 Q 舱 10 个座位、W 舱 20 个座位、N 舱 4 个座位、H 舱 26 个座位。挤占的各个子舱的期望总收益分别为

$$ER_Q = \sum_{i=6}^{15} EMSR_i = 1424.99$$

$$ER_W = \sum_{i=1}^{20} EMSR_i = 7223.60$$

$$ER_N = \sum_{i=9}^{12} EMSR_i = 360.90$$

$$ER_H = \sum_{i=27}^{52} EMSR_i = 23290.37$$

$$ER_总 = 32299.86$$

因此，最低的散客置换价为 32 299.86/60 = 538.33 元。

需要说明的是，按照上述方法所获得的散客置换价往往是次优解，因为使用平均期望边际收益来计算散客的置换价时，有一部分散客座位的期望边际收益实际上已经远远小于团体旅客的实际报价了。

5.9　本章小结

多等级票价体系结构与座位存量控制方法是航空运输收益管理的核心，准确的市场细分与设计合理的座位产品是座位存量控制的前提。在分析座位逻辑结构的基础上，我们详细阐述了座位存量控制方法——EMSR 理论，希望读者深入学习 EMSR 理论体系，理解 EMSR 方法的本质特征，从而为不同市场环境下选取合理的 EMSR 方法奠定基础。另外，通过介绍航线网络环境下的座位存量控制方法，希望为未来从事网络收益管理的人员奠定一定的理论基础。最后，介绍了收益管理中团体旅客收益管理的方法，同样也希望为收益管理人员正确制定团队价格提供科学的依据。

练习题

1. 请在线性嵌套、分离式非嵌套、混合嵌套（子舱 A、B、C 和 A、B、D 均为线性嵌套，子舱 C、D 为分离式非嵌套）三种舱位逻辑结构下，给出如下三个阶段订票处理后，各个子舱可销售座位数的变化。

表 5-46　三种舱位逻辑结构下初始化座位分配方案

子舱	线性嵌套		分离式非嵌套		混合嵌套	
	AU	可售座位	AU	可售座位	AU	可售座位
A	120	120	30	30	120	120
B	90	90	30	30	90	90
C	60	60	30	30	30	30
D	30	30	30	30	30	30

第一阶段，C 舱有 20 张票的订票请求；第二阶段，D 舱有 10 张票的订票请求；第三阶段，C 舱再有 25 张票的订票请求。

2. 假设某航班经济舱实际可用座位数为 100 个，4 个子舱的总期望订座数均值、标准差、平均收益水平如表 5-47 所示。请根据 5.2.4 节的 EMSRa 方法，确定各个子舱的座位分配策略。

表 5-47　各个子舱的输入参数值

子　舱	Y	M	B	Q
总期望订座数	20.3	33.4	19.3	29.7
标准差	8.6	15.1	9.2	13.1
平均收益/元	105	83	57	39

3. 在第 2 题座位分配方案的基础上，请根据 5.2.5 节的 EMSRa 方法为下列阶段动态分配座位（如表 5-48 所示）：第一阶段，离港前 35 天；第二阶段，离港前 28 天；第三阶段，离港前 21 天；第四阶段，离港前 14 天；第五阶段，离港前 7 天；第四阶段，离港前 14 天。

4. 假设 Y 舱、M 舱、B 舱、Q 舱的超售率分别为 1.30、1.25、1.20、1.10，请根据 5.2.6 节的 EMSRa 方法，为第 2 题、第 3 题的各个订座阶段设计座位的优化分配方案。

5. 在第 2 题表 5-47 的基础上，请利用 5.3 节的座位存量控制最优化方法为各个子舱的座位进行最优化分配，并与 EMSRa、EMSRb 方法比较优劣。

6. 假设某航班的经济舱中，有 Y、A、B、C 四个子舱位，其平均收益水平分别为：850 元、630 元、450 元和 180 元，需求均服从正态分布，且为（20,2）。若物理舱最大可用座位数 AU 值为 90 个，请利用 5.5.1 节中的 EMSRa 方法确定分离式非嵌套模式、线性嵌套模式下的座位分配策略。

7. 假设某物理舱位的 AU 为 110 个，拥有 5 个子舱，其各自能够实现需求的均值及其标准差，平均票价水平如表 5-49 所示。请利用 5.5.2 节中的 EMSRb 计算座位分配方案。

表 5-48 不同阶段下各个子舱的输入参数值

离港前 35 天				
子 舱	Y	M	B	Q
期望订座需求	19.0	27.5	13.7	8.2
标准差	8.1	14.8	7.1	7.5
实际订座数	1	9	5	18
离港前 28 天				
子 舱	Y	M	B	Q
期望订座需求	16.2	23.8	12.6	4.1
标准差	7.9	13.3	5.5	6.6
实际订座数	3	15	8	25
离港前 21 天				
子 舱	Y	M	B	Q
期望订座需求	16.2	23.8	12.6	4.1
标准差	7.9	13.3	5.5	6.6
实际订座数	6	19	10	27
离港前 14 天				
子 舱	Y	M	B	Q
期望订座需求	16.2	23.8	12.6	4.1
标准差	7.9	13.3	5.5	6.6
实际订座数	6	24	13	27
离港前 7 天				
子 舱	Y	M	B	Q
期望订座需求	16.2	23.8	12.6	4.1
标准差	7.9	13.3	5.5	6.6
实际订座数	8	30	15	27

表 5-49 各子舱的平均票价水平、平均能够实现的需求均值与标准差

子舱	需求	标准差	平均票价水平/元
Y	20	5	400
A	20	3	300
B	30	6	200
C	40	8	100
D	45	10	100

8. 假设某物理舱位的 AU 为 100 个，子舱数目及其关系如图 5-19 所示，其各自能够实现需求的均值及其标准差，平均票价水平如表 5-50 所示，令 C、G 子舱的孩子子舱平均票价为 23.75 元，请利用 5.5.3 节中的 EMSRb 方法计算座位分配方案。

表 5-50 各子舱的相关参数

子舱	需求	标准差	票价水平
Y	20	5	300
A	10	4	280
B	10	2	250
C	20	3	180
D	10	4	260
E	10	3	250
F	15	5	200
G	25	7	180

9. 假设在 A—B—C 航班网络中，A—B、B—C 以及 A—C 旅客航段子舱 Y 的票价水平分别为 100 元，90 元和 180 元、需求分别服从（20，8）、（20，8）、（20，2）的正态分布。A—B、B—C 航节 Y 子舱的保护水平分别为 15 个和 12 个，请利用 5.5.4 节中的 Segment EMSR 方法确定座位的分配策略。

10. 假设一个网络由两个航节 A—B 与 B—C 构成，每个航节上的可用座位数为 120，每个 OD 的需求与价格如表 5-51 所示。请确定各个航节上的影子价格，并判断若此时有一个 M_{AC}、或者一个 Q_{AC}、或者一个 M_{AB}、或者一个 Q_{BC} 的订座请求是否应该接受。

表 5-51 OD 的需求与价格

		B		C
	价格	需求	价格	需求
A	500（Y）	（11，3）	1000（Y）	（8，4）
	300（M）	（20，4）	625（M）	（25，4）
	150（Q）	（40，5）	250（Q）	（45，7）
B			600（Y）	（15，4）
			350（M）	（25，3）
			200（Q）	（45，7）

11. 假设航空公司某未来离港航班在离港前 35 天，有一含有 20 个旅客的团前来订座。该航班上可用座位数为 80 个，各个子舱在离港前 35 天至离港当天前来的历史需求情况如表 5-52 所示。请计算最低的散客置换价。

12. 假设在航空公司某单航节航班上，飞机经济舱实际可利用的座位数 $C=120$ 个，历史数据的统计规律表明：经济舱中旅客成行率服从（0.85, 0.15）的正态分布，单位旅客的拒载成本为 3 000 元，单位座位的虚耗成本为 1 000 元。经济舱中有三个子舱位，分别用 Y、Q、V 表示，其各个子舱的平均票价水平分别为 $f_Y=1\,300$ 元、$f_Q=1\,000$ 元、$f_V=700$ 元，旅客需求 $d_Y\sim(50,30)$、$d_Q\sim(50,25)$、$d_V\sim(50,10)$ 的正态分布，旅客成行率分别服从（0.798, 0.3）、（0.886, 0.2）、（0.750, 0.1）的正态分布规律，请根据超售与座位存量控制联合优化方法确定该经济舱的 AU 值及其三个子舱的座位保护水平。

表 5-52 团体旅客预定航班相关信息

历史航班信息			未来离港航班信息		到来的需求
子舱	最终需求/人次	平均票价/元	已订座数/人次	平均票价/元	差额
Y	（29，5）	1582	1	1582	28
E	（15，3）	954	2	954	13
H	（94，3）	918	26	918	68
M	（0，0）	710	0	710	0
N	（15，3）	656	8	656	7

6 定 价

定价是航空公司日常运营管理过程中一个重要的组成部分，也是为了有效刺激旅客需求而进行"产品"设计中的一个关键因素。通过确定合理的多等级票价体系结构，航空公司能够实现座位供给与旅客需求间的平衡。合理的票价体系结构能够激发出旅客需求，使航空公司获得利润的同时，将易腐蚀产品——"座位"高效地销售出去。那么，应该如何确定机票的价格呢？一般而言，航空公司可以选择将票价与运营成本挂钩的定价方法，即成本导向定价。还有一种是基于市场的定价，即不在乎特定旅客对于航空公司的利润贡献，而是着眼于航班或航线上的整体收益是否大于成本。考虑到航空运输业的特殊性，完全单一的定价方法在航空公司实际定价过程中几乎是不切实际的。在为新开辟航线定价时，航空公司更多的采用成本导向定价法；而为不同的细分市场定价时，则更多的采用市场导向定价法。本章首先进一步介绍航空客运票价的体系结构，然后分析几种常用定价方法的定价原理和各自特点，并给出与航空公司定价相关的运营成本项与分类方法，最后，介绍航空公司价格调整方面的策略。

6.1 客运票价结构

在第 5 章中，我们已经介绍了市场细分与多等级票价的体系结构，熟悉了多等级票价体系的内涵。在本节中，我们将进一步阐述国际与国内票价体系的结构特征。在国际上，航空公司的运价分为两大类：即公布运价（Published Fare）和协议运价（Unpublished Fare）。所谓的公布运价是指每一个人都能够看到或者只要符合一定条件（如提前 30 天购票等）就能够买到的机票。协议运价又被称为是非公布运价，是指此类机票通过特殊的销售渠道进行销售，并提供一般销售渠道无法提供的价格。

6.1.1 公布票价

随着航空运输市场市场化程度的加深，世界各地的票价结构也变得越来越复杂。就目前而言，在很多国际航线上，传统的票价结构依然以各种各样的形式存在着，即这样的票价结构建立在多等级舱位的基础上，并附有复杂的限制条件（见 5.1.1 节）。传统的公布运价通过 ATPCO 或者 SITA AIRFARE 等系统向全世界的 GDS 或者 CRS 系统公布。

公布运价又分为标准票价、优惠票价与促销价三类。标准票价又称为全价票，是指每一个物理舱（如头等舱、商务舱、经济舱）的全额票价，这种票价是没有任何限制条件的。优惠票价是为符合特定条件的旅客（如儿童、婴儿等）设定的，其价格一般是在全票价的基础上给予一定的折扣，这样的票价是在旅客身份基础上的市场细分。促销价又被称为折扣价，是由各种各样的低票价组成，这样的票价是在旅客调整自身乘机状态以及符合航空公司成本与收益管理目标基础上的市场细分，比如淡季票价、周末票价、团体票价等。

传统多等级票价体系结构使得旅客能够根据自身的旅行要求选择不同的产品，然而，目前出现的低成本航空公司的定价策略使得航空公司的定价变得更为复杂。由于低成本航空公司业务的进一步发展，在很多国际航线上，尤其是短途的国际航线上，已经出现了创新性的定价策略，如表6-1所示，其特点可以归纳为：

（1）在任何时间点上，一个航班只有一种票价。

（2）虽然航线相同，但是不同时段航班票价不同。

（3）低成本航空公司为旅客提供单程机票。

（4）低成本航空公司为提前购买它们机票的旅客提供十分便宜的票价，但是随着离港时间的临近，票价会变得越来越贵。

表6-1 "易捷"航空公司伦敦至图卢兹机票价格 单位：英镑

询价日期	2008年12月15日	2008年12月30日	2009年1月15日	2009年1月30日	2009年2月15日	2009年2月30日
去程：盖特威克—图卢兹						
起飞时间07：20	32	33	28	30	33	78
起飞时间18：35	32	33	38	40	58	103
回程：图卢兹—盖特威克						
起飞时间10：35	24	24	24	31	49	69
起飞时间21：50	59	61	69	76	94	144

注：表中数据为单程票价，包括机场使用费和政府税收，但不包括任何辅助性收费，如优先登机等；航班去程日
　　期为2009年3月2日，回程日期为2009年3月8日。数据来源于《遨航——航空运输经济与营销》。

那么，国内市场又是如何制定运价的呢？2004年国务院批准了《民航国内航空运输价格改革方案》，其中规定：今后国内航空旅客运输，将以现行航空运输企业在境内销售执行的各航线公布票价为基准价（平均每客千米0.75元），允许航空运输企业在上浮幅度不超过基准价25%，下浮幅度不超过基准价45%（实行市场调节价和票价下浮幅度不限的航线除外）的范围内，自行制定具体票价种类、水平、限制条件。同时，考虑到部分航线运输市场的实际情况，对约占国内航线总数60%的三类特殊航线实行更加灵活的价格政策，不再规定票价浮动幅度。对由航空运输企业独家经营的航线，及部分以旅游客源为主的航线，票价下浮幅度不限。通过颁布上述政策，政府希望航空运输票价能更好地适应消费者的需求，同时鼓励航空运输企业积极开拓市场。需要说明的是，以上三类特殊航线是指：省或者自治区内部，直辖市与相邻省或者自治区之间，已经与其他运输方式形成竞争的短途航线。

航空公司根据民航局的规定，将国内市场上的运价分为正常舱位运价和特殊舱位运价。表6-2是2011年国内各航空公司正常舱位运价代码。航空公司通过设定不同舱位的退票、变更以及订座等规定来划分旅客市场，如国航对于经济舱全价票规定：无论是否进行值机，一律收取5%的退票费；客票有效期内允许免费更改、预先订座。

6.1.2 非公布票价

与公布运价不同的是，协议运价不向社会公布，其只对特殊的群体公布，如代理人、旅行社等。例如，在航空公司向旅行社发布的协议运价中，机票通常会被包含在全包的旅游产品中。除了机票外，全包旅游产品还包括住宿、地面交通、旅游景点门票等。具体而言，我们可以将非公布运价分为代理人净票价和净纯票价、企业票价、集团票价、互联网票价等。

需要说明的是，代理人的净票价是指将一定量的座位销售给代理商的总票价。在这种价格下代理人获得的代理费较少，且还有适用于相关市场的"票价调整"。净纯票价是指在一定的销售量以下的净票价，或者其他的激励政策，如代理人的净价结算或者销售量或者是市场份额达到某一数量时获得的奖励。航空公司通过为特定代理商提供净纯价，达到与其建立特殊关系的目的，如航空公司给代理人提供销售淡季价和与销售量无关的现场奖励。

就国内市场上航空公司舱位自主产品而言，从表 6-2 可以发现，目前国内航空公司在 4 折（最多为 3 折）以后就开始设计自己公司的产品，这些产品主要包括了国内中转联程舱位、国际中转联程舱位、团体旅客舱位等，表 6-3 为深圳航空公司特殊舱位的运价表。

表 6-2　2011 年 11 月国内各航空公司正常运价舱位代码表

航空代码	票号	9.0折	8.5折	8.0折	7.5折	7.0折	6.5折	6.0折	5.5折	5.0折	4.5折	4.0折	3.5折	3.0折
南航 CZ	784	T	K	H	M	G	S	L	Q	E	V	X		
东航 MU	781	B	E	H	L	M	N	R	S	V	T	W	G	
国航 CA	999	B	M	H	K	L	L1	Q	Q1	G	V	V1		
上航 FM	774	B	E	H	L	M	N	R	S	V	T	W	G	
川航 3U	876	T	T1	H	M	G	S	L	Q	E	V	R	K	I
山航 SC	324	B	M	H	K	L	P	Q	G	V	U	Z	R	
厦航 MF	731	B	H	K	L	M	N	Q	T	V	X	R		
海航 HU	880	B	H	K	L	M	M1	Q	Q1	X	U	E		
西部 PN	847	B	H	K	L	M	M1	Q	Q1	X	U	E		
金鹿 JD	898	B	H	K	L	M	M1	Q	Q1	X	U	E		
祥鹏 8L	859	B	H	K	L	M	M1	Q		X	U	E		
深航 ZH	479	B	M	H	K	L	J	Q	Z	G	V			
昆明 KY	833	B	M	H	K	L	P	Q		G	V	Z		
联合 KN	822	B	E	H	L	M	N	R	S	V	T	W		G
河北 NS	836	T		H	M	G	S	L	Q	E	V		R	

表 6-3　深圳航空公司特殊舱位的运价表

舱　位	描　述
B	在部分旅游航线上定义为 4.0 折经济舱，在其他非旅游航线上可以另行制定
U/R/J	自由产品使用舱位
V/Z/I	中转运价舱位
P	国际中转联程国内段的中转舱位、SPA 签订的销售舱位、香港地区销售国内客票的使用舱位
O	电子商务专用促销舱位
X	优惠票使用舱位和 4.0 折（不含）以下低折扣团队使用舱位
W	常旅客兑换经济舱客票使用舱位

6.2　常用的定价方法

在第 1 章中我们就介绍了目前关于航空运输定价的常用方法，即成本导向定价法、需求导向定价法和服务导向定价法。

6.2.1　成本导向定价法

成本导向定价法（Cost-based Pricing）是一种最简单的定价方法，即在产品单位成本的基础上，加上预期利润作为产品的销售价格。售价与成本之间的差额就是利润。由于利润的多少是有一定比例的，这种比例就是人们俗称的"加成"，因此这种方法就称为成本加成定价法。

采用这种定价方式，一要准确核算成本，二要确定恰当的利润百分比（即加成率）。依据核算成本的标准不同，成本加成定价法可分为两种：平均成本加成定价法和边际成本加成定价法。

（1）平均成本加成定价法。平均成本是企业在生产经营一单位产品时所花费的固定成本和变动成本之和，在单位产品的平均成本加上一定比例的单位利润，就是单位产品的价格。用公式表示为

单位产品价格 = 单位产品成本＋单位产品预期利润

（2）边际成本加成定价法，也称为边际贡献定价法。即在定价时只计算变动成本，而不计算固定成本，在变动成本的基础上加上预期的边际贡献。用公式表示为

单位产品价格 = 单位产品变动成本＋单位产品边际贡献

成本加成法的优点是计算简便，特别是在市场环境基本稳定的情况下，可以保证企业获得正常利润。缺点是只考虑了产品本身的成本和预期利润，忽视了市场需求和竞争等因素，因此，无论在短期或长期都不能使企业获得最佳利润。

然而，由于航空公司所运营的计划性航班成本短期内相对固定的特点，这使得航班上多增加一个旅客所增加的成本（如餐食费用和燃油费用）几乎可以忽略不计，因此，该定价方

法无法准确计算出因航班上增加这样一位旅客所应承担的各成本科目的成本量，如分摊的维修成本、摊销的飞行小时费用等，这导致边际成本定价法实际上在航空公司定价过程中是不可行的。因此，航空公司通常在定价时采用平均成本导向定价法，即以航空公司整个航线网络环境为基础，为所有旅客 O&D 市场计算单位可用座千米成本，以此来作为制定旅客运价的依据。

6.2.2　需求导向定价法

需求导向定价法以消费者所愿意支付的意愿为基础。不同的旅客所愿意支付的价格随着支付意愿的不同而不同，有部分旅客为了旅行方便愿意支付高票价，而有一些旅客出行只愿意支付低廉的票价。因此航空公司需要根据旅客类型的不同进行"差别定价"（价格歧视），即航空公司根据旅客对于票价的敏感程度，为不同的 O&D 市场以及相同 O&D 市场下不同的旅客制定不同的票价，以实现收入的最大化。这种定价方法的依据并不是航空公司所运营的成本，而是旅客对价格的敏感程度。

需要说明的是，需求导向定价法并不是不计成本，而是不看重从具体某一个旅客身上所获取的收益是否超过为其服务的成本，需求导向定价法是要确保每一条航线或者每一个航班上的总收益大于总运营成本。

6.2.3　服务导向定价法

服务导向定价法是指以服务特定的 O&D 市场所需付出的成本为依据的一种定价方法。在现实情况下，航空公司会根据 O&D 市场类型的不同设置不同的单位旅客服务成本。另外，即使在相同的航线上，不同物理舱位之间的服务也是存在差别的，如头等舱与经济舱间的服务差别。因此，服务导向定价法以服务成本为基础。

上述三种方法在航空公司定价过程中都有所体现：① 通常情况下而言，某一条新开航线的基准运价以成本为依据；② 在基准价的基础上，航空公司按照民航局规定进行公布票价与特殊票价产品的设计，即实施差别定价；③ 不同类型的航空市场上，服务成本是不同的，如航空公司通常会考虑航线类别差异、地区经济差别等因素，为不同市场设定不同的餐食费标准。

6.3　定价相关成本的构成与划分

毫无疑问，成本是制定价格的重要因素，因此弄清楚航空公司运营成本的构成，准确判断定价的相关运营成本，是进行科学定价的基础。

6.3.1　定价相关成本构成

通常而言，航空公司的运营成本可以分为如下 13 类。

1. 所有权成本

该成本科目包括了折旧、租金与利息三个项目。折旧是为了能够在飞机的使用寿命期内分散购置费用，避免将新飞机的购置费用全部计入当期，而导致该年度航空公司成本急剧增加而低估利润所进行的购置费用的摊销过程。而这一部分摊销的成本额的确定依赖于折旧费用的计算方法。常用的折旧计算方法很多，如直线折旧、加速折旧等。我国目前仍然采用直线折旧法。飞机折旧的部分主要包括：飞机机体、发动机、高价件、地面支援设备等项目。

租金是指航空公司通过向飞机租赁商支付一定费用而获得的飞机使用权。飞机租赁的方式主要有经营性租赁和融资租赁两种。经营性租赁又称营运租赁、服务租赁，是指租赁双方签订短期合同，在合同期内承租人向出租人支付租金并取得合同期内租赁物的使用权。经营租赁的优势主要体现在以下两个方面：

（1）经营性租赁在交易结构上十分灵活，其交易结构简单、飞机交付时间短、租期短、租期内可以退租或更换飞机，因此能较好地实现航空公司的经营策略。

（2）经营性租赁飞机不影响航空公司的财务状况。作为资产负债表外的租赁，经营性租赁的租金直接计入航空公司营运成本，因此不会增加航空公司的负债，不提高资产负债率，对航空公司再融资不构成影响，这对改善航空公司的财务状况是十分有利的。

经营性租赁是航空公司灵活调节机队状况的主要途径之一，所以航空公司通常会保留一定的比例以经营性租赁方式取得飞机，以保持机队的灵活性。融资租赁也叫金融租赁或净租赁，是指具有融资性质和所有权转移特点的设备租赁业务。即出租人根据承租人所要求的规格、型号、性能等条件购入设备租赁给承租人，合同期内设备所有权属于出租人，承租人只拥有使用权，合同期满付清租金后，承租人有权按残值购入设备，以拥有设备的所有权。融资租赁的优点主要体现在：

（1）可以为航空公司提供迅速而灵活的资金融资渠道。通过全额的资金融资，缓解了航空公司资金不足的压力。

（2）可以防止飞机陈旧老化带来的风险，使折旧更加合理。

（3）可以避免通货膨胀的影响。无论是何种租赁方式，航空公司租赁的设备主要包括了飞机、发动机、APU、起落架等设备而发生的租金。

利息是指航空公司在贷款购买飞机及其设备、经营性租赁或者融资租赁飞机及其设备过程中发生的财务费用。

需要说明的是，由于不同机型的飞机采购价格、租金、购置飞机发生的利息、飞机相关设备价格、折旧年限等均具有差异性，因此所有权成本与机型密切相关。

2. 飞行机组成本

就目前大部分喷气式飞机而言，执飞机组需要两名飞行员（正、副驾驶）组成。执飞远程国际航线的宽体飞机所产生的飞行机组费用与执飞中短程航线的窄体飞机的飞行机组费用是不相同的。另外，为了保证飞行安全，飞行员通常在一段时期内只能驾驶一种机型。因此，该成本项与机型密切相关。飞行机组成本包括飞行员的固定部分和变动部分。固定部分，是指不随生产量（如轮档飞行小时）变化而变化的部分，其包括：

（1）基本工资与奖金、社会保险费用、住房公积金、工会经费、教育经费、福利费、劳务费、制服费等。

（2）飞行员初始培训费用，是指飞行员在进入航空公司之前所产生的相关培训费用。

（3）飞行员复训过程中模拟机使用费用、飞行员年复训费用以及教员复训指导费用。

（4）飞行员改装培训过程中发生的费用。

变动部分，是指随着轮档飞行小时或者起降次数等变化而变化的部分，其包括：按照轮档飞行小时或者起降进行计算的工资，特殊航线上以一定小时费系数计算的工资部分，以及飞行机组在外的津贴。其中：

（1）轮档小时费是给飞行机组的飞行津贴，与航班的轮挡小时挂钩。小时费的系数因岗位、机组成员的技术等级、航线的复杂程度而异。

（2）起降费是指运营特殊复杂航线时给予飞行机组成员的额外补贴（仅限某些航空公司、特殊航线）。

（3）在外津贴是指由于飞行机组在外过夜而发生的一系列费用。该费用受到航空公司航班计划编排、机组排班等因素的影响。

3. 燃油/滑油成本

该成本是航空公司运营成本中的第一大成本项。这一成本项与机型的关系密切。不同机型的燃油消耗量与发动机的数目、推力大小有关，也与发动机的老化程度有关。在实际的运营过程中，燃油消耗还与机场的繁忙程度、航段距离、飞机重量、风向、风速、飞行高度等因素有关。

燃油价格是影响燃油成本的一大因素。国际燃油价格的居高不下使航空公司不得不更加重视飞机的燃油效率。通过对航空燃油的套期保值或者购买燃油的期货可以有效的缓解油价上涨给航空公司运营带来的压力。另外，大型航空公司具有更强的议价能力，使得他们在与油料公司谈判过程中能够获得更大的折扣，这也对燃油成本影响巨大。

还有一方面就是航空公司运营的航线网络结构。每一种机型飞机都有其自身最佳的业载航程点，如果航线网络中存在大量的短程航线，那么会使得飞机经常处于起飞、爬升、进近与下降过程中，显然这会使得飞机的燃油效率低下从而增加飞机的耗油量。

另外，飞机运营的实际环境、签派员的签派放行质量、运营飞行程序、飞行员飞行驾驶能力等因素都对燃油消耗具有影响。

4. 飞机维护成本

该成本是指检查飞机各个系统及发动机工作是否正常、更换磨损或损坏的零部件、进行计划外故障排除等工作而发生的费用。由于不同机型的飞机本身性能的差别，以及选装发动机类型、推力大小等的不同，飞机的维护成本存在很大的差异性，因此，飞机维护成本与机型关系密切。飞机的维护成本包括机体直接维护成本、发动机直接维护成本以及维护中的管理费用。机体的直接维护成本包括了机体维护的材料费用和机体维护的人工费用。发动机的直接维护成本包括了发动机维护成本的材料费用和发动机维护的人工费用。维护管理费用是指那些与维护工作相关的行政管理费用，包括管理费用、行政开支、工装设备、检测设备、记录存档、质量控制等。飞机维护费用主要发生在以下三个方面。

（1）航线维护。航线维护工作包括了航前/航后检查，过站检查等工作。航前/航后检查是指为每天执行第一个航班前和执行最后一个航班后的飞机进行检查、保养的工作，如飞行仪表系统检查、测试等。过站检查是指为飞机每一次在航站过站时所做的例行检查、保养工作，如轮胎、刹车的磨损状况检查等。周检是指每周对飞机一些重要系统如液压、润滑系统等进行的全面保养工作。

（2）机体维护。根据飞机制造商发布的机型《维修计划文件》，机体由 A 检、C 检和重维护等一系列检查组成。A 检包括飞机机体内外部的目视检查，操作系统、电子电气系统的测试等工作。C 检是对飞机机体地板的腐蚀性、受力构件疲劳损伤、所有电子电气仪表拆下等检查与测试工作。重维护对飞机机体的主要受力部件等进行的金属材料疲劳、腐蚀程度的检查与处理。

（3）发动机维护。发动机维护工作主要是指日常的发动机维护项目，以及发动机的大修，如更换发动机内部的高价时寿件等工作。目前，大部分航空公司对于发动机大修基本上采取外包的形式，以此降低维护成本。

需要说明的是，飞机维护工作的时间间隔、维修项目内容是根据飞行小时、循环（起降架次）次数、日历日三者来计算的，如起落架支架每 8 年或者每 16 000 个起降进行一次大修。另外，维护工作需要工装设备、航材以及维护人员的支持。表 6-4 给出了某航空公司按照飞行小时、循环次数划分的直接维修成本项目，其中：航材消耗是指航材消耗件本金、航材消耗件关税与增值税、航材消耗件运杂费等，经营性大修准备金是指经营性租赁过程中航空公司需要承担的高检大修费用。

5. 客舱服务成本

该成本是指在航班上为旅客服务而发生的相关费用，包括空乘成本、餐食与机供品成本以及机上礼品。空乘成本的构成与飞行机组成本类似，只是缺少了昂贵的复训和初始培训的费用。当然，空乘成本也不存在按照起降支付的费用。空乘成本可以按年计算，也可以按轮档飞行小时计算。与飞行人员不同的是，乘务员可以在任何机型上工作，因此，乘务员服务费用看似与机型无关。但是按照国内民航局法规规定：飞机上每 50 个旅客座位至少配备一名乘务员，不到 50 按照 50 个座位计算。因此，在飞机上配备乘务人员数目与飞机机型的座级关系密切。餐食与机供品、机上礼品等成本费用是与旅客人数多少相关的成本项，看似与机型也没有太大关系。但是实际上，由于大座级机型座位多而承载的旅客人数也多，使得餐食与机供品等相关成本与机型座级的大小关系密切。

6. 起降费用

通常情况下而言，起降费用与最大起飞重量或者最大着陆重量成一定的比例。在国外，起降费可以按照每次起降进行收费，有时候也以月份进行计算。另外，如果某个航空公司在一个机场的起降量特别大，那么也有可能获得该机场一定的折扣。另外，交通拥挤机场的起降费用一般比较高。在国内，根据 2007 年《民用机场收费改革实施方案》中机场起降费用的收费依据，国内各个机场起降费用按照机场所属类别，以及起降飞机机型的最大起飞重量进行收费，因此，起降费同样与飞机机型关系密切。

7. 航路费

该费用是向每一个飞越国家交付的费用。美国目前不收取任何航路用费。其他大部分国家会依据飞机的重量以及飞行距离来征收费用。国内航路费是以飞机的最大起飞全重和实际航线飞行距离为基础来收取的，因此，航路费与飞机机型关系非常密切。

8. 民航建设基金

该基金是专门用于机场、航路和航空管制系统等基础设施建设的政府基金，是中国特有的收费政策。其收费的标准是：首先将国内的航线进行分类，然后根据飞机最大起飞全重划定单位收费标准，最后根据航段距离进行收取。2012 年 4 月，民航局将民航建设基金与机场建设费一并划入民航发展基金中。

9. 保险费

该费用是航空公司为了避免飞机在使用中的风险而支付的费用。主要包括：机身保险（Hull Insurance）、战争险与旅客险。机身保险与飞机价格有关。通常，机身保险费用是飞机价格的一定百分比（通常在 0.5% ~ 5% 之间）。战争险也为飞机价格的一定百分比（通常为 3% ~ 5%），其大小主要取决于周边的政治环境。旅客险主要由飞行距离决定，每位旅客单位飞行距离的保险费在 10 ~ 30 美分之间。需要说明的是，机身险的确定是以飞机价格为基数，但还要考虑航空公司的安全记录、机队规模以及飞机机龄的影响。

10. 飞机地面服务费

该费用包括了飞机的配载与通信、客梯服务、飞机过站服务与飞机勤务等。其中：

（1）配载与通信服务是指完成飞机的配载平衡、传递相关业务文件（如装机单、载重表、平衡图、舱单等）、发送与保存数据、提供飞机与地面航站之间的通信等。

（2）客梯/桥服务是指为上下飞机旅客提供的客梯/桥、为机组上下飞机提供的机组梯/桥、候机厅与飞机之间运输旅客、机组的摆渡车等。

（3）飞机勤务是指进离停机坪的飞机引导、飞机停靠时放置、移开轮档、地面电源服务等勤务工作。

（4）飞机（过站）服务是指飞机内部清洁（如驾驶舱、机组休息间、客舱、过道等的清洁等）以及飞机外部清洁工作（如挡风玻璃、机翼、操作面等）。

（5）飞机停场费是指机场管理机构为航空器提供停放机位及安全警卫、监护、泊位引导系统等设施及服务所收取的费用。

11. 客货地面服务费

该费用包括值机服务、上下旅客服务、行李和货物的处理等的费用。地面服务费的高低取决于提供的设备、工时费率、经营效率、竞争环境和运营模式等。根据 2007 年《民用机场收费改革实施方案》，由于这些服务收费的基准与飞机最大业载有关，因此客货地面服务费与机型关系密切。

12. 销售费是指客货销售过程中发生的费用

该项目与机型无关，主要包括客货票销售代理费、支付给 GDS 系统运营商的订座系统使用费、广告与市场推介费用等。国内航班的销售代理费平均占到销售收入比例的 5.4%。每张机票订座系统使用费因国内航空公司的规模、议价能力等存在较大差异。规模较大、议价能力较强的公司可以达到每张机票 6.5 元的水平，而一般航空公司需要为每张机票向 GDS 运营商支付 11 ~ 13 元的订座系统使用费。

13. 财务成本

该成本主要包括汇兑损益、金融机构手续费、筹资发生的其他财务费用，如债券印刷费、国外借款担保费等项目。财务成本主要涉及那些与飞机机身无关的债务的偿还，这类资产投资主要用于建筑物、销售系统、办公室、机库、维修设施、计算机、通信设备以及其他一些与飞机无关的设施。

14. 管理费用

该费用是指行政管理部门为组织和管理机队的生产经营活动而发生的各项费用。包括：管理人员工资、福利、差旅费、办公费、物料消耗、易耗品等。

6.3.2 定价相关成本的划分依据

根据成本项与机型是否直接相关，我们可以将航空运输相关的运营成本分为直接运营成本（Direct Operating Cost）和间接运营成本（Indirect Operating Cost）。直接运营成本是指那些与机型相关的成本项目，如果机型发生了变化，那么直接运营成本也将发生一定的变化。一般而言，直接运营成本包括了飞机的所有权成本、飞行机组成本、燃油/滑油成本、维修成本、客舱服务成本、起降成本、航路成本、民航建设基金、飞机保险费用、飞机地面服务费用。间接运营成本包括了客货地面服务费用、旅客服务费用、销售费用、管理费用。航空公司运营成本的分类如图6-1所示。

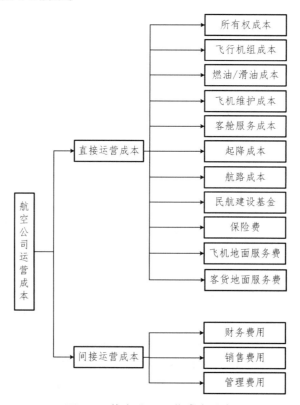

图 6-1 航空公司运营成本分类

　　另外一种成本分类方法是按照成本项目在短期内是否可以规避，将航空公司运营成本划分为变动成本和固定成本两类。变动成本是指随着生产量（如飞行小时、可用座千米数等）的变化而变化的成本项目，如飞行小时费用、燃油费用、维修费用、起降费、导航费、旅客服务费用、飞机服务费用等；固定成本是指不随生产量的变化而变化的成本项目，如所有权成本、财务费用、管理费用与一般性开支等。

　　值得注意的是，与管理费用类似的很多成本项，如所有权成本、维修成本、机组人工成本、培训成本等，其成本发生与航线或航班不直接相关。为了能够全面评估这些成本项对航空公司运营的影响，帮助航空公司制定正确的价格，需要将这些成本项按轮挡小时或循环次数分摊到每一条航线或航班上，以全面评估特定机型在各条航线上运营时所发生的费用。

6.3.3　定价相关成本的不确定性

　　那么，定价相关成本应该包含哪些成本项呢？事实上，并不是所有的成本项都会对定价产生影响，沉没成本对定价就无影响。定价相关成本是那些影响了定价决策收益的成本项。它是一种增量成本和可避免成本。增量成本可以理解为由于定价策略引起的业务发生成本和业务不发生成本之间的差额。可避免成本是尚未发生的或者可以被取消的成本，其对立面是沉没成本，也就是不可撤销的、必须承担的成本。例如，针对拟建航空公司引进机队运力来运营航空运输市场时的新航线定价问题，此时的定价成本为完全运营成本；而在航空公司航班计划排定以后，不管航班销售多少个座位，航班的大部分成本基本固定，是不可避免成本，由于多卖一张票所增加的成本是增量成本，是可避免成本，是定价成本。又如因销售量的增长引起航空公司增加航班量时，此时增加的航班成本就成为了一种增量成本，同样也是可避免成本，是定价相关成本。因此，定价相关成本并不是一成不变的，其随着定价业务性质的不同而发生变化。然而，从长期的角度而言，航空公司的成本项均是可以被避免的，这一观点也再次证明了定价相关成本项的不确定性特点。

6.4　票价调整

　　就如在前面几节中所述一样，基于平均加成定价法是航空公司常用的定价策略，尤其是为新开航线上的市场定价问题提供了依据。然而，航空运输业的天空开放、市场进出壁垒的降低，在导致航空业市场竞争加剧的同时，也使得航空公司在定价过程不得不面对如下情形：新进入者的挑战、竞争者价格的调整、旅客需求结构的变化、运营成本上升等一系列问题，如何有效地进行票价调整以应对内外部环境的变化，并达到既定的战略目标呢？

　　航空公司在进行价格调整时，下面一系列问题是其必须要时刻关注的，即运输、收益、客座率、生产成本和利润在预先设定的价格弹性下发生的变化。对于航空公司而言，价格的降低，必然期望运输需求量增长，那么航空公司能在现有产出范围内（运营计划）满足这种增长的运输需求吗？如果不能，额外增加的产出（如更换大座级机型、增加航班密度等）能否在确定的成本基础上实现盈利？在任何情况下，由降价带动的运输量增长所带来的收入是否能弥补由于降价而带来的收入减少？如果提高票价，运输量将减少或者可能会持续增加但是增速远远低于维持原价的情形。如果提高票价造成运输量减少，航空公司是否需要承担过高的运力固定成本？提高票价带来的收入增加是否可以弥补因旅客分流到竞争对手带来的损失？运输量增长所带来的收入是否能补偿由于降价而带来的收入减少？这一系列问题是航空公司进行价格调整时需要进行仔细分析的。

票价调整的目的在于应对内外部环境的变化，通过优化航空公司的价格结构，刺激出更多的旅客需求或者获取更多的市场份额，在尽可能实现产品供给与需求平衡的同时，最终实现收益、市场份额、运输量或者利润等的目标。价格调整的原因是多方面的，从竞争与运营的角度来看，调整的原因与相应的解决对策有如下 3 点。

（1）竞争对手价格调整。竞争对手票价调整的原因是多样化的，如增加市场份额、增加客座率、转嫁上升的成本、财务困难等。由于不同竞争对手对于每一个细分市场的需求价格弹性的认识不完全相同。在缺乏价格弹性的细分市场上，竞争对手为了获取更多的收益很可能会在该市场上进行涨价，这时航空公司是否应该跟着提价是需要仔细考虑的。因为随着不同航空公司价格差异的增大，提价的航空公司会逐渐的损失市场份额，因此出现价格回落的可能性是极大的。另外一方面，对于相信市场具有需求价格弹性的竞争对手而言，下调票价就意味着更高的客座率以及市场份额，由于航空公司对于市场降价的反应往往是比较敏感的，因此在确定降价必要时必须要明确竞争者的战略定位、市场地位、航空公司自身运力剩余情况、其他竞争对手反应、降价者降价范围与幅度等问题，以此再进行有针对性的价格调整，切勿盲目降价。

（2）市场出现了新进入者。市场价格短暂的稳定性可能会因为出现新进入者而被打破，尤其是这样的新进入者是一个规模很小的市场参与者，在它不具备现有竞争者所拥有的品牌、资源、航线网络范围、常旅客覆盖率以及控制分销渠道等能力的时候，降低价格很有可能是其快速获取市场份额的唯一有效途径。此时航空公司如果能够给予旅客在价格以外的好处时，如更好的机上服务、更多的常旅客点数等，实际上这样的竞争是无法真正构成威胁的。如果这样的新进入者是一个有一定规模的市场参与者，而且它的运营成本的确要比在位航空公司低，那么此时有针对性的价格调整就变得十分必要了。当然，降低部分市场的票价水平很可能会使得航班收益稀释，为了避免这一现象，航空公司通常不得不提高商务旅客的票价水平，以此来弥补部分旅客细分市场由于降价而造成的收益损失。

（3）维护收益管理的完整性。多等级票价体系的存在使得各个子舱的平均收益水平存在波动性，尤其是对于国际航线上的产品组合或者是经停航线上的 EMSR "桶"，这种波动性很有可能会引起子舱票价水平的倒置。图 6-2（a）是在某个 O&D 市场上航空公司正常情况下各个子舱的平均收益水平排序，可以看出这样的票价水平是符合子舱座位存量控制需要的。在图 6-2（b）中，子舱 E 的票价水平高于了子舱 O，使得各个子舱的票价顺序出现了 "倒置" 现象。这种现象的产生是由于产品组合之间的票价结构或者是 EMSR "桶" 的价格区间划分不合理造成的。

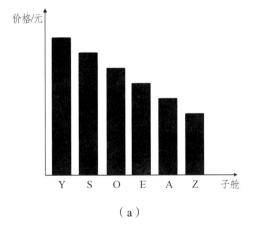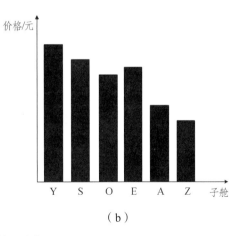

图 6-2　航空公司子舱票价倒置

合理的票价结构应该是各个子舱平均票价水平的波动在互不交叉的范围内，即各个子舱票价水平重叠发生的可能性较低，如图 6-3（a）所示；相反地，图 6-3（b）显示的是各个子舱的票价水平过分重叠的现象，此时显然需要进行票价结构的调整。

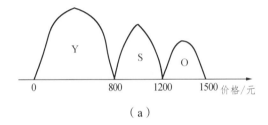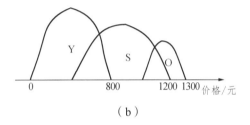

图 6-3　航空公司子舱票价重叠

上述票价调整的原因与方法往往是航空公司进行战术性价格调整所关注的内容。在这些战术性定价决策过程中必须要了解需求曲线、各个细分市场的价格弹性、以及竞争者的行动和可能的反应，航空公司能否全面了解上述问题是定价决策的关键所在。另外，从长期角度来看，价格调整的原因也可能是消费者可支配收入的提高、经济的发展、消费行为的变化、消费群体的层次结构变化等，因此，收益管理人员在进行战术性价格调整的同时，还必须要能够洞察到市场环境中上述因素的变化，这样才能做出合理的价格应对策略。

6.5　本章小结

定价是收益管理中不可分割的一个组成部分，虽然各个票价等级或者子舱的票价水平在收益管理过程中往往被认为是外生变量，但是不可否认的是，票价结构的合理性对于收益管理的有效实施起到了至关重要的作用。通过本章内容的学习，深入了解航空客运票价体系结构，熟悉常用的航空客运定价手段与方法，确定定价过程中的相关成本项目，合理划分成本类别，从而为制定正确的客运票价体系提供途径。最后通过了解票价调整过程中的原因、解决方法等内容，为全面实施收益管理奠定基础。

练习题

1. 名词解释

（1）标准票价

（2）优惠票价

（3）促销价

（4）净票价

（5）净纯票价

2. 简答题

（1）简述成本导向定价法的特点。

（2）简述定价相关成本的构成和划分依据。

（3）简述票价调整的原因和解决对策。

7 国内航空运输市场收益管理实务

收益管理起源于美国的航空运输业，是欧美市场经济环境下的产物。收益管理中常用的预测、超售、座位存量控制、定价等方法已经成功地植入于收益管理系统中，并为世界上大部分航空公司带来了巨大收益。然而，由于国内航空运输市场的特殊性，从国外引进的软件往往在国内航空市场上无法真正发挥出作用，这使得收益管理工作面临着国际市场依靠系统的"自动化"管理，而国内市场则依靠"价格协调"的局面。本章针对目前国内航空运输市场中的收益管理工作，重点介绍了收益管理人员的操作平台、价格协调过程以及实施收益管理过程中的工作经验。

7.1 收益管理的实施平台

航空运输市场竞争的白热化、运营成本的不断攀升使得航空公司不得不将目光转向收益管理，然而国外引进的收益管理系统无法完全适应中国航空运输市场的特点，这使得航空公司收益管理工作的平台基本上都依赖于中国民航信息网络股份有限公司（以下简称"中航信"）开发的 ETERM 系统。该系统采用 CLIENT-SERVER 方式，是专门为广大代理人、航空公司开发的基于 PC 的仿真终端软件。在该软件平台上，收益管理人员通过输入相应的指令可以查看自身航班的销售情况、共飞航线上航班的竞争情况以及代理人的占座情况等，而且还可以完成修改销售限额等的工作。具体而言，常用的 ETERM 指令包括 SK、RB、AV、FLR、FLP、IM 等。

1. 运用 SK 指令查看各公司航班班期密度与时刻分布

收益管理人员利用该指令可以看出哪些公司在执飞当前所查看的航线，并获取相应航班的时间、机型、子舱等信息。例如，利用 SK CTUNNG 指令可以看到 2013 年 4 月 9 日至 4 月 15 日之间 1 周内在成都—南宁航线上所有航班的相关信息。通过下面的例子可以看出，EU2229 航班计划起飞时间为 06:50，计划到达时间为 08:25，采用的机型为 A319，子舱位为 F/A/P/Y/T/H/M/G/S/L/Q/E/V/R/K。

▸SK CTUNNG

09APR13（TUE）/15APR（MON）　CTUNNG

1　EU2229　CTUNNG 0650　0825　319 0　　31MAR31MAYEFAPYTHMGSLQEVRK
　　　　　　IBXUWNZ0D

2　3U8773　CTUNNG 0720　0900　320 0 S 25　26MAR240CTEFPAYBTWHMGSLQEV

```
              URKNXZ
3   3U8727   CTUNNG 0720   0905   320 0 S 14   03JAN26MARECIJYBTWHMGSLQEV
              URKNXZ
4   3U8773   CTUNNG 0920   1100   320 0 S 36   06APR260CTEFPAYBTWHMGSLQEV
              URKNXZ
5+ *CA3378   CTUNNG 1645   1825   320 0        10APR260CTEFYBMHKLQGVETUS
```

2. 运用 RB 指令查看所有航班的订座情况

通过该指令可以查看各家航空公司在共飞航线上所提供的座位数的销售情况，以及执飞的机型和时刻信息。例如，利用 RB/+/CTUSZX 指令可以查看到成都—深圳航线上共飞公司的信息。通过下面的例子可以看出，3U8797 航班计划起飞时间为 07:20，执飞机型为 A319，头等舱可用座位数为 8 个且目前还没有销售出座位，经济舱可用座位数为 123 个且已经销售了 53 个。

```
▶RB/+/CTUSZX
3U8797    0720#    0/   8           53/123           SPG   319
EU2217    0800     0/   0           81/179           SPC   320
HU7328    1045     2/   8           99/157           S G   738
3U8703    1350     1/   8          131/185           SPG   321
EU2201    1450#    0/   0           72/179           SPC   320
3U8705    1550     0/   8           85/123           SPG   319
HU7752    1945     2/   8          102/155           S G   738
TOTALS          628    /513
```

3. 运用 AV 指令查看各公司舱位开放情况

其中格式有："AV:航段/日期/D"显示直达航班信息；"AV:航段/日期/航空公司二字代码"显示航空公司航班信息；"AV:J/航班号/起始时间/结束时间"查询一段时间舱位信息；"AV:E/航段/日期"显示按照空中飞行时间升序排序的结果。每一种格式的例子如下。

```
▶avctuwnz+d
13APR（SAT）CTUWNZ          DIRECT ONLY
1-  3U8931   CTUWNZ 0710   0945   320 0 S        EF8 P8 AS YA BA<T1-->
              TA WS HA MS GA SS LA QS EA VA US RA KQ NQ XS ZS
2   EU2767   CTUWNZ 1750   2025   320 0          EFX AX PX YL TL<T2-->
              HL ML GL SL LL QL EL VL RL KL IL BL XL UL WL NL ZL OL DL
3   CA1960   CTUWNZ 2010   2240   320 0^R        EFC AC OC YC BC<T2-->
              MC HC KC LC QC GC SC XC NC VC UC TC EC
```

上述例子中显示的是成都—温州直达航线上的航班信息，如机型、时刻等。需要注意的是，此时 3U8931 航班上的座位还很充足，每个舱位都在 9 个以上；而 EU2767 航班上的座位已销售完毕；CA1960 航班目前处于锁定状态，航班有被取消的可能，在这种情况下作为 3U8931 收益管理人员应该将自己的航班舱位调高。

►avctusha/1may/eu

01MAY（WED）CTUSHA VIA EU

1+ EU6837 CTUPVG 1740 2025 319 0 EFS AS PS YA TA<T2T2>
HA MS GA SS LA QS ES VS RS KS IS BS XS US W1 NS ZS OS DS

上述例子显示的是 2013 年 5 月 1 日成都航空公司成都—上海航线上的航班信息。

►av j/eu2767/1may/15may

EU 2767

CTU WNZ

01MAY FX AX PX YA TA HA MS GA SA LS QS ES VS RS KS IS BS XS US WS
02MAY FX AX PX YA TA HA MS GA SS LS QS ES VS RS KS IS BS XS US WS
03MAY FX AX PX YA TA HA MS G6 SS LS QS ES VS RS KS IS BS XS US WS
04MAY FX AX PX YA TA HA MS GA SS LS QS ES VS RS KS IS BS XS US WS
05MAY FX AX PX YA TA HA MS GA SS LS QS ES VS RS KS IS BS XS US WS
06MAY FX AX PX YA TA HA MS GA SS LS QS ES VS RS KS IS BS XS US WS
07MAY FX AX PX YA TA HA MS GA SS LS QS ES VS RS KS IS BS XS US WS
08MAY FX AX PX YA TA HA MS GA SS LS QS ES VS RS KS IS BS XS US WS
09MAY FX AX PX YA TA HA MS GA SS LS QS ES VS RS KS IS BS XS US WS
10MAY FX AX PX YA TA HA MS GA SS LS QS ES VS RS KS IS BS XS US WS
11MAY FX AX PX YA TA HA MS G8 SS LS QS ES VS RS KS IS BS XS US WS
12MAY FX AX PX YA TA HA MS GA SS LS QS ES VS RS KS IS BS XS US WS
13MAY FX AX PX YA TA HA MS GA SS LS QS ES VS RS KS IS BS XS US WS
14MAY FX AX PX YA TA HA MS GA SS LS QS ES VS RS KS IS BS XS US WS
15MAY FX AX PX YA TA HA MS GA SS LS QS ES VS RS KS IS BS XS US WS

上述例子显示的是 2013 年 5 月 1 日至 5 月 15 日之间成都航空公司在成都—温州航线上航班 EU2767 开放舱位的信息。

►AV:E/CTUWNZ/1may

01MAY（WED）CTUWNZ

1- *SC1960 CTUWNZ 2010 2240 320 0^L EFL OL YA BA HQ<T2
  CA1960 KQ LQ QQ VQ X5 NS UQ SA TA ES

2 *ZH1960 CTUWNZ 2010 2240 320 0^L EFL YA BA MQ HQ<T2
  CA1960 KQ LQ QQ GQ SA VQ UA TA ES

3 CA1960 CTUWNZ 2010 2240 320 O^R EFL AL OL YA BA<T2
  MQ HQ KQ LQ QQ GQ SA X5 NS VQ UA TA ES
  **V1Q

4 3U8931 CTUWNZ 0710 0945 320 0 S EF8 P8 AS YA BA<T1
  TA WS HA MS GA SS LA QS ES VS US RS KQ NQ XS ZS

5+ EU2767 CTUWNZ 1750 2025 320 0 EFX AX PX YA TA<T2
  HA MS GA SA LS QS ES VS RS KS IS BS XS US WS NS

上述例子按照空中飞行时间升序原则进行排序,显示了 2013 年 5 月 1 日成都—温州航线航班的信息。

4. 运用"FLR：航段/日期/F"指令显示航班的机型、布局、载量等信息

使用该指令的目的在于查看指定日期/航班/城市的销售统计情况，也可以查看到在某一指定百分比之间的航班销售情况。例如，利用"FLR：CTUPVG/1MAY/F"指令可以看到 2013 年 5 月 1 日成都—上海浦东航线上航班的相关信息。通过下面的例子可以看出，3U8961 航班采用的机型为 A321，座位数为 193 个，目前客座率为 6%。

▶flr:ctupvg/1may/f

FLR:CTUPVG/01MAY13/F DEPARTURE LIST FROM CTU

	TIME	FLT_NO	TYPE	RCNFRM	NRCFRM	NOHOST	CONNECT	CNL	CAP	LF
CTU PVG	0800	3U8961	321	13	0	3	0	28	193	6 %
CTU PVG	1135	3U8963	321	22	3	7	0	24	193	12 %
CTU PVG	1600	3U8965	321	25	18	12	0	29	193	22 %
CTU PVG	1740	EU6837	319	22	25	22	0	1	127	37 %
CTU PVG#1820		3U8647	330	35	44	17	0	73	242	32 %
TOTAL				117	90	61	0	155	948	21 %

-END-

5. 运用 FLP：选项/航班号/日期（或者日期段）显示指定时间内航班的销售情况

选项：G　显示团队和散客的销售情况

　　　　K　进一步简化输出结果，只显示 F/C/Y 各舱位的订座总数

例如，利用"FLP: K/G/EU2207/12APR"指令可以查看到 2013 年 4 月 12 日 EU2207 航班的执飞机型为 A320、客座率为 98%、散客为 74 人、团体旅客为 96 人。进一步地，利用该指令还可以查看到各个子舱的销售明细。

▶flp:k/g/eu2207/.

EU2207　　FROM 12APR13 TO 12APR13

12APR/5 320　　CTU SYX　　　　98 %　　Y//173//170//

　　　　　　　　CTU SYX　　G　98 %　　Y//173//96//

　　　　　　　　CTU SYX　　S　98 %　　Y//173//74//

FLIGHT　　TOTAL = 1

　　　　　　BOOKED　　TOTAL　　= 170　（Y28 T2 H1 L6 Q72 E35 V26　）

　　　　　　GROUP　　TOTAL　　= 96　（L4 Q72 V20　）

　　　　　　INDIVL　　TOTAL　　= 74　（Y28 T2 H1 L2 E35 V6　）

　　　　　　SEATS　　TOTAL　　= 173　（Y173）

　　　　　　USE　　　PERCENT　= 98 %（Y98%）

6. 运用 RO 指令查询舱位开放的配额（指令：RO/航班号/日期）

例如，从下面的显示中可以看出 Y 舱已经订座 1 人且销售限额不限制。

▶ro/eu2217/13apr

EU2217 13APR D CTUSZX 1 320 YTHMGSLQEVRKIBXUWNZOD　　CONTROL UEA001
C LEG AV OPN MAX CAP T/B　GT GRO GRS BLK　LT LSS　PT　AT　CT SMT　IND
Y/THMGSLQEVRKIBXUWNZOD

CTU AS 113	179	179	66	0	0	0	0	0	1	0 15	0

SEG	CLS	BKD	GRS	BLK	WL	LSV	LSS	LT	SMT	IND
CTUSZX	Y	1	0	0	0	-	-	-		EAK
	T	0	0	0	0	15	15	-		EAK
	H	1	0	0	0	20	19	-		EAK
	M	0	0	0	0	#	0	-		EAK
	G	26	0	0	0	60	34	-		EAK
	S	1	0	0	0	#	-1	-		EAK
	L	5	0	0	0	#	-5	-		EAK
	Q	0	0	0	0	#	0	-		EAK
	E	32	0	0	0	#	-32	-		EAK
	V	0	0	0	0	#	0	-		EAK

7. 运用 ML 指令查询航班（指令：ML:选项/航班号/日期）

选项：B　提取已订妥座位的旅客名单（HK，RR）

　　　G　提取团体旅客（仅提取团名）

　　　L　提取最后订座的旅客名单,L 后跟上所要提取的数目

　　　S1 提取航班上 GO-SHOW 的旅客名单

　　　S2 提取航班上 NO-SHOW 的旅客名单

　　　T1 提取电子客票旅客名单

　　　U　提取未定妥座位的旅客（HL，US，UU，HN）

　　　V　提取重要旅客（VIP）或重要旅客陪同（CIP）名单

　　　X　提取已取消订座的旅客名单（HX，UC，UN，NO，XX，XL）

　　　ZX 提取航班取消未受保护的旅客（需在指令最后加航段）

例如：查询 5 月 5 日成都—上海（EU6837）航班上已订妥的旅客名单，如下所示。

▶mlb/pnr/EU6837/5may

MULTI

EU6837　/05MAY　　　　　　　　B/PNR

　　　　　　　　　　　　　　　CTUPVG

001	1BAICHUNMIAO	MK58VV L RR7	PEK1E	12APR	0 ST
003	1XUJIE	MCYJX6 L RR1	PEK1E	12APR	0 ST
004	1YANGFAN	ME77P8 W RR1	PEK1E	10APR13	0 ST
005G	25GRP	NEY777 Y HK25	UEA001	21MAR13	

TOTAL NUMBER　　　59

8. 运用指令 DIH 显示航班所有的历史操作记录（指令"DIH：航班号/日期/选项"）

选项： LS 限制销售状态的改变

OB 超订座位

SK 航班修改（T-CARD 修改）

NL 修改限制销售组合数

CS 设置、取消舱位混合等级

GT 修改团体限制

SC 航班取消

AH 特定修改

CC 修改机型、布局

WL 设置、取消候补自动证实

PC 修改 PCF 标号、PCF 数目

RC 调整 PNI、INV 数目

EL 设置、取消航班紧急锁定

PR 设置或移去永久申请标识

XC 取消、恢复航班或经停点

AV 修改 AVS 表号

CO 关闭航班

RP 释放旅客信息

PM 旅客舱单统计

DS 起飞数据统计

例如："DIH:EU6837/./LS"显示所有限制销售状态改变的操作记录，如下所示。

▶dih:eu6837/./ls

INVENTORY HISTORY FOR EU6837 12APR

	OLD	NEW
IV UEA001 35061 1121 21FEB13 INVENTORY ACTIVATED		
LS UEA001 35061 1121 21FEB13 CTUPVG Y/# ON		Y/0 OFF
CTUPVG T/# ON	T/10 OFF	
CTUPVG H/# ON	H/10 OFF	
CTUPVG G/# ON	G/10 OFF	
CTUPVG L/# ON	L/10 OFF	
LS UEA001 34955 1431 21MAR13 CTUPVG F/# ON	F/0 OFF	
LS SHA178　9983 2223 25MAR13 CTUPVG L2/10 OFF	L2/10 ON	
LS UEA001 34955 1621 26MAR13 CTUPVG L/10 ON	L/18 OFF	
LS SZX348　9983 1821 02APR13 CTUPVG L/18 OFF	L/18 ON	
LS UEA001 35061 1020 03APR13 CTUPVG L/18 ON	L/35 OFF	
LS UEA001 35061 1550 03APR13 CTUPVG L/35 OFF	L/40 OFF	

```
LS UEA001 34955 1056 04APR13 CTUPVG N/# ON          N/10 OFF
LS UEA001 34955 1616 05APR13 CTUPVG E/# ON          E/15 OFF
LS UEA001 34955 0920 06APR13 CTUPVG N/10 OFF        N/# ON
LS UEA001 35061 0922 07APR13 CTUPVG V/# ON          V/15 OFF
LS UEA001 35061 1807 07APR13 CTUPVG V/15 OFF        V/20 OFF
LS UEA001 35061 0949 08APR13 CTUPVG V/20 OFF        V/30 OFF
```

9. 指令 OVTB 清理压票

当航班上的旅客人数与座位布局数或投放的舱位数不一致时，运用指令 OVTB 清理压票（指令：航班号/日期/IGX）。

例如：应用 "OVTB HU7281/27OCT/IGX" 指令，清理代理 HKK630 所占的 10 月 27 日 HU7245 航班的 2 张 Y 舱的压票行为，如下所示。

```
▶OVTB HU7281/27OCT/IGX
DVC-6327 0808 26OCT07
INPUT:OVTB:HU7245/+/IGX
NO EOT IN 0 MINUTES FOR AIRLINE:HU    PID RANGE:    1000-99999
CURRENT DATE/TIME:2007/10/26 16:08
CONTROL OFFICE :HKK001
PID 号 工作号 航班号 舱位 日期      航段    张数
NO. OFFICE   PID  AGENT  FLIGHT CLS DATE    SEG. AC SEAT HOST SINCE IG
==== ======  ====== ===== =========== ====== == ====== ===== ====
0001 HKK630 14589 11634 HU7245  Y   27OCT07 PEKURC HK   2    16：07'IG'
=========================END-OF-REPORT=========================
```

10. IM 航班实时修改指令

（1）运用指令 "IM L/航班号/日期/航段/舱位+数量" 修改限制销售数，结果如下所示。

```
▶iml/eu6837/13apr13/ctupvg/y50
EU6837 13APR D CTUPVG 1 319 FAP/YTHMGSLQEVRKIBXUWNZOD   CONTROL UEA001
C LEG AV OPN MAX CAP T/B  GT GRO GRS BLK   LT LSS  PT   AT   CT SMT   IND
F/AP
CTU AS   8   8   8   0   0   0   0   0   0       1   0   11   0
Y/THMGSLQEVRKIBXUWNZOD
CTU AS   32 119 119  87   0   0  31   0   0       1   0   11   0
SEG     CLS  BKD  GRS  BLK   WL  LSV  LSS  LT    SMT     IND
CTUPVG F      0    0    0    0   -    -    -     EK

A       0    0    0    0   #    0    -          EK
P       0    0    0    0   #    0    -          EK
Y       0    0    0    0   50   49   -          EK
```

T	0	0	0	0	#	0	-		EK
H	0	0	0	0	#	0	-		EK

（2）运用指令"IMN/航班号/日期/航段/航位/S"设置永久申请。永久申请指令一般常用于有协调的航班上。当航班销售不好而又到了收舱的时候，为了让某一舱位销售更多的座位数时，这就需要使用永久申请指令。上述指令运用以后结果如下所示。

▶imn/eu6837/12APR/ctupvg/hm/s

EU6837 12APR D CTUPVG 0 319 FAP/YTHMGSLQEVRKIBXUWNZOD　CONTROL UEA001

C LEG AV OPN MAX CAP T/B　GT GRO GRS BLK　LT LSS　PT　AT　CT SMT　IND

F/AP

CTU AS　7　8　8　1　0　0　0　0　0　　1　0　11　0 R

Y/THMGSLQEVRKIBXUWNZOD

CTU AS　21　119　119　98　0　0　0　0　0　　1　0　11　0 R

SEG	CLS	BKD	GRS	BLK	WL	LSV	LSS	LT	SMT	IND
CTUPVG F	1	0	0	0	-	-	-		EK	
A	0	0	0	0	#	0	-		EK	
P	0	0	0	0	#	0	-		EK	
Y	6	0	0	0	-	-	-		EK	
T	0	0	0	0	#	0	-		EK	
H	1	0	0	0	#	-1	-		EK	
M	0	0	0	0	#	0	-		EPK	
G	9	0	0	0	#	-9	-		EPK	
S	14	0	0	0	#	-14	-		EK	
L	19	0	0	0	#	-19	-		EK	

（3）运用指令"IMC/航班号/日期/航段/选项"。当选项为"S"时为设置混舱（只适用于3天以内的航班），"R"为取消混舱。所谓混舱，是指不同的物理舱位混合销售，例如：对于拥有头等舱与经济舱的航班而言，当代理人看到经济舱没有座位且头等舱还有8个座位时，若此时将航班混舱处理，那么代理人就可以看到航班信息显示有头等舱8个座位，经济舱也有8个座位。当市场客座率较低或共飞公司还有经济舱销售的情况下，通常各家公司都会将航班混舱。运用指令"IMC/EU6837/28MAR13/CTUSHA/S"或"IMC/EU6837/28MAR13/CTU-SHA/R"设置或取消混舱，设置混舱的结果如下所示。

▶imc/eu2216/./jhgctu/s

EU2216 12APR D JHGCTU 0 319 FAP/YTHMGSLQEVRKIBXUWNZOD　CONTROL UEA001

C LEG AV OPN MAX CAP T/B　GT GRO GRS BLK　LT LSS　PT　AT　CT SMT　IND

F/AP

JHG CR　8　8　8　0　0　0　0　0　0　　1　0　1　0 CR

Y/THMGSLQEVRKIBXUWNZOD

JHG CR　-5　118　118　123　0　0　8　1　0　　1　0　1　0 CR

SEG	CLS	BKD	GRS	BLK	WL	LSV	LSS	LT	SMT	IND

JHGCTU F	0	0	0	0	-	-	-	EAK
A	0	0	0	0	#	0	-	EAK
P	0	0	0	0	#	0	-	EAK
Y	8	0	1	0	28	20	-	EAK
T	0	0	0	0	#	0	-	EAK
H	6	0	0	0	#	-6	-	EAK
M	7	0	0	0	#	-7	-	EAK
G	7	0	0	0	#	-7	-	EAK
S	22	0	0	0	#	-22	-	EAK
L	26	0	0	0	#	-26	-	EAK

需要说明的是，上述指令都是航线管理员在平时工作中随时都要用到的指令。通过这些指令可以清楚地看到共飞公司的销售、时刻、机型、航班执行周期等信息。其中航线管理员用 IM 指令是使用最为频繁的。

7.2 价格协调方法

价格协议是目前国内航空运输市场上各家航空公司，尤其是在存在竞争的共飞航线上进行舱位控制的主要手段。所谓价格协议，是在某条特定的航线上，各家竞争航空公司为了稳定和提高航班的销售价格、避免恶性竞争，通过价格联盟的方式来提高航班收益，以此达到共赢目的而采取的一种销售策略。一般来说，只有在共飞的航线上才会有价格协调。与其他商品定价所不同的是，机票价格首先是由"国家发改委"和"民航局运输司价格处"批准一个经济舱的最高价，即全价（国内航空公司一般用 Y 舱代表全价），然后各家航空公司在不超过全价的范围内控制折扣，航空公司在不超过全价的限制内协调价格，即协调折扣价格。

目前，各家航空公司之间主要的价格协调规则有补舱协调、滚舱协调、松散协调三种。具体采取哪种协调方式，以及协调内容如何由各家航空公司共同协商决定。

1. 补舱协调

补舱协调的思路是根据协调期内各家航空公司市场投入份额（提供座位数）与实际市场份额（载运人数）之间的差额来计算补舱，对实际市场份额小于市场投入份额的公司给以一定低舱位补偿，使其以低舱位获得所失去的一部分市场份额。如果在市场上投放的座位数占比大于实际获得的市场份额，补舱数为负，即可以进行补舱，相反则不能补舱。这是一种以市场份额为基础的舱位补偿机制，协调思路相对科学严谨，但对主协调要求较高，需要每天早上计算一次市场份额及补舱人数，并发给各家共飞航空公司执行。

补舱协调详细地规定了各家航空公司可投放的远期舱位、近期舱位以及特价舱位，甚至各个舱位可销售的人数。规定的依据主要有市场情况（淡、旺季，节假日等）、航班时刻（早、晚班）、航班类型（直飞和经停）等。

补舱一般投放在 4 天以内的航班上，补舱的折扣在协调方案中已经先行规定，补舱的数量按照每天由主协调计算的数据表中的数值来投放。其中:"快补"、"快快补"都是补舱的主要形式。所谓的"快补"就是指当补舱数累积到一定程度时,为了不让补舱数越积越多、让补舱迅速消化而规定的更低折扣的补舱形式。

另外,考虑到散客远期折扣以及团队折扣较低,为了补偿远期销售,就提出了打折的概念。比如远期打折系数 0.8,即销售一张远期舱位按 0.8 张计算;团队打折系统 0.75,即销售一张团队票则按 0.75 张计算,这样就可以在按照市场份额计算补舱时取得补舱优势。

对于采用补舱协调时,还有一个必须要提及的原则就是"举手原则"。它是应对特殊情况时的一种补偿原则,即航班在临近起飞(按协调方案上说明的具体时间,比如起飞前 1 天或 2 天)且航班客座率特别低时,可以通知主协调以及共飞座控人员临时调整舱位以使客座有最低限度的保证,即向共飞"举手"示意。当存在大量的团队临时退票、共飞公司临时加班飞行或者航班销售异常时都会出现这种"紧急"情况。

另外,对于不遵守协调内容进行放舱的航空公司,会由主协调出面调解,并以间接削减补舱数量来惩罚。这种惩罚措施的震慑力、约束力均不强,因此如果多家航空公司均不执行协调方案时,那么协调方案就将面临破裂。补舱协调是三种协调方式中应用最为广泛的一种,特别适合共飞航空公司较多的航线,其中包括经停航线上部分航段竞争的情况。

2. 滚舱协调

滚舱协调是以客座率为基础的舱位滚动协调,这种协调方式更为直接。需要各家航空公司协商制定可投放的基础舱位(即"明折明扣"舱位),依据仍然是市场情况(淡、旺季,节假日等)、航班时刻(早、晚班)、航班类型(直飞和经停)等,远期航班完全按照协商的舱位投放,近期(3 天内)则由主协调按照各航空公司的客座率来发放舱位表。表 7-1 中规定了各家航空公司在厦门—成都航线上应该投放的舱位。

表 7-1　厦门—成都航线滚舱协调方案

	7 天	3～7 天	3 天以内
MF8401	5 折	6 折	7 折
MF8441	6 折	7 折	8 折
3U8918	6 折	7 折	8 折
EU2736	55 折	65 折	75 折
3U8956	6 折	7 折	8 折
3U8938	5 折	6 折	7 折
CA4540	5 折	6 折	7 折

注:3 天内临近时刻航班上客座率相差 10% 则让舱 1～1.5 个折扣。所谓临近时刻一般是指航班计划起飞时刻在 1 个小时内的航班集合。

需要说明的是,这种协调方式没有惩罚措施,完全靠主协调的调解和各家航空公司的自觉,约束力比"补舱协调"要弱,因此一般适合共飞公司较少的航线。

3．松散协调

松散协调是一种没有成文的协调方式，一般以航空公司之间的临时性口头协议为主要形式。这种协调方式机动灵活，随时可以协调，较多地适用在航班较少的航线上或者是有邻近航班时刻的共飞公司之间。松散协调一般适用于一天只有 1～3 班的航线上，且这种航线远期价格都相对较低，而协调的几乎都是近期 1～2 天的航班，共飞公司商量下提出一个简单的收舱方案，如果达成一致就一起收舱。

以上三种协调方式一般都是由该航线上航班密度较大，且在行业内有一定威信和话语权的一家航空公司提出具体的协调方案，并与其他共飞公司达成一致后开始实施价格协调的工作，在共飞航线上这样的航空公司被称之为"主协调方"。"主协调方"的主要工作包括：① 向各家共飞公司传递协调意愿，并综合各家意愿拟出一份书面协调方案；② 确定协调方案后，及时组织大家按协议收舱，并对违规者提出警告和相应处罚；③ 根据不同时期市场情况，及时修改和调整协调方案。而非"主协调方"则按照协调方案执行自己航班的收放舱任务，其主要内容包括：① 积极提出各自的需求，争取协调方案利益最大化；② 及时发出数据，按要求收舱；③ 监督共飞公司舱位开放情况。上述三种协调方式前两种一般会通过会议的方式拟定，由各家该航线的负责人出面共同商讨，因此权威度较高。而第三种方式往往通过电话或者网络简单沟通来达成短期协议，因此权威度相对较低。

无论是上述哪一种协调方式，其最终的目的都是为了避免价格战，这也是大多数航空公司的共识，但是如何拿出一种公平合理、且能被各家航空公司以及市场所接受的协调方案是协调机制能否持续长久实施的关键。

7.3 收益管理的实施经验

价格协调机制的存在是否意味着收益管理人员无需进行航班的收益管理工作呢？答案是显而易见的。收益管理人员准确把握自己管辖范围内的航空运输市场特点，掌握航班的销售节奏并对市场进行及时的预判等一系列工作，是航空公司收益管理人员进行价格协调以及航班舱位控制的前提。下面就收益管理的实施经验进行介绍。

1．把握市场特点

所管辖范围内特定市场是休闲市场还是商务市场，或者两者兼而有之，市场上是以散客为主还是以团队为主，淡旺季是什么时候开始、又是什么时候结束，这一系列的工作是收益管理人员准确把握市场特点的关键。因为只有摸清楚市场的特点，才能准确地制定销售预案（如公司拟运营的航线、日期、散客的价格、团队的价格与数目等），有效地进行舱位的控制工作。

2．把握销售节奏

航班是近期上客还是远期上客，每天的上客量大概有多少，航班销售节奏相当于航线的脉搏，准确把握航班上客周期是收益管理人员必须具备的经验和技能。对于刚踏入收益管理工作的人员来说，需要通过不断地记录航班销售数据来掌握航班的销售节奏，这是一个漫长但是又十分必要的过程。

3. 进行市场预判

市场预判就是要对未来市场、航班的走向有一定的判断。如果对远期市场判断不景气，就要提前做出部署，提前采取措施，进行远期的铺垫工作（如各种产品的开发与促销）。市场预判要经过多年的经验积累才有可能准确。

4. 进行舱位调整

当航班计划室拿到航线上的航权、航班时刻等资源，通知收益管理人员可以为航班建舱。开舱后，座控人员就可以根据市场的历史数据、历史经验、共飞公司情况等对远期市场做出预判并开放远期舱位。一般情况下而言，座控人员在航季前建立航班，且提前1个月左右开舱销售，春运、暑运等特殊时期会提前得更早。开舱以后就要根据航班的销售情况、共飞公司的情况及时有效地调整舱位。舱位调整的依据主要有历史数据、共飞公司情况、航班销售情况、市场特点等。

历史数据——主要是指历史同期的数据，其包括了近三年同期的航班数量、提供的座位数、票价水平、客座率、团队折扣等。历史数据是对远期航班进行预判的重要参考依据。例如参考历史同期糖酒会期间的航班销售情况，即可判断今年糖酒会期间各条航线的舱位大体应该怎么投放。其中，收益管理人员所关注的共飞公司的历史情况、航班销售历史情况、市场特点的内容主要包括：

共飞情况——一条航线上的共飞公司有哪些，时刻怎么样，机型如何，直飞还是经停，竞争关系怎么样，目前共飞的舱位、销售情况等。

航班销售情况——自己航班的团队数量、出团情况、散客比例；自己航班的时刻，如果是早班的话就要少一天的销售期，如果是晚班的话当天还有一天的销售时间；还有航班的机型、经停航班其他航段的销售情况等。

市场特点——不同的市场有不同的销售节奏，有的以近期上客为主，有的则以远期上客为主；不同的市场有不同的客源，如旅游、商务等。由于东南沿海城市经济发达、商务出行较多，因此，一般情况下东南沿海地区的市场大多以近期商务散客为主，而北海、三亚等旅游城市则以旅游客源为主，同时团队数量庞大。

根据航班的历史数据、共飞公司情况、航班销售情况以及市场特点，收益管理人员就可以开始对不同时期的舱位进行调整。

1）超远期

超远期是指1个月以外航班上的舱位。超远期舱位的调整相对简单，因为超远期销售的节奏很慢，因此只需要每隔2~3天用ITERM指令查看一次相应航班（特殊时期除外，如春运、暑运等）有没有销售过快的情况，或者共飞增加、减少航班的情况，亦或是共飞公司舱位调整的情况。如果是协调航线，远期会按照协调方案开舱，此时要检查共飞的舱位，看有没有不按协调方案乱投放的情况，如果有则告知"主协调方"来协调舱位。因为远期销售节奏慢，座控人员对航班销售情况盯得不紧，因此一般都"断舱"开舱（即只开"整舱"或"半舱"），并且舱位所投放个数都不会太多，一般以8、10、15、20居多（因个人习惯而异），以防航班销售过快。如果一个或多个舱位销售空了，就要看是否需要继续增加人数还是收舱。

2）远期和中远期

远期是指 1 个月以内，15 天以外航班上的舱位，而中远期是指 7~15 天航班上的舱位。远期和中远期航班调控周期要大于超远期，但是小于中期，一般 1 天需要调控 1~2 次。有的市场如沈阳—成都，由于以低舱位远期上客为主，因此就要盯紧远期上客情况，且为这类市场远期做好大量的铺垫工作，一般为 50% 左右（因市场而异）。而中期、近期上客的市场在这一阶段只有零散的销售，客座率都比较低，这时不用着急投放低舱位，因为还没有进入它们的销售周期。因此，准确把握不同航线的特点和销售节奏对座控人员来说是至关重要的。

3）中期

中期是指 4~7 天间航班上的舱位。越临近航班起飞，座控人员对航班的调控频率就会越高，中期是一个承上启下的阶段，也是一个纠错的时期。对于远期上客的航班如果在这一阶段发现上客不足，就要查找原因，采取弥补措施，比如查看共飞公司的舱位有没有低开，共飞公司的特价产品有没有投放，共飞航空公司的航班客座率有没有异常、疏通渠道、弥补特殊运价等；如果本应是近期上客的航班在这一阶段销售速度过快，也要查找原因，要看是不是舱位过低，还是市场有异常情况。

4）近期

近期是指 4 天内航班上的舱位。此时航班进入销售速度最快的阶段，需要对航班随时进行监控判断。除了监控自己航班的销售"节奏"以外，还需要关注共飞公司的销售情况。另外，由于进入了"临时协调期"（即松散协调），因此座控人员可以根据自身航班和共飞公司销售数据判断是否有"临时协调"的基础，以此联系共飞公司座控人员以共同收舱的方式来提高航班整体的收益水平。当然，"临时协调"也会根据各家的客座率和时刻不同有所区别。尽管经过前期不断的判断，航班仍然可能出现不符合预期的情况，此时是航班仅剩的调整期，可以说是争取航班收益最后的机会。此时对于客座率明显高于预期的航班必须收舱以提高票价水平，对于客座率明显不足的航班必须放低舱以获取客座率的保障。

5. 处理团队

一般收益管理部门和销售部门需要提前制定下一个月的团队配额和团队价格，其参考的主要依据包括：历史数据（即去年同期的团队配额与团队价格）、共飞公司的市场价格，尤其是时刻品质相近航班的团队价格。比如：目前成都航空成都—厦门的团队配额是 60 个（执飞机型为 A320，173 座），团队折扣为 4 月 15 号之前 4.5 折起，16 号之后 5 折起等。成都—厦门的团队行程一般是 5 天，少于 5 天或者多于 5 天的团队都叫"异行团"，因为"异行团"会打破航空公司的销售节奏，一般不接"异行团"或者直接涨价。

要判断对一个团队接与否，首先，要判断这个团队是"计划团"（只有位置没有人，需要拿着位置找人的团）还是"实团"（有人有名单，需要找位置），航空公司一般喜欢接实团而慎重接计划团；其次，要看团队日期和人数，因为每天的航班销售情况都不同，根据日期和人数来判断这个团队接与否，以多少折扣接，折扣要参考预案中确定的团队折扣、散客的折扣、以及航班客座率等；最后，要看这个团队接进去以后还剩余多少散客座位，由于一般散客票价都要比团队票价高，因此要优先保证散客的座位。

总体而言，座控人员判断舱位调整的主要参考因素是自己的历史数据、共飞公司的历史数据、共飞公司的舱位设置情况以及航班的销售节奏等。座控人员通过不断地分析上述因素，以此为航空公司航班收益的提高带来契机。

7.4 收益管理的实施障碍

收益管理的实施障碍主要是由于代理人或者旅行社为了自己的利益而采取欺骗手段造成的，同时也有部分是航空公司自己造成的。虽然代理人或者旅行社通过作弊所获得的利润或许并不算太大，但收益漏洞给航空公司造成了巨大的收益损失。常见的收益管理实施障碍主要有如下四个方面。

1. 用虚假票号、虚假旅客姓名、重复订座等手段恶意霸占座位

订座系统中的自动清票功能，也称自动出票时限执行功能（ATTL）能够很好的解决这一漏洞。代理在订座系统中订票时，ATTL 根据航空公司设定的参数，自动设置一个出票时限，并立刻通知代理，必须在规定的时间内提供机票号。代理通过 PNR 中的 OSI 栏或别的栏目，将客人的机票号传给 ATTL。如果代理在规定的时限内没有提供票号，ATTL 将自动取消订座，把座位放出来。这一办法的前提是航空公司必须实施出票时限，特别是低价舱位的出票时限。目前，出票时限规定各公司不完全相同。同一公司不同的市场和不同的子等级也不相同。一般的西方航空公司规定，订完座位后的 24 小时必须出票。高折扣的机票通常要求立刻出票。有些航空公司规定，不管什么票，都可以等到起飞前的某一天（如起飞前 7 天）才出票，这种规定无疑使代理人有了可钻的漏洞，从而造成了收益管理实施的障碍。

ATTL 出来后，代理人有了新的花招。他们会接着再订，ATTL 再清，形成所谓的浪涛。通过电脑系统分析，很容易看出这种恶性的舞弊。所以，现在代理基本上不用这一招了，而是输入虚假票号或虚假旅客姓名来霸占座位，等接到客人后，再用真名字和真票号取代假名字和假票号。如果接不到客人，代理会在接近起飞时取消订座，或者等着航空公司来清理座位，要么让这位从来没有的客人 No-Show。代理人的另一种手段是被动订座，即在代理人系统内做一个虚假订座，但不向航空公司发送任何信息，也不从 ICS 系统中要座位，而是指望着后者直接以团队的名义出票。

这些舞弊行为造成了航空公司座位的虚耗，而且增加了航空公司 GDS 的费用。这是因为，GDS 系统提供商通常根据订座和取消订座的量向航空公司收取费用。航空公司应该与代理人签订协议，规定哪些订座行为属于不规范行为，明文禁止代理人的虚假舞弊行为，并规定惩罚条例。目前，还有一些航空公司没有与代理签署任何类似协议。一旦签署协议，航空公司可以通过 BIDT 查找出恶性作弊的代理，给以规定的惩罚。如果不惩罚而指望代理中止舞弊行为，那是不现实的想法。因此利用电脑系统和 BIDT 信息，航空公司就可以彻底查清代理人上述舞弊行为，以此弥补收益管理的漏洞。

2. 预定全程后取消其中的一段

这一舞弊行为通常被用来对付使用了 O&D 收益管理系统的航空公司。举个例子：在 A—H—D 这个联程 O&D 市场中，收益管理系统可能会建议 A—H 和 H—D 的某个子等级开放，A

—D 的同一子等级关闭，也可能建议 A—D 开放，A—H 和 H—D 关闭。这就给代理人有了可以利用的漏洞。代理可能为旅客预定全程的座位，然后取消其中的一个航段。相反的情况也可能发生。代理会为同一旅客分别订两个短航段，以达到低价订整个 O&D 的目的。订座系统中的"航段联姻控制"功能和旅客行程数据，可以防止这种舞弊行为。近年来，代理陆续想出了一些新的招数，如不停地向订座系统发送同一个 PNR 指令，令系统暂时瘫痪，然后去办别的事，过了很久，系统也会暂时瘫痪，让代理人有可乘之机。还有些代理故意把一个 PNR 行程订得不合理，让系统无法识别，从而暂时瘫痪。总之，代理人在舞弊方面非常富于创造性。如果不对每一个 PNR 进行审核，不知道它是在什么情况下订的（是否在 NN，SS，DK 等状态下订的），或是在订座之后进行了哪些非法的变动，也就无法知道哪些 PNR 做过手脚。而审核每个 PNR 工作量很大，不靠电脑系统，无法完成。电脑审核系统可以把非法变动的 PNR 或者非法订座的 PNR（如在 NN 状态下订座的）自动检索出来，以便于航空公司采取惩罚措施。

3. 团队销售造成的漏洞

有些销售人员热衷做团队销售，因为卖团队票省事。久而久之，形成了卖团队票的习惯。团队不仅价格低，而且取消量大。即使十分规矩的团队，所有的座位都不取消，对公司来说也不是好事，因为订了团队，必然要少订散客。去程航班上有一个大团队，很难保证回程航班上也有同样规模的团队，这就造成了单向性，座位因此虚耗，收益因此流失。公司应该禁止在有散客潜力的市场上无节制地接受团队。另外一个与团队相关的收益漏洞是代理人用假团队订座，陆续接到散客后，再逐个用散客的名字更换团队中的假名字。航空公司必须采取相应的措施，防止这种行为。

4. 产品的同质化程度高

在国内航空运输市场上，共飞公司之间所提供的产品基本类似，而且更为糟糕的是，航空公司在一定时期内所投放的舱位也是相互知道的，这使得收益管理人员在应对市场变化时失去了更多的竞争和差异化优势。另外一方面，产品的高度同质化使得航空公司在实施收益管理时总是举步维艰，尤其是在航空市场淡季（即航空公司所提供的航班座位数远大于市场需求）时，航空公司只有靠提高客座率来增加收益，而在淡季提高客座率的重要手段就是价格，这种死循环就容易促成价格战。为了避免价格战，从长期来说航空企业必须细分市场，提供更有特色的航空产品，努力增加机票的附加价值，以提高企业的抗风险能力。从短期来讲，共飞公司之间应该加强沟通协调，统一思想，避免恶性竞争。但对于目前航空市场上中小型航空公司来说，由于所占有的市场份额较小，没有发言权，因此在应对价格战时只能以更低的价格来应战。当然价格战是航空市场上的非常态行为，各家航空公司都极不情愿加入价格战，但要避免价格战还要经历很漫长的过程。

造成收益管理实施障碍的原因有很多，有些是销售渠道的原因、有些是航空公司自身的原因，还有一部分是国内市场运作体制的深层次原因。然而无论如何，收益管理实施的障碍不仅会给航空公司造成收益的损失，而且会使得航空运输市场环境持续恶化。清除收益实施的障碍，不仅要依靠员工的经验、智慧和责任心，还应该辅以电脑系统和 BIDT 等自动化手段。而从长期来讲，应该更多地依靠规则和协议的力量，只有这样，航空公司的收益完整性才能得到保证。

7.5 本章小结

ETERM 系统是航空公司进行舱位收放的平台,熟练掌握 ETERM 系统中相关指令是准确把握航空运输市场特点、航班销售节奏、以及进行市场预判和舱位调整的基础。另外,通过价格协调机制,即补舱协调、滚舱协调、松散协调三种协调方式,合理的安排超远期、远期、中远期、近期舱位投放的数目,是完成舱位收放决策的前提。最后,理解造成收益管理实施障碍的相关原因,如代理人舞弊行为、航空公司自身规则和协议不到位、市场运作机制不完善等的问题,从而为未来从事国内市场收益管理工作打下坚实的基础。

练习题

1. 利用 ETERM 系统熟练掌握 7.1 节的指令。
2. 阐述"补舱协调""滚舱协调""松散协调"的基本思想和特点。
3. 阐述收益管理实施的障碍。

附录 1

成都—广州航线会议纪要

请于每天上午 9 点半前自觉收当天的补舱，开放正常舱位。请各公司注意，2013 年 3 月 24 日～6 月 30 日方案如下所示：

表 7-2 "补舱协调" 方案

舱位/日期	起飞当天	第 2～4 天	4 天以外	7 天以外	团队
正常舱位	9.0 折及以上舱位	9.0 折及以上舱位	9.0 折及以上舱位	9.0 折及以上舱位	团队合计金额平均折扣在 6.0 折以上团队不打折，6.0 折（含）以下团队打折。
补舱舱位		7.0、8.0 折			
远期舱位			早晚班 5.5 折，比例 30%，售完收至 6.0 折；白班 6.0 折		
远期舱位			5 折，比例 20%，平均分配		
打折系数			5.0 折打 6.7 折，5.5 折打 7.5 折，6.0 折打 8.0 折		5.5 折

备注：3 月 24 日～3 月 27 日所有公司所有航班平卖 6.0 折，3 月 25 日计算单子的时候，所有航班按 1:1 计算，团队、联程和低舱都不打折。3 月 29 日计算单子的时候，开始打折。

1. 打折系数

（1）远期 4 天外销售 5.0 折，比例 20%，打折系数 6.7 折。

（2）航班起飞 4 天（含）外所销售的远期舱位，打折系数分别为：5.5 折打 7.5 折，6.0 折打 8.0 折。

（3）团队合计金额平均折扣为 6.0 折（含）以下往返程、联程、缺口程团队打折系数为 5.5 折，6.0 折（不含）以上【其中明折明扣舱位团队，成都广州段超过 6.0 折（不含）】不打折。

（4）国际联程舱所销售的散客【各公司明折明扣销售的 6.5 折（含）以上国际联程提供编码打折】，打折系数为 5.5 折。

2. 销售比例

（1）远期 4 天外销售 5.0 折，比例 20%，平均分配。高于 20% 低于 25% 按 1:1 计算，远期低舱比例超过 25%，按 1:2 处罚。

（2）4 天外早晚班（早上 8:00 与晚上 8:00 之外，不含 8:00）销售 5.5 折，单班比例 30%，售完收 6.0 折，其他航班 6.0 折销售，6.0 折不限比例。

（3）早晚班 5.5 折销售比例高于 30% 低于 35% 按 1:1 计算，远期低舱比例超过 35%，按 1:2 处罚。

3. 单程产品

4 天外销售，每班 10 张不限价 1:1 计算，严禁带入 4 天内销售，如发现违规，按 1:2 处罚。

4. 各公司产品舱位

产品舱位：国航 E 舱，南航 R 舱，川航 N/D/X 舱，深航 E 舱，成都航 I/D 舱。单程产品不允许带入四天内销售。1：1 计算。

往返程舱位：国航 T 舱，川航 暂无，南航 R 舱，深航 T 舱，成都航 W 舱。往返程不计入打折。

联程舱位：国航 S/U 舱，川航 U/B 舱，南航 N/U/B 舱，深航 S/U 舱，成都航 U/B 舱，以及各公司明折明扣销售的国际联程提供编码，联程计入打折。

31 号之前 CA 和 ZH 的产品和联程舱位沿用以前的方案

根据各公司确认的产品舱位，如果发现其他舱位有成都始发产品的，又未经各公司确认同意的，则视为违规。

5. 补舱

（1）广州补舱单以制表日期 3 月 4 日、数据日期为 3 月 3 日、开放日期为 3 月 7 日的单子为基础，具体数据如下：3U 94 、CA 217、CZ -329、ZH -97、EU 115。平均分三周带入补仓：第一周 3 月 25 日、第二周 4 月 1 日、第三周 4 月 8 日当天带入，每次带入补仓数为：3U 31、CA 72、CZ -110、ZH -32 、EU 38。

（2）补舱可以选择开放 8.0 折或 7.0 折舱位补舱。

（3）计入协调航班每天仅有 1 班时：

平均单班补舱数量达到 50～70 张时，超出 50 张部分按照 90% 的比例计算。单班补舱数量达到 71～100 张时，超出 50 张部分按照 85% 的比例计算。单班补舱数量超过 100 张时，超出 50 张部分按照 80% 的比例计算。

（4）计入协调航班每天超过 1 班时：

单班补舱数量达到 40～70 张时，超出 40 张部分按照 90% 的比例计算。单班补舱数量达到 71～100 张时，超出 40 张部分按照 85% 的比例计算。单班补舱数量超过 100 张时，超出 40 张部分按照 80% 的比例计算。

6. 举手原则

提前一天航班客座低于 30% 可申请举手 5.0 折至客座达到 30%，当天上午 9 点半收当天的补舱时举手舱位一并关闭举手部分 1：1 不打折。

2013 年 3 月 21 日

附录 2

福州—成都滚舱协调方案

1. 舱位开放明细

以下为散客明舱开放规定，按客座率跑舱，收舱模式：① 座位计算：提供座位数为实际离港机型数；② 人数计算：真飞航班载运量为航班实际载运人数，经停航班载运量按福州成都载运人数 + 短段实际载运人数（福州始发）×0.85 计算。其他未涉及子舱位不得开放，4天外各航明折明扣舱位按各自协议最低舱位开放销售，航班起飞前一天关闭所有特价舱位，仅开放协议要求的明折明扣舱位销售。

表 7-3　舱位进度表

舱位进度	CA/EU/MF8435	舱位进度	MF8451	3U8998
0%～20%	5.0 折	0%～20%	5.5 折	5.5 折
21%～50%	6.0 折	21%～45%	6.5 折	6.5 折
51%～70%	7.0 折	46%～70%	7.0 折	7.0 折
71%～80%	8.0 折	71%～80%	8.0 折	8.0 折
81% 以上	9.0 折	81% 以上	9.0 折	9.0 折

- CA/EU/MF：若航班起飞前 1 天航班客座率（换算后的）未达到 60%，按 5.0 折销售。
- 3U：若航班起飞前 1 天航班客座率（换算后的）未达到 60%，按 6.0 折销售。
- 客座率计算若出现小数点则四舍五入。

2. 违规的处理

协调后超出协调规定的销售比例，视为违规，若有公司违规，其他公司在同一日的当天开放舱位上按照 1∶2 的比例添加舱位配额，若航班起飞才发现超售，则依次加在第二日航班上。

8 航空货运收益管理

与客运收益管理不同，货运收益管理从计量尺度、运价、舱位预测及预订等方面都体现出了不同的特点。本章将分别从货运收益管理特点、货运舱位预测、货运运费、舱位分配以及超售等几个方面为大家阐述货运收益管理。

8.1 概　述

航空货运收益管理，可以定义为在合适的时机将合适的货运产品（货运舱位和货运服务）以合适的价格出售给合适的客户。当前，航空货运的价值，约占了全球货运价值的 30%，为全球经济的发展发挥了重要作用。而据波音公司预测，在未来 20 年内，航空货物的运输量将以每年 5.9% 的增速迅速增长。航空货运收益管理也越来越引起研究者的重视。与客运收益管理不同，货运收益管理有其自身的特点与复杂性。

8.1.1 货运市场与货运产品

航空货运业属于典型的服务性行业，它向社会提供货物"空间位移"这种劳务产品。因此，在理解货运产品特性之前，需要通过与客运市场比较来把握航空货运市场自身的特点。

（1）货运市场的单向性。与客运市场中旅客往返飞行所不同的是，货物运输具有很强的方向性。在同一条航线不同运输方向上，货运量有时会相差 3~4 倍。这种不平衡性不可避免地会造成整条航线较低的载运率。

（2）货运市场需求波动大，需求模式难以预测。客运市场虽然需求波动幅度大，但需求模式通常比较固定，季节规律性较强。而货运市场需求不仅受到季节性的影响，还会受到贸易政策、产品成本等不可控因素的影响，因此，需求模式难以准确预测。

（3）货运市场上的决策者数量较少，且往往集中在飞机起飞前几天内预定舱位。与客运市场中每一位旅客都是决策者所不同的是，货运市场上大部分的货运业务往往集中于少数的大客户手中。这些大客户议价能力强，往往会为了获取更低的运输价格而挑起航空公司之间的价格战。另一方面，与旅客提前一个月甚至一年就开始订票所不同的是，货运客户一般仅提前 7~10 天预定舱位。对于协议客户，航空公司一般要求其起飞前 24 小时确定舱位即可。通常情况下，客户往往临近飞机起飞前才确定舱位数量。

（4）货运市场上载运的货物具有多维特点，且种类具有明显差异性。与客运市场载运的旅客所不同的是，货物除了重量特征外，还有体积上的差异性。不仅如此，货物的种类也具有明显差异性。如按照货物的紧急程度，可以将货物分为快件、平件等。

（5）货运代理更关心货物交付的时间与质量。与客运市场上旅客关注旅行时间、舒适性和服务质量所不同的是，货物运输过程中的运输时间、运输路线等因素往往并不是货运代理关注的重点。他们更关注于货物是否能够准时、完好地送抵目的地。

（6）货运代理选择航空公司更为理性。货运代理在选择货物运输合作伙伴时更多地关注运价、收发货时间以及保险等硬指标，其决策很少受到个人喜好的影响。

根据上述客货运市场的差异性，结合航空运输产品的一般性特征，货运产品应该具有以下方面的特点。

（1）货运产品具有易腐蚀性。与客运相同，对于运输类产品而言，航班一旦起飞，飞机上的座位，货运的舱位就变得没有价值。

（2）货运产品具有高固定成本与低变动成本。航班成本主要体现在燃油、机组人员工资、飞机的所有权成本以及维修成本上，这些成本往往在总成本中所占的比重较高，而这些成本也主要与飞行时间相关，因而航班一经确定，这些成本也基本固定。而与所接受的运载货物相关的变动成本，如由于货物重量增加而增加的燃油成本，货物的地面运输成本等，这些成本往往较低。

（3）客户可以细分，并可以将产品按不同价格出售给不同客户。与客运相同，航空货运的客户也可以进行细分，并可以将货运产品以不同的价格出售给不同的客户。

（4）从货运产品依附的对象来看，装载货物的飞机有客机和货机，货机的舱位是基本确定的，变化较小。如果货物装在客机的腹舱里面，则腹舱的舱位还要受到旅客重量、行李重量以及容积、邮件重量和体积等综合因素的影响，因而客机腹舱的舱位往往是不确定的。这与客运中飞机的座位数是确定的不同。

（5）从货运产品的计量尺度来看，货运产品的计量尺度具有多维度特点。货运产品的第一个计量尺度是重量尺度（吨），它会受到飞机业载的影响。货运产品的另一个计量尺度是体积（立方米），货物要装进货舱，必须要受到飞机自身舱位容积的限制。这与客运产品的计量尺度（座位数）是不同的。

（6）从货运产品的运价上来看，由于货运产品的计量尺度有重量和体积两个维度，因而货运产品的运价中需考虑的因素不仅包括价格，还包括货物密度。而客运产品是一个顾客占用一个座位，没有密度方面的因素。

（7）从货运产品的销售类型来看，可以分为面向签订销售合同的长期客户产品和面向不签订销售合同的短期客户产品。

（8）从运输路线可选性来看，由于航空货运业运输的直接对象是货物，通常情况下顾客只关心能否准时、无破损、无丢失地将货物送至指定地点，而不关心货物以什么样的运输路线送达。因此，航空公司有多条路线可供选择，可以使用点对点直达，也可由多个航段共同完成（即中转）。

与客运收益管理实施较为广泛，且相对成熟相较，货运收益管理无论从实施者的数量以及方法应用等方面都落后于客运收益管理。汉莎航空货运部从以下几个方面阐述了货运收益管理的复杂性，如表 8-1 所示。

表 8-1　货运收益管理的复杂性

货运收益管理的复杂性	供给侧的复杂性	需求侧的复杂性
1	货运舱位的不确定性	装载损失
2	舱位计量的多维度	货运需求分布的不均衡,甚至同一航线上不同方向的货运需求不同,需考虑客户对整个航线网络的贡献
3	不同机型的舱位尺寸不同	预订期期限较短
4	货物装运的诸多限制	货物 No-Show 率预测的复杂性
5	更多可选择航线	货运代理的影响
6	多航段的运用	货运业务波动量大

与客运所不同的是，货运收益管理在供给侧与需求侧体现出了更多的复杂性。从供给侧来看，对于在客机腹舱装载的货物而言，货物的重量、体积都要受到旅客及其行李等诸多因素的影响。另外，由于不同机型的舱门尺寸、最大业载的差异性，航空公司如果临时更换机型，这对货物装载将产生重要影响。同时，在货物装载方面也会存在诸多限制性因素，如鲜活动物不能与毒性物质装载在一起。从需求侧方面来看，主要表现为装载损失。一些货物装载后，尽管尚有剩余空间，但由于一些装载的限制因素，却不能再装载其他货物。同时，经常会出现同一条航线上不同方向的两个航班货运需求差异很大的情况，而且还可能会出现去程货运需求量大，而回程货运需求量少的情况。

8.1.2　航空货运收益管理系统

航空货运收益管理的目的是实现货运收益的最大化。货运收益管理的实施，离不开以下几个关键步骤。第一是舱位预测。前面已经讲过，货运的舱位不是固定的，且由许多因素综合决定，因此实施货运收益管理的第一步便是准确地预测舱位。第二便是舱位分配与控制。具体来讲，是指如何将有限的舱位在长期协议之间、自由协议之间以及长期协议与自由协议之间进行分配，从而实现货运收益的最大化。第三是货物超售。如何确定最优超售规模，从而使舱位虚耗成本与超载成本达到最小。除此之外，货运收益管理还包括了需求预测、产品定价等方面的内容。

在实际操作过程中，航空货运收益管理系统主要由图 8-1 所示的三部分组成。第一部分是数据输入系统，即进行货运舱位预测的一些基础数据，如机型，业载水平等，以便进行货运舱位的预测工作。同时，为了准确的预计超售规模，需要输入货运的历史预订信息以及 No-Show 率。第二部分是预测系统，即系统首先根据历史预订信息与当前的预订信息进行需求预测。同时，根据历史信息，对货物未来的 No-Show 率作出预测。最后一部分是系统优化，即根据历史信息以及预测信息，系统首先进行舱位控制优化，决定长期协议销售、自由销售的舱位分配，与此同时决定最佳的超售规模，并将实际载运货物的信息反馈给系统。

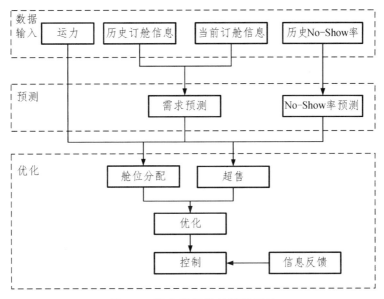

图 8-1 航空货运收益管理系统

资料来源：Simon et al. （1992）

8.2 舱位预测

8.2.1 影响航空货运舱位的主要因素

舱位预测是指货物承运人（航空公司）对货物运载能力的预测。与客运不同的是，航空货运的舱位预测受到诸多方面的影响，因此货运舱位的预测工作较为复杂。影响舱位预测的主要因素包括以下三个方面。

（1）机型。飞机机型是影响航空货运运载能力的主要因素。机型对货运的影响，主要体现在以下几个方面。一是重量限制。由于飞机结构的限制，飞机制造商规定了每一货舱可装载货物的最大重量限额。飞机的最大业载将会受到最大起飞重量、最大着陆重量以及最大零燃油重量这些重量性能参数的限制。二是容积限制。由于货舱内的空间是有限的，因而装载的货物必然会受限于货舱的有限空间。三是舱门限制。货物要装入货舱，货物的尺寸还会受到舱门尺寸的限制。为了便于确定一件货物是否可以装入货舱，飞机制造商提供了舱门尺寸表。四是地板承受力。地板承受力是指飞机货舱内每平方米可承受的货物重量。装载货物不能超过地板承受力的限额。图 8-2 给出了 A330-300 型飞机的货舱布局，相应的各个货舱的装载尺寸限制如表 8-2 所示。

（2）旅客及行李等相关因素。当用客机进行装载货物时，货物的运载能力还会受到乘客的重量及其行李的重量和体积等因素的影响。对于某个航班而言，在最大业载固定的情况下，旅客及其行李重量越大，装载货物的重量就会越小；行李的体积越大，则可用于装载货物的空间就会越小。

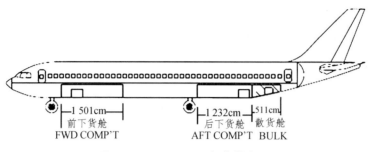

图 8-2 A330-300 飞机货舱布局

表 8-2 A330-300 飞机装载尺寸

货舱	货舱门尺寸		容积 m³	限重/kg	动物舱位	可装	地板承受力 kg/m²
	宽 cm	高 cm			温度/°C	危险品种类 （不含 CAO）	
前下货舱	270	170	76	22861	是	1～9 类	672
					5～26		
后下货舱	273	168	64	18507	否*	1～9 类	672
					5		
散货舱	95	62	19.7	3465	是	1～9 类	732

CAO：指仅限货机承运

*：此为国航机型配置

（3）其他因素。除了以上两种因素外，货物的运载能力还会受到其他因素的影响，包括燃油、地面中转时间等诸多因素。德国汉莎货运部的 Bjoern Beker 与 Nadia Dill（2007）概括了影响航空货运运载能力的主要因素，如表 8-3 所示。

表 8-3 影响航空货物运载能力的因素

项目	影响因素	对重量的影响	对体积的影响
1	最大起飞重量	非常重要	
2	燃油	非常重要	
3	机组及空乘人员	一般重要	
4	对业载的一些限制因素	一般重要	一般重要
5	旅客人数	非常重要	
6	多个航段中旅客的目的地		一般重要
7	餐食	一般重要	一般重要
8	地面中转时间	一般重要	非常重要
9	货物类别	一般重要	一般重要

8.2.2 航空货运的舱位预测

对于货运飞机而言，决定货机舱位的因素主要有两方面：一是货机的业载；二是货机的容积。而对于客运飞机来说，可用于装载的货物的重量和体积，可用如下公式表示：

货运总重量 = 飞机业载 – 旅客重量 – 行李及邮件重量

货运总体积 = 飞机可用体积 – 行李及邮件体积 – 容积损失

有时在货物的实际装载过程中，会发生容积损失。如装运汽车放在集装箱，汽车顶部由于无法再放置货物，便会造成集装箱顶部空间的浪费。

1. 长期舱位预测

从时间上来看，货运舱位的预测可以分为长期舱位预测与短期舱位预测。长期舱位预测往往是对一年两个航季（冬春/夏秋）航空货物运载能力的预测。长期舱位预测主要跟航班计划紧密相关。根据航班计划，航空公司可以确定各条航线上的机型与班次，从而预测货运舱位，具体估计步骤如下：

首先，根据航班计划，确定各条航线上各个航班的机型、班次等相关信息。

其次，根据历史数据，按航线、航段、机型分类，查询近一段时间内各航线/航段上所使用各类机型飞机的历史业载。

然后，根据历史数据，按航线、航段、机型分类，查询近一段时间内各航线/航段上所使用各类机型飞机上所承载的历史旅客重量、行李重量及体积、邮件重量及体积，再将该数据平均。

最后，根据上述数据，计算各航线/航段上各类机型飞机载运的平均货运重量与平均货运体积。

客机平均货运重量 = 平均业载 – 平均旅客重量 – 平均行李及邮件重量

客机平均货运体积 = 各机型的可用体积 – 行李体积 – 邮件体积

货机平均货运重量 = 各机型的平均业载

货机平均货运体积 = 各机型的可用体积

从上面步骤可以看出，长期舱位的预测，一些相关历史数据的收集工作便显得尤为重要。这些数据主要包括以下三部分。

（1）航班计划信息数据。该数据是进行航空货运舱位预测所必不可少的信息。它包括在每个航季之初公布的计划航班信息，包括航班号、起始地、目的地、机型、日期等。

（2）离港航班信息数据。该数据主要收集的是离港航班相关信息，包括离港航班的业载、货运量、邮件、行李、乘客以及尚未载满等信息数据。这些数据可以用来预测每个离港航班的载货能力。

（3）旅客数据。通过历史航班中旅客的人数，可以计算航班中旅客的重量、行李重量、行李所占容积等。

2. 短期舱位预测

短期舱位预测是指对短期内货物的载运能力进行预测。长期舱位预测，主要是为了进行长期舱位分配决策而对远期舱位的货物运载能力进行的粗略估计。与长期舱位预测所不同的是，短期舱位的预测主要是为了更准确地掌握货物的运载能力。短期舱位预测越准确，货舱舱位虚耗的可能性也就越小，从而航班的利润也就越高。短期舱位的估计，首先要准确估计业载。对于某一特定航班而言，航空公司的配载部门会对航班的业载进行专门计算。航空公司货运部门可以与配载部门进行沟通，获得某特定航班或近期内某些航班业载的历史统计数据，同时与客运部门进行沟通，了解旅客人数等相关信息，从而作出短期舱位的准确预测。

8.3 航空货运产品价格

根据民航局、国家发展改革委联合下发的《关于进一步完善民航国内航空运输价格政策有关问题的通知》，决定自 2014 年 12 月 15 日起，全面放开民航国内航线货物运价，由航空公司根据生产经营成本、市场供求和竞争状况等自主确定具体价格水平。下面参照《深圳航空货物运输手册》，介绍航空货运产品运价。

8.3.1 货物运价分类

根据货物运价的组织形式，货物运价通常可分为协议运价，公布直达运价与非公布直达运价。协议运价通常是航空公司为了获取更多业务，与托运人或其代理人签订运价协议时给予的一种优惠运价。公布直达运价是指航空公司在运价本上直接注明货物由始发地机场运至目的地机场的航空运输价格。它又分为普通货物运价，指定商品运价与等级货物运价，如表8-4 所示。

表 8-4　货物运价分类

协议运价	与托运人或代理人签订的运价协议	价格根据协议合同而定	
公布直达运价（Published Through Rates）	普通货物运价（GCR）（General Cargo Rate）	最低运费（代码 M）	航空运费的最低规定限额。
		普通货物标准运价（代码 N）	45 千克以下的货物
		重量分界点运价（代码 Q）	可分为 45 ~ 100 千克；100 ~ 300 千克；300 ~ 500 千克；500 千克以上
	指定货物运价	为在某一航线或某一时间运输的某些货物制定的运价（代码 C）	根据货物种类，按数字顺序分为 8 组。通常情况下，指定商品运价低于相应普通货物运价
	等级货物运价	包括急件、危险物品、活体动物、鲜活易腐货物、贵重物品、枪械、弹药、生物制品、外交信袋、押运货物等	按 N 运价的 150% 计收货物运费与最低运费，汽车按 N 运价的 100% 计收运费

协议运价	与托运人或代理人签订的运价协议	价格根据协议合同而定	
非公布直达运价（UN-published Through Rates）	比例运价（Construction Rate）	当无公布直达运价时，为构成全程直达运价而采用经某一指定点的运价与其他公布运价组合的方法而形成的运价	不能单独使用
	分段相加运价（Combination of Rates And Charges）	当无公布直达运价时，选择适当的运价相加点按分段相加的方法组成全程最低运价	

在多种运价结构中，货物运价的使用顺序为：

（1）协议运价优先其他运价。

（2）公布直达货物运价优先于非公布直达运价。

（3）公布直达货物运价中指定商品运价优先于等级运价和普通货物运价，等级货物运价优先于普通货物运价。

（4）非公布直达运价中比例运价优先于分段相加组合运价。

需要指出的是，上述的运价结构是由国际航空运输协会运价会议平台协商而来，并由各航空公司报请本国政府批准制定的。其中，公布运价为航空公司之间的货运联运和结算提供了方便。但是，由于这种由国际航空运输协会协商而来的运价被国际上很多国家认为是反竞争的，因此，很多航空公司已经放弃了这种协商运价方式，转而采用各自的公布运价。可以说，国际航空运输协会的这种协议运价今后将会逐步退出历史舞台。但不可否认的是，由于这种协商运价在航空公司运价制定过程中的长期作用，因此当前世界上各航空公司所采用的运价结构仍然具有一定的一致性。

8.3.2 货物运费的计算

货物运费是指根据货物的计费重量乘以适用的货物运价所计算出来的货物运输费用。该费用不包括机场与市区、同一城市两个机场之间的地面运输费用及其他费用。这些费用一般包括航空运费、声明价值附加费、地面运费、燃油附加费、危险物品检查费、活体动物检查费、保管费等。

1. 货物的计费重量

所谓货物计费重量，是指据以计收货物运费的重量。货物重量有货物毛重与货物净重两种。所谓货物毛重，是指货物及其包装的重量。而货物净重，是指货物本身的重量。在货物计费重量中，通常考虑的是货物毛重与货物的体积重量中二者最高的数额。所谓货物的体积重量，是指按货物体积折算的重量。它通常是将货物的体积按一定标准进行折算出来的重量。其计算公式为：

单件货物的体积（cm³）= 货物长×宽×高（cm）；

包装尺寸相同的一票货物的总体积（cm³）= 货物长×宽×高（cm³）×件数

包装尺寸不同时的一票货物的总体积（cm³）= 不同包装尺寸的货物体积累加之和

体积与重量的换算，通常的换算标准为 1 千克 = 6 000 cm³。

例题 8-1 某航空货物的规格如下：

货物毛重：13 千克

货物尺寸：50×60×30（cm³）

请计算货物的计费重量。

第一步，计算货物的体积：50×60×30 = 90 000 cm³。

第二步，按照体积与重量的换算标准，1 千克 = 6 000 cm³ 进行换算：90 000 cm³/6 000 cm³/千克 = 15 千克。

第三步：将货物毛重与体积重量比较，较大的计入计费重量。

所以，该票货物的计费重量为 15 千克。

2. 航空运费的计算

航空运费的计算公式为：航空运费 = 货物的计费重量×适用的货物运价。

例题 8-2 北京至广州，某普通货物航空运价分类如下：

表 8-5 航空运价

代码	重量等级	单 价
M		30 元
N		10 元/千克
Q	+45	8 元/千克
	+100	7.5 元/千克
	+300	7 元/千克

已知某货物的规格如下：

货物毛重：48.6 千克

尺寸规格：80×60×52 cm

请计算该票货物的航空运费。

第一步，计算货物的体积重量。

货物体积：80×60×52 = 249 600 cm³

体积重量：249 600/6 000 = 41.6 千克

第二步，比较体积重量与货物毛重。由于体积重量小于货物毛重，因而将毛重作为计费重量。

需要说明的是，国内运输中，重量不足 1 千克的尾数四舍五入，计费重量为 49 千克。

第三步，根据代码等级，计算航空运费。

航空运费 = $8 \times 49 = 392$ 元

8.4 舱位分配

航空货运的客户主要有两类，一类是货运代理（Forwarders），他们往往数量少，但货运量大。据 Hellermann（2006）统计，在美国，包括 DHL，Panalpina 等在内的 15 家货运代理，其货运量占了国际航空货运的 60%。另一类是自由销售客户。航空公司通常会在航班离港前 6 个月，向货运代理征集舱位预订，航空公司与货运代理签订长期协议，以保证给货运代理在未来一些航班上提供舱位的过程，称为舱位分配（allotment）。

在图 8-3 的货运舱位分配中，首先分配的是长期协议可用舱位（Available Capacity for Contracts）。航空公司通常会与货运代理签订长期协议（一至两个航季），以保证给货运代理预留一定的舱位。在长期协议中，有一种属于保证舱位协议（Guaranteed Capacity Agreements）。这种协议可以给货运代理预留一定的舱位，货运代理可以在航班离港前 72 小时之前根据自身订货情况，免费退订多余舱位，但如果在离港前 72 小时之内退订，则会收取 25%～100% 的手续费。

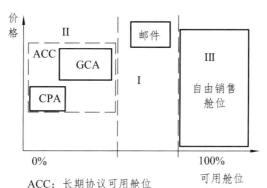

ACC：长期协议可用舱位

GCA：保证舱位协议

CAP：舱位购买协议

图 8-3　货运舱位类型

资料来源：hellermann <capacity options for revenue management>

在长期协议中，还有种协议叫做舱位购买协议（Capacity Purchasing Agreements）。货运代理可以根据自身情况，向航空公司购买某些航线某些日期的部分舱位，但是，这种舱位往往不允许退回。通常情况下，这种购买舱位的价格往往是最低的。协议舱位分配之后，剩余的可用于销售的部分，称为自由销售舱位。在自由销售舱位中，航空公司通常会预留部分舱位给邮件。最后剩余的舱位，用于销售给普通顾客，这部分通常称为自由销售（Free Sale）或现货交易（Spot Market）。

舱位分配是航空货运收益管理中最重要的环节，由于货运舱位有限，如何将有限的舱位分配给不同的客户和产品，从而实现货运收益的最大化，是舱位分配需要解决的问题。我们知道，长期协议舱位的特点是货运量大，提前销售，然而价格低，并且存在货运交付违约的情况。而自由销售的特点是销售日期通常距航班出发日期较近，但是价格高。因而，舱位的分配问题，便是解决舱位在长期协议之间，自由协议之间以及长期协议与自由协议之间的分配问题，而分配的目标便是航班的利润最高。国内学者桂云苗，朱金福（2007）研究了航班公司分别与长期客户（协议销售）和临时客户（自由销售）不签订销售合同和签订销售合同两种情况下的舱位分配问题，下面将为大家详细介绍。

8.4.1　基本假设和参数说明

1．基本假设

（1）假设长期客户需求量和临时客户需求量都遵循正态分布，d_{ik}^l 和 d_{ik}^s 的均值和标准差分别为 u_{ik}^l，u_{ik}^s 和 σ_{ik}^l，σ_{ik}^s。

（2）假设舱位量和需求量都以重量为单位，忽略体积的影响。该假设与目前民航都以重量为计费单位相符。

（3）假设航空公司的货运舱位不超售。

2．符号说明

（1）k 表示运输货物的种类，比如快件、鲜活货、普货等，$k = 1$，2，$\cdots$，n。

（2）d_{ik}^l 表示长期客户对第 i 条航线的第 k 种货物的舱位需求量，$i = 1$，2，$\cdots$，m。

（3）d_{ik}^s 表示临时客户对第 i 条航线的第 k 种货物的舱位需求量。

（4）$r \in (-1,1)$ 表示长期客户需求和临时客户需求的相关系数。

（5）p_{ik}^l 表示长期客户的第 i 条航线第 k 种货物的单位运输净收益。

（6）p_{ik}^s 表示临时客户的第 i 条航线第 k 种货物的单位运输净收益。

（7）C_i 表示第 i 条航线可用的最大舱位量。

（8）q_{ik}^l 为决策变量，表示分配给长期客户的第 i 条航线第 k 种货物的舱位量。

（9）q_{ik}^s 为决策变量，表示分配给临时客户的第 i 条航线第 k 种货物的舱位量。

8.4.2　不签订销售合同时的模型

航空公司在实际运作过程中，如果不与大客户签订销售合同，那么由于大客户的舱位需求量比较大，具有较强的议价能力，这种需求情况类似于航空客运团队需求的情况。因而可构建以航空公司净收益最大化为目标的舱位分配模型。

$$\max \sum_{i=1}^m \sum_{k=1}^n (p_{ik}^l q_{ik}^l + p_{ik}^s q_{ik}^s)$$

约束条件
$$\begin{cases} \sum_{k=1}^n (q_{ik}^l + q_{ik}^s) \leqslant C_i \\ q_{ik}^l \leqslant d_{ik}^l \\ q_{ik}^s \leqslant d_{ik}^s \\ q_{ik}^l, q_{ik}^s \geqslant 0 \end{cases} \qquad (8\text{-}1)$$

模型中第一行约束条件表示长期客户和临时客户的舱位分配总量不超过该航线的可用最

大舱位量。第二行和第三行约束条件表示舱位分配量不超过各自的需求量，需求量为随机变量。该模型共有 $m + 4mn$ 个约束条件，有 $2mn$ 个变量。

8.4.3 签订销售合同时的模型

若航空公司与长期客户签订舱位销售合同，那么航空公司可以通过长期客户的需求对临时客户需求的预测做出更新，使需求预测更为准确，从而分配更为合适的舱位量给这些客户。构建相应的数学模型如下

$$\max \sum_{i=1}^{m} \sum_{k=1}^{n} (p_{ik}^{l} q_{ik}^{l} + p_{ik}^{s} q_{ik}^{s})$$

约束条件
$$
\begin{cases}
\sum_{k=1}^{n} (q_{ik}^{l} + q_{ik}^{s}) \leqslant C_{i} \\
q_{ik}^{l} \leqslant E(d_{ik}^{l}) \\
q_{ik}^{s} \leqslant d_{ik}' \\
q_{ik}^{l}, q_{ik}^{s} \geqslant 0
\end{cases}
\tag{8-2}
$$

其中，$E(d_{ik}^{l})$ 表示长期客户需求的期望值，由于航空公司与长期客户签订合同后，长期客户的舱位需求量变化不大，所以该约束条件变为确定型，即 $q_{ik}^{l} \leqslant E(d_{ik}^{l})$。$d_{ik}'$ 表示根据长期客户的需求修正的临时客户的需求量，它的均值和标准差为 u_{ik}'，σ_{ik}'，按照 Tang（2004）等人的研究结论，修正的临时客户的需求量的均值和标准差可分别表示为：$u_{ik}' = u_{ik}^{s}$，$\sigma_{ik}' = \sigma_{ik}^{s} \sqrt{1 - r^2}$。

8.4.4 模型的求解

由于模型（8-1）和（8-2）的约束条件中都含有随机变量，不容易求解，通常采用 Monte-Carlo 仿真方法求解。也可将其转化确定型规划，然后求解。假设模型（8-1）中第二行第三行中约束条件成立的概率不小于 α 和 β，又因为长期客户和临时客户的需求量都遵循正态分布，所以根据确定性等价类转化定理，模型（8-1）中约束条件可转化为 $q_{ik}^{l} \leqslant u_{ik}^{l} + \sigma_{ik}^{l} \phi^{-1}(1-\alpha)$ 和 $q_{ik}^{s} \leqslant u_{ik}^{s} + \sigma_{ik}^{s} \phi^{-1}(1-\beta)$。则模型（8-1）转化为

$$\max \sum_{i=1}^{m} \sum_{k=1}^{n} (p_{ik}^{l} q_{ik}^{l} + p_{ik}^{s} q_{ik}^{s})$$

约束条件
$$
\begin{cases}
\sum_{k=1}^{n} (q_{ik}^{l} + q_{ik}^{s}) \leqslant C_{i} \\
q_{ik}^{l} \leqslant u_{ik}^{l} + \sigma_{ik}^{l} \phi^{-1}(1-\alpha) \\
q_{ik}^{s} \leqslant u_{ik}^{s} + \sigma_{ik}^{s} \phi^{-1}(1-\beta) \\
q_{ik}^{l}, q_{ik}^{s} \geqslant 0
\end{cases}
\tag{8-3}
$$

按照同样的方法，可将模型（8-2）可转化为

$$\max \sum_{i=1}^{m} \sum_{k=1}^{n} (p_{ik}^{l} q_{ik}^{l} + p_{ik}^{s} q_{ik}^{s})$$

约束条件
$$\begin{cases} \sum_{k=1}^{n} (q_{ik}^{l} + q_{ik}^{s}) \leqslant C_i \\ q_{ik}^{l} \leqslant u_{ik}^{l} \\ q_{ik}^{s} \leqslant u_{ik}^{s} + \sigma_{ik}^{s} \sqrt{1-r^2} \phi^{-1}(1-\beta) \\ q_{ik}^{l}, q_{ik}^{s} \geqslant 0 \end{cases}$$
（8-4）

模型（8-3）、（8-4）都已经是确定型的线性规划模型，就比较容易求解了。

8.4.5 案例分析

某航空公司在北京—洛杉矶、北京—戴高乐、北京—法兰克福、北京—慕尼黑四条航线运营货运，四条航线半年内可用的最大舱位量都为1万吨。运输货物种类有快件（$k=1$）、鲜活（$k=2$）、普货（$k=3$）三种。根据公司的历史数据得出三种货物在四条航线的长期客户需求和临时客户需求的单位净收益如表8-6所示。

表8-6　航空公司航线的单位净收益　　　　　　　　　　　　单位：元/千克

	北京—洛杉矶		北京—戴高乐		北京—法兰克福		北京—慕尼黑	
	长期	临时	长期	临时	长期	临时	长期	临时
快件	12	14	13	13	10	11	9	9
鲜活	7	8	7	5	6	6	5	6
普货	5	6	6	7	4	5	4	5

每条航线三种运输货物的长期客户需求量和临时客户需求量都分别服从 $d_{i1}^{l} \sim N(4\,000,200)$，$d_{i2}^{l} \sim N(2\,000,100)$，$d_{i3}^{l} \sim N(5\,000,150)$ 和 $d_{i1}^{s} \sim N(500,30)$，$d_{i1}^{s} \sim N(200,10)$，$d_{i1}^{s} \sim N(700,40)$。该公司的长期客户需求和临时客户需求的相关系数为 $r=0.6$。置信水平 α 和 β 都取 0.90。

根据模型（8-3）和模型（8-5）利用 MATLAB 软件计算出不签订和签订销售合同时的长期客户和临时客户的舱位分配结果如表8-7和表8-8所示。

表8-7　不签订销售合同时的舱位分配结果　　　　　　　　　单位：千克

	北京—洛杉矶		北京—戴高乐		北京—法兰克福		北京—慕尼黑	
	长期	临时	长期	临时	长期	临时	长期	临时
快件	3 744	461	3 744	461	3 744	461	3 744	461
鲜活	1 872	187	990	0	1 872	187	1 872	187
普货	3 086	648	4 804	0	3 086	648	3 086	648

表8-8　签订销售合同后的舱位分配结果　　　　　　　　　　单位：千克

	北京—洛杉矶		北京—戴高乐		北京—法兰克福		北京—慕尼黑	
	长期	临时	长期	临时	长期	临时	长期	临时
快件	4 000	469	4 000	469	4 000	469	4 000	469
鲜活	2 000	190	530	0	2 000	190	2 000	190
普货	2 682	659	5 000	0	2 682	659	2 682	659

可以看出，由于长期客户需求和临时客户需求具有正相关性，在航空公司与长期客户签订舱位销售合同后，掌握了更为准确的需求信息，从而分配给临时客户更为合适的舱位量，也取得了较大的净收益。在签订合同的情况下，航空公司获得总收益为 32 197 600 元，而不签订合同时总收益为 3 149 306 元，签订合同为航空公司增加了 2.2% 的净收益，这是合同产生的价值。

8.5 超 售

航空货运超售是指航空公司在实际货运销售中，超出货舱实际物理舱位容量出售货物，以弥补一些货物在航班离港前尚未到达货舱而带来的空舱损失。与客运不同，货运销售的客户通常少但货运量很大，一份货运订单在航班离港前有时可能会经历取消，再预定另一航班，再取消，再预订原来航班的情况。因而，对于航空公司而言，货运的超售工作是十分必要且有意义的。

航空货运超售的关键在于确定最佳的超售规模。我们知道，如果货运超售量过小，那么便很有可能出现航班离港前，一些货物尚未交付而导致实际货舱尚未装满，形成空舱损失（Spoilage）。空舱损失与我们的超售量呈负相关关系。相反，如果货运超售量过大，便有可能出现实际交付的货物大于航班货舱的物理舱位，这也会给航空公司带来额外成本。这种额外超售成本与货运超售量呈正相关关系。关于最佳超售量的确定，一些学者也做了相关研究。下面介绍 Popescu（2006）提出的离散 show-up 率分布法。

8.5.1 基本假设和参数说明

1. 基本假设

（1）假设航空公司的订单数量是无限的。

（2）航班离港前实际装载的货物占预订货物的比重（show-up 率）为离散随机变量。

2. 符号说明

（1）SR 表示货物 show-up 率，为离散随机变量。

（2）$f_{SR}(x) = P\{SR = x\}$ 表示货物 show-up 率 SR 为 x 时的概率质量函数。

（3）c 表示预留给自由销售顾客的物理舱位总容量（重量或体积）。

（4）v 决策变量，表示航班销售的舱位容量（重量或体积）。

（5）SU 表示实际装载货物所占航班舱位的容量（重量或体积），为随机变量，且 $SU = SR \times v$。

（6）$f_{SU}(u) = P\{SU = u\}$ 表示实际装载货物估计所占舱位容量 SU 为 u 时的概率质量函数。

（7）SP 表示损失舱位容量，且 $SP = \max(0, c - SU)$。

（8）OF 表示超载货物量，且 $OF = \max(SU - c, 0)$。

（9）c_s 表示每一单位舱位损失带来的成本。

（10）c_o 表示每一单位舱位超载带来的额外成本。

（11）o_s 表示最优超售率，即航班销售的最佳舱位容量与预留给自由销售顾客的物理舱位总容量的比值（v^{opt}/c）。

8.5.2 航空公司超售模型

航空公司期望的损失舱位容量为

$$E(SP) = E[\max(0, c - SU)] = \sum_{u=0}^{c} (c-u) \cdot f_{SU}(u) = \sum_{u=0}^{c} (c-u) \cdot f_{SR}\left(\frac{u}{v}\right) \tag{8-5}$$

则有

$$E(SP) = \sum_{x=0}^{c/v} (c - x \cdot v) \cdot f_{SR}(x) \tag{8-6}$$

另外，当实际货物舱位大于物理舱位时，期望超载货物量为

$$E(OF) = E[\max(0, SU - c)] = \sum_{u=c}^{+\infty} (u-c) \cdot f_{SU}(u) = \sum_{u=c}^{+\infty} (u-c) \cdot f_{SR}\left(\frac{u}{v}\right) \tag{8-7}$$

则有

$$E(OF) = \sum_{x=c/v}^{+\infty} (x \cdot v - c) \cdot f_{SR}(x) \tag{8-8}$$

因而，航空公司期望超售成本 $E(TC)$ 为

$$E(TC) = c_s \cdot \sum_{x=0}^{c/v} (c - x \cdot v) \cdot f_{SR}(x) + c_o \cdot \sum_{x=c/v}^{+\infty} (x \cdot v - c) \cdot f_{SR}(x) \tag{8-9}$$

航空公司的目标是超售所带来的期望超售成本最小，因而超售的优化模型为

$$\min \quad c_s \cdot \sum_{x=0}^{c/v} (c - x \cdot v) \cdot f_{SR}(x) + c_o \cdot \sum_{x=c/v}^{+\infty} (x \cdot v - c) \cdot f_{SR}(x) \tag{8-10}$$

$$\text{s.t.} \quad \frac{\sum_{x=c/v}^{+\infty} (x \cdot v - c) \cdot f_{SR}(x)}{v \cdot E(SR)} \leqslant r \tag{8-11}$$

$$v_l \leqslant v \leqslant v_u \tag{8-12}$$

其中：式（8-11）表示航空公司超载水平不能超过可接受的超载服务水平，r 为航空公司可接受的超载服务水平（期望超载货物的重量或体积占预计到达货物总重量或体积的比重）；v_l、v_u 分别为航空公司允许销售舱位容量（重量或体积）的下限和上限。通过上述公式，可解得最优航班销售舱位容量 v^{opt}，因而最优超售率 OB 为 $OB = v^{opt}/c$。

由式（8-10）、（8-11）和式（8-12）可以看出，超售成本是关于航班销售舱位容量（重量或体积）的函数，即 $TC = TC(v)$。因此，在满足约束（8-11）和（8-12）的基础上，最优解 v^{opt} 必然满足 $E[TC(v^{opt} - 1)] \geqslant E[TC(v^{opt})]$ 且 $E[TC(v^{opt}+1)] \geqslant E[TC(v^{opt})]$。

8.5.3 案例分析

假设已观测近半年某航线航班离港前数日内货物的 show-up 率，所观察的货物的 show-up 率及发生频次如表 8-9 所示。该货舱预留给自由销售的最大可载货物重量 $c = 10$ 吨（为简便起见，我们统一用重量为单位进行计算，体积与重量的换算在货物运费一节中已经阐述），每一单位舱位损失带来的成本为 8 000 元/吨，当实际接受货物超过货舱最大重量时，每一单位舱位超载带来的额外成本为 10 000 元/吨，公司可接受的订单超载服务水平 $r = 30\%$，允许超售的重量上限 v_u 为 20 吨，下限 $v_l = 10$ 吨，请计算最优超售比例。

表 8-9　货物的离散 show-up 率及发生频次

show-up 率（%）	发生频次	show-up 率（%）	发生频次
[0, 5.5)	22	[55, 60.5)	18
[5.5, 11)	35	[60.5, 66)	20
[11, 16.5)	12	[66, 71.5)	28
[16.5, 22)	8	[71.5, 77)	12
[22, 27.5)	10	[77, 82.5)	23
[27.5, 33)	45	[82.5, 88)	30
[33, 38.5)	12	[88, 93.5)	6
[38.5, 44)	10	[93.5, 99)	9
[44, 49.5)	9	[99, 104.5)*	8
[49.5, 55)	8	[104.5, 110)*	9

*注：在货物运输中，航空公司允许接受的货物运输量超过相应预定的舱位量。

根据 8.5.2 节的超售模型，期望超售成本的变化规律如图 8-4 所示。其中最佳航班销售舱位容量值为 14 t，最佳超售率为 1.4，期望超售成本为 35 472.13 元。

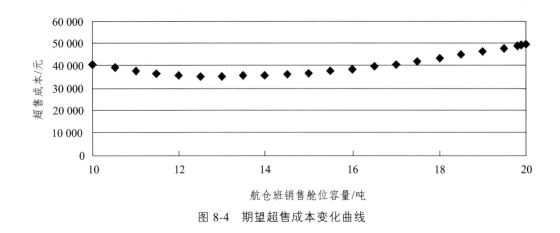

图 8-4　期望超售成本变化曲线

8.6　荷兰皇家航空公司货运收益管理案例

荷兰皇家航空公司（KLM）航空货运部的 Bart Slager（2003）介绍了 KLM 航空公司的货运收益管理，下面给大家进行详细介绍。

8.6.1　KLM 收益管理部

2001 年，KLM 航空公司成立了一个新的部门，叫收益管理部（Margin Management，MM）。MM 部的主要目标是为了在 KLM 公司内部实行货运收益管理，通过提高收入，降低成本以及提高货舱载运率，从而提高 KLM 的货运收益。MM 部门下主要又分了两个部门。一是 MM 执行部，KLM 航空将其全球货运航线分为了三个区，即美洲区、欧洲非洲及中东地区、亚洲地区，执行部的人员任各区的航线经理，分别负责各区域的日常收益管理事务。另一部门是 MM 控制研发部，负责产品定价等相关业务。

8.6.2　协议销售与自由销售舱位

KLM 航空货运舱位的销售分为协议销售与自由销售舱位。协议销售通常是 KLM 公司与货运代理签订的保证舱位协议。通过该协议，KLM 公司为货运代理提供指定航线、指定日期的航班货运舱位，舱位的重量和体积通常会在协议中约定，而货运代理通常会根据约定，每周将指定的货物交付给公司。

除了协议销售以外，剩余的舱位公司将进行自由销售（Free-Sale），自由销售是指没有舱位保证的销售。自由销售的价格通常又有三种：

（1）公布价，即通常说的柜台交易价（Over the Counter）

（2）指定顾客价格

（3）指定订单价格。

8.6.3　舱位的分配与执行

KLM 公司是根据订单的边际贡献来进行舱位分配的。所谓边际贡献是指货运销售带来的销售收入减去货物运输给企业带来的变动成本。公式为：

$$边际贡献 = 销售收入 - 变动成本$$

其中销售收入是指销售货物取得的收入，而变动成本是指由于该项货物的运输带来的新增成本，包括货物的操作处理成本、地面运输成本以及航空货运带来的燃油成本的增加等。

1.　长期协议的舱位分配与监控

每年冬春/夏秋航季，KLM 公司会在全球范围内向其长期协议顾客征订舱位需求，包括舱位续订，新舱位申请等。接着，KLM 的收益管理部门会将客户所有的舱位征订需求进行汇总，计算每一份协议的边际贡献。然后，根据不同航班，将每份协议按照边际贡献从大到小的顺序进行排序。在考虑了系统运营等因素的基础上，原则上根据边际贡献的大小来进行舱位分配以及签订协议，优先考虑边际贡献大的协议，其次是边际贡献较小的协议。

对于已经签订的协议，MM 部门会每周监控协议的执行情况，如果一项协议没有执行，或者签订协议的客户实际装载的货物量总是少于协议的运量，那么该客户有可能将会被取消舱位或者减少舱位预订量。

如图 8-5 所示，横轴是 MM 部门观察的协议执行具体周数，纵轴反映的是协议的执行比率。黑色柱形图是签订协议的重量，灰色柱形图是签订协议的体积，货运收益管理部门会每周监控每份协议的执行情况，三角形的标注是该协议的重量执行情况，叉形标注的是协议的货运体积执行情况。一项协议的具体执行力度一目了然。

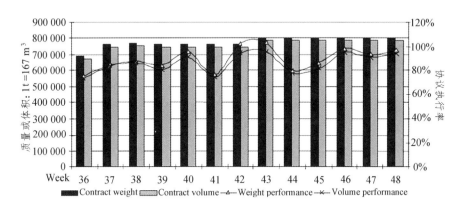

图 8-5　协议舱位的实际执行情况

资料来源：slager and Kapteijin（2003）

2.　自由协议的舱位管理

协议舱位分配后，剩余的舱位用于自由销售。对于所有经由阿姆斯特丹的航班，收益管理部的航线经理首先会预测航班的需求情况。需求的预测通常会根据以下信息：

（1）历史订货信息。

（2）当前剩余舱位情况。

（3）当前订货情况。

（4）各区域航线经理的经验。

在预测了自由销售的舱位需求后，收益管理部会确定航班货运的最低边际贡献，并根据该贡献制定自由销售协议的装舱条件。装舱条件可以按重量（如每千克最低边际贡献），也可以按体积进行，如每立方米最低边际贡献等。根据装舱条件，当自由协议订单的边际贡献大于装舱条件的边际贡献时，则订单接受；当自由协议的订单的边际贡献小于装舱条件中所规定的贡献时，则负责该订单的员工可以向客户提供其他备选方案，如选择其他线路，或该航班的其他日期等。而当航班实际的需求低于自由销售的舱位供给时，只要自由销售的收入大于该货物运输的变动成本，则该协议可以接受，否则该协议便不被接受。如图 8-6 所示，收益管理部门设定的某个航班货运的装舱条件是每立方米 175 欧元，系统会计算各项订单的边际利润，当实际订单的边际贡献低于 175 欧元时，则该订单将被拒绝装入该航班的货舱。原则上，边际贡献处于 175 欧元线以下的订单都将会被拒绝。KLM 航空公司的收益管理部门每天都将检查订单的执行情况，自由销售 95% 的订单都是根据边际贡献进行确定的。

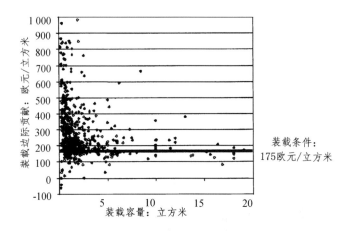

图 8-6　自由销售的装载边际利润及装载条件

资料来源：slager and Kapteijin（2003）

8.7　本章小结

本章主要介绍了航空货运收益管理的特点、航空货运收益管理系统及其具体实施内容和方法。航空货运收益管理与客运收益管理两者既有共同点，也有不同点。需要掌握货运收益管理自身的特点。航空货运收益管理系统包括数据输入、预测及优化三部分，本章详细介绍了舱位分配及超售的优化模型，而这也是航空货运收益管理的重点与难点，需要理解与掌握，并且能运用这些方法解决现实中的货运收益管理问题。

练习题

1. 航空货运收益管理的复杂性主要体现在哪些方面？

2. 影响航空货物运载能力的主要因素有哪些？

3. 假设某货物的尺寸为：$45 \times 55 \times 62$（cm^3），货物毛重为 15.6 千克，按照 1 千克 = 6 000 cm^3 的标准，请计算该货物的计费重量。

4. 假设已观测近半年某航线航班离港前数日内货物的 show-up 率，所观察的货物的 show-up 率及发生频次如表 8-10 所示。该货舱预留给自由销售的最大可载货物重量 $c = 20$ 吨（为简便起见，我们统一用重量为单位进行计算，体积与重量的换算在货物运费一节中已经阐述），每一单位舱位损失带来的成本为 6 000 元/吨，当实际接受货物超过货舱最大重量时，每一单位舱位超载带来的额外成本为 7 500 元/吨，公司可接受的订单超载服务水平 $r = 25\%$，允许超售的重量上限 v_u 为 35 吨，下限 $v_l = 20$ 吨，请计算最优超售率。

表 8-10 货物的离散 show-up 率及发生频次

show-up 率/%	发生频次	show-up 率/%	发生频次
[0, 5.5)	26	[55, 60.5)	12
[5.5, 11)	30	[60.5, 66)	20
[11, 16.5)	12	[66, 71.5)	22
[16.5, 22)	8	[71.5, 77)	12
[22, 27.5)	10	[77, 82.5)	15
[27.5, 33)	43	[82.5, 88)	28
[33, 38.5)	16	[88, 93.5)	6
[38.5, 44)	10	[93.5, 99)	8
[44, 49.5)	9	[99, 104.5)*	8
[49.5, 55)	8	[104.5, 110)*	9

注：*在货物运输中，航空公司允许接受的货物运输量超过相应预定的舱位量。

参考文献

[1] 周晶，杨慧. 收益管理方法与应用[M]. 北京：科学出版社，2009.

[2] 汪瑜. 竞争环境下航空公司收益管理舱位控制问题的研究[D]. 南京：南京航空航天大学，2008.

[3] 高强. 航空收益管理若干关键问题的研究[D]. 南京：南京航空航天大学，2006.

[4] 中国民用航空局发展计划司. 2011 年从统计看民航[M]. 北京：中国民航出版社，2011.

[5] 杨思梁. 航空公司的经营与管理[M]. 北京：中国民航出版社，2008.

[6] Richard H Zeni. Improved forecast accuracy in airline revenue management by unconstraining demand estimates from censored data [M]. USA: dissertation.com, 2001.

[7] 朱金福. 航空运输规划[M]. 西安：西北工业大学出版社，2009.

[8] Peter B，Arnedeo O，Cynthia B. The global airline industry [M]. A John Wiley and Sons, Ltd., Publication, 2009.

[9] 沈恒范. 概率论与数理统计教程[M]. 北京：高等教育出版社，1995.

[10] 黄亚钧. 微观经济学[M]. 2 版. 北京：高等教育出版社，2005.

[11] 《运筹学》教材编写组. 运筹学[M]. 北京：清华大学出版社，2005.

[12] 李子奈，潘文卿. 计量经济学[M]. 北京：高等教育出版社，2005.

[13] 国家统计局网站. http://219.235.129.58/viewReport.do?method = display.

[14] 邓薇. MATLAB 函数速查手册[M]. 北京：人民邮电出版社，2010.

[15] 曹卫华，郭正. 最优化技术方法及 MATLAB 的实现[M]. 北京：化学工业出版社，2005.

[16] 中国民航信息网络股份有限公司. 中国航信离港系统简明实用手册[M]. 北京：中国民航信息股份有限公司，2017.

[17] 都业富. 航空运输管理预测[M]. 北京：中国民航出版社，2001.

[18] 商桂娥. 航空公司客运超售策略研究[D]. 南京：南京航空航天大学，2008.

[19] 黄尽能，黄璐. 对"机票超售"问题的思考[M]. 空运商务，2007，20（207）：18-24.

[20] 李艳华. 帕雷托最优与航空客运中的超售[J]. 中国民航学院学报，2000（2）：92-94.

[21] 张永莉，张晓全. 航空公司收益管理[M]. 北京：中国民航出版社，2012.

[22] Talluri K T，Van Ryzin G J. The theory and practice of revenue management[M]. New York: Kluwer Academic Publishers, 2004.

[23] Belobaba P P，Lee S. PODS update: large network O-D control results[R]. New York: In 2000 AGIFORS Reservations and Yield Management Study Group Symposium Proceedings, 2000.

[24] Belobaba P P，Weatherford L R. Comparing decision rules that incorporate customers division in perishable asset revenue management situations[J]. Decision Sciences，1996，27: 343-363.

[25] Belobaba P P. Airline yield management: An overview of seat inventory control [J]. Transportation Science 1987，21: 63-73.

[26] Belobaba P P. Airline Travel Demand and airline seat inventory Management [D]. PHD thesis, Flight Transportation Labaratory, MIT, Cambridge, MA, 1987.

[27] Belobaba P P. Application of a probabilistic decision model to airline seat inventory control [J]. Operations Research 1989,37: 183-197.

[28] Belobaba P P. Reveneue and competitive impacts of O-D control: summary of PODS results [R]. In First Annual INFORMS Revenue Management Section Meeting, New York, NY, 2001.

[29] 李国. 民用航空服务与运营管理实用手册[M]. 合肥：安徽文化音像出版社，2004.

[30] Richard D. Wollmer. An airline seat management model for a single leg route when lower fare classes book first [J]. Operation Research 1992, 40: 26-37.

[31] Zhang D, William L. Revenue management for parallel flights with customer choice behavior [J]. Operation Research 2005, 53: 415-431.

[32] Boer S V,Freling R,Piersma N. Mathmatical programming for network revenue management revisited. European Journal of Operational Research[J]. 2002,137: 92-92.

[33] 里格斯. 道格尼斯. 迷航-航空运输经济与营销[M]. 邵龙，译. 北京：航空工业出版社，2011.

[34] 斯蒂芬. 霍洛维. 实用航空经济学[M]. 深圳航空公司，译. 北京：中国民航出版社，2009.

[35] 乔治. 拉德诺蒂. 航空运输盈利策略[M]. 何真，俞玲，等，译. 北京：中国民航出版社，2004.

[36] 罗伯特. 菲利普斯. 定价与收益优化[M]. 陈旭，慕银平，译. 北京：中国财政经济出版社，2008.

[37] 孙庚. 国内航空公司实施收益管理的若干问题[J]. 管理，2000，1（217）：22-24.

[38] 樊玮,吴桐水. 航空公司收益管理研究综述[J]. 中国民航学院学报，2006，24(5)：42-50.

[39] Popescu A, Keskinocak P, Johnson E. Estimating air-cargo overbooking based on a discrete show-up-rate distribution[J]. interfaces, 2006, 36(3): 248-258.

[40] Slager B,Kapteijins L. Implementation of cargo revenue management at KLM[J]. Journal of revenue and pricing management, 2003, 3(1): 80-90.

[41] Beker B,Dill N. Managing the complexity of air cargo revenue management[J]. journal of revenue and pricing management,2007,6(3): 175-187.

[42] Simon H. Preismanagement[M]. Gabler Veriag, 1992.

[43] Jeff H,Yeung Y,Wen H. Shipment planning, capacity contracting and revenue management in the air cargo industry:a literature review [C]. Istanbul.Turkey, 2012: 2381-2387.

[44] Levin, Nediak, Topaloglu. Cargo capacity management with allotments and spot market demand[J]. operations research, 2012, 60(2): 351-365.

[45] Hellermann R. Capacity options for revenue management [M].Springer Verlag, 2006.

[46] 桂云苗，朱金福. 考虑舱位销售合同的航空货运收益管理[J]. 统计与决策，2007（ 12)：126-128.

后 记

本书在编写过程中得到了国家自然科学基金、中央高校教育教学改革专项资金和中国民用航空飞行学院研究生学科建设资金的资助，以及中国民用航空局、中国国际航空公司、成都航空有限公司等单位的大力支持。国家自然科学基金（项目编号：U1733127）、中央高校教育教学改革专项资金（项目编号：E20170504）和中国民用航空飞行学院研究生学科建设资金（项目编号：XKJ2016-2）为本书的编写工作提供了研究基金资助，使所有工作得以顺利完成。中国国际航空公司、成都航空有限公司等单位为相关研究工作提供了宝贵的资料。在本书出版之际，谨向所有提供过无私帮助的单位及同仁表示感谢！

汪　瑜

2018 年 3 月